스마트 치료의 법 · 사회 · 윤리 시리즈 II

스마트 치료의 법과 사회

편저자/대표저자 엄주희

저자 김수진 남성일 박성민 양재혁 이일호 이하나 이한주 정수진 정영석

박영사

서문

“21세기에 들어서며 우리는 의료 기술의 혁명적인 발전을 목격하고 있습니다. 인공지능(AI), 빅데이터, 사물인터넷(IoT) 등의 첨단 기술이 의료 분야와 결합하면서 ‘스마트 치료’라는 새로운 패러다임이 등장했습니다. 이는 진단의 정확성을 높이고, 치료의 효율성을 증대시키며, 환자 맞춤형 의료 서비스를 가능케 하고 있습니다. 그러나 이러한 혁신적인 변화는 동시에 우리 사회와 법체계에 새로운 도전을 제시하고 있습니다. 개인의 의료 정보 보호, AI 의사의 법적 책임, 원격 진료의 범위와 한계, 그리고 의료 형평성 문제 등 다양한 법적, 윤리적, 사회적 쟁점들이 대두되고 있습니다.

본서 『스마트 치료의 법과 사회』는 이러한 시대적 변화와 도전에 대한 종합적인 고찰을 담고 있습니다. 의료 법학, 철학, 윤리학, 언론학, 정책학 분야의 전문가들이 모여 스마트 치료가 우리 사회에 미치는 영향을 다각도로 분석하고, 앞으로 나아가야 할 방향을 제시하고자 했습니다. 이 책은 의료 혁신이 가져올 미래를 준비하는 동시에, 인간의 존엄성과 기본권을 보장하는 균형 잡힌 접근을 모색합니다. 의료진, 법조인, 정책 입안자, 그리고 이 주제에 관심 있는 모든 독자들에게 유익한 통찰을 제공할 것입니다.

스마트 치료 시대를 맞아, 우리는 기술의 발전과 인간의 가치 사이에서 조화로운 균형점을 찾아야 합니다. 본서가 그 여정에 작은 이정표가 되기를 희망합니다.”

위의 서문은 생성형 AI 서비스인 GPT 4.1과 Claude 3.5에 요청해서 작성된 글을 다듬은 것이다. 생성 AI가 만들어 내는 창작물은 자세히 살펴보면 영혼 없는 글로 보이긴 하지만, 얼핏 보기에는 제법 머리말다운 글로 느껴진다. 이처럼 스마트 치료의 기반이 되는 AI 기술은 이제 우리 주변에서 함께 숨쉬고 있다. 본서는 〈스마트 치료의 법·사회·윤리〉라는 대주제의 융합연구 프로젝트를 진행하면서 세 번째로 나오게 된 책이다. 두 번째 책으로 『생성 AI 법률 입문』, 네 번째 책으로 『쇼펜하우어도 치킨을 좋아할까-쇼펜하우어와 바그너 "그리고" 트리스탄과 이졸데를 위하여』 등도 융합연구 프로젝트의 결과물로 발간된다. 그중 첫 번째 책인 『스마트 치료의 공법학』과 본서, 그리고 『스마트 치료의 윤리규범학』 이 세 권은 법학, 철학, 윤리학, 정책학, 언론학 등 다학제적 전문가들이 스마트 치료를 주제로 연구를 하면서 2022년부터 콜로키움, 세미나, 학술대회를 통하여 발표한 연구물을 다듬거나, 해외에서 발표된 연구물을 하나로 엮은 것이기 때문에 〈스마트 치료의 법·사회·윤리〉 시리즈로 이름 붙이게 되었다. 저자들이 한 챕터를 맡아 집필하거나, 어떤 챕터는 함께 공동으로 집필하거나 했기 때문에, 모든 챕터가 동일한 서술 형식과 톤으로 이어지는 것은 아니다. 책을 처음부터 순차적으로 읽어 내려가기보다는 독자가 관심 있는 파트를 골라서 읽도록 할 의도로 일부러 서술의 형식을 통일시키지는 않았다.

본서의 1부는 헌법으로부터 시작한다. 독일에서 헌법으로 박사학위를 받으신 정수진 박사님이 이 챕터를 맡아서 스마트 치료의 사회적 발전과 수용에 관련한 헌법이론으로서 독일 헌법상 사회복지국가 원리가 형성된 배경과 이론, 모든 사람의 생명과 건강 증진이라는 공동선을 바탕으로 건강의료체계에 디지털화를 추진하고 선도적으로 정착시키고 있는 독일의 헌법 정신, 한국과 독일의 디지털 헬스케어 규제정책 사이의 차이점을 비교하면서 독일 헌법 원리와 역사적 경험이 한국에 주는 시사점을 설명한다. 그다음으로 철학 박사인 남성일 박사님은 하버마스의 절차주의적 법 패러다임으로 우리 헌법상 보장된 건강권이라는 기본권의 내용을 논증하였다. 2부는 인공지능과 스마트 치료에 관한 법적 연구로서 2024년에 제정된 디지털의료제품법을 분석하고, AI가 우리 생활 곳곳에 침투하여 AI와 더불어 살아가는 현재 AI 시대에 부각되고 있는 쟁점인 기본소득에 대해서 헌법적인 연구를 수행하였고, 인공지능이 생성하는 음악이 디지털 치료제에 사용됨으로 인해 발생하는 법적 문제를 다루었다. 3부는 사회과학적 관점과 방법론으로 수행하는 스마트 치료에 대한 연구이다. 스마트 치료의 중심에는 뇌과학기술 내지 뇌융합 기술이 있기 때문에 뇌과학자들의 연구와 이로 인해 발생하는 윤리적 법적 사회적 이슈를 과학 커뮤니케이션이라는 관점에서 고찰하였다. 뇌과학자들을 심층 인터뷰하는 형식의 연구를 통하여 과학 커뮤니케이션에 있어서 전문가의 역할과 기능 및 대중 참여에 대해서 살펴보았다. 전문 온라인 조사 업체의 설문조사를 의뢰하여 여기서 나온 결과를 가지고 디지털 치료제 사용 의도와 수용성이 MZ세대와 베이비붐 세대 간에 어떤 차이를 가지는지에 대해서도 살펴보았다. 정보기술을 조직 구성원들이 받아들이는 데 미치는 요인들이 무엇인지를 밝히기 위한 이론적 모델인 기술수용모델을 도구로 하여, 디지털 치료제의 사용의도에 어떤 사회적 요인들이 영향을 미치는지에 대해서 연구한 결과를 실었다. 또한 AI 헬스 윤리에 관한 리터러시의 개념을 구체화하고 이를 측정할 수 있는 척도 개발에 관한 연구도 수행하였다. 전문가 의견 수렴 방식의 연구 방법인 델파이 기법을 활용하여 AI 헬스 윤리 인식 척도를 개발하였다. 한국의 의료 환경과 문화적 특성을 반영한 것으로 스마트 치료를 위한 기술의 확산 과정에서 사용자의 신뢰와 수용성을 높이는 데 기여하게 될 것으로 기대된다.

책의 교정과 마무리를 위하여 수고를 아끼지 않으신 박영사 편집팀께 감사드린다. 융합연구를 지속하면서, 첨단 스마트 치료 기술로 변화하는 사회에 선제적으로 대응할 수 있는 역량을 가질 수 있도록 전문적인 통찰을 담은 저술을 계속 출간할 것을 다짐한다. 가장 좋은 길로 인도해 주시는 살아 계신 하나님, 책을 기다려 주는 후학들과 독자들, 응원해 주시는 모든 분들께 감사드린다.

저자들을 대표하여
엄주희

목차

3부

사회 속의 스마트 치료 157

1
부

스마트 치료와 헌법

1장 디지털 헬스케어와 헌법상 사회국가(복지국가)의 이상: 우리나라와 독일 비교를 중심으로

2장 하버마스의 절차주의적 법 패러다임에서 본 건강권: 보건의료의 문제인식 대상과 이론적 고찰을 중심으로

1장

디지털 헬스케어와 헌법상 사회국가(복지국가)의 이상 : 우리나라와 독일 비교를 중심으로

I 서론

과학에 선악이 있을까요? 다양한 답변이 가능하겠지만, 필자의 생각에 어떤 발견, 발명이든 그것을 활용하는 자의 의도에 따라 그 발견이나 발명은 선도 될 수 있고 악도 될 수 있을 것 같습니다. ICT기술도 마찬가지라고 생각합니다. 인공지능, 사물인터넷, 클라우드, 빅데이터 등은 그것을 어느 사회에서 어떻게 규율하고 적용하는지에 따라 그 사회를 더 좋은 사회로 만들 수도 있고, 더 살기 힘든 사회로 만들 수도 있으며, 또는 생활 격차가 심한 사회를 만들 수도 있습니다.

4차 산업혁명이 무르익었다고 할 수 있는 요즘, 디지털화가 각 부문에서 빠르게 진전되고 있습니다. 클라우드나 사물인터넷은 이미 익숙하고, 인공지능도 낯설지 않고, 빅데이터도 많이 활용되고 있습니다. 그런데 ICT기술이 특히 더 많이 활용되기를 바라는 분야가 있다면 어느 분야일까요? 많은 독자가 건강, 의료 분야를 떠올리실 듯한데, 그렇습니다. 2021.9.1. 대통령직속 4차산업혁명위원회가 발표하였던 '인공지능 대중화를 위한 대국민 인공지능 이용 인식조사'에서 인공지능 대중화가 가장 우선적으로 이뤄져야 할 분야로 응답자의 62.1%가 병원, 의료, 헬스케어 분야라고 하여 전체 18개 분야에서 1위를 차지하였던 바 있습니다.[1] 그만큼 건강, 의료, 생명은 보편적으로 모든 사람에게 소중한 가치라고 하겠습니다.

---

1 한국전자통신연구원, "인공지능과 의료서비스가 만나다", ETRI Webzine 제187호(2021.9) URL: https://www.etri.re.kr/webzine/20211112/sub01.html (2024.11.25. 확인)

WHO에 의하면 '디지털 헬스'는 건강을 증진하려는 목적을 가진 디지털 기술의 발전과 활용에 관한 지식과 실천 분야로 정의할 수 있는데, 디지털 헬스는 eHealth의 개념에 디지털 소비자와 스마트기기와 연계 장비를 포함하는 개념으로, AI, 빅데이터, 블록체인, 건강 데이터, 건강정보시스템, 정보전염병, IoT, 상호호환성과 원격 의료 등이 그 주요 예라고 합니다.[2] 우리나라에서 '디지털 헬스케어', '스마트 헬스케어'도 같은 선상에서 쓰이는 용어라고 볼 수 있겠으나, 협의로 디지털 헬스케어 치료기기를 의미하는 경우도 있습니다.

WHO 홈페이지에서 디지털 헬스를 정의하고 있는 것에서부터 알 수 있듯이 디지털 헬스는 우리나라에서 뿐만 아니라 세계적으로 초관심사안입니다. 디지털 헬스의 발전은 고령화의 진전으로 만성질환이 증가하고 고령층의 의료비가 지속적으로 증대할 것으로 전망되는 세계적인 추세 속에서 의료 서비스의 패러다임 변화를 이끌고 있습니다.[3] 현재까지의 의료 서비스 중심이 사후적인 질병 치료에 있었다면, 최근에는 ICT기술을 통하여 사전예방적 건강관리 부문을 확대하고, 비대면 진료를 통하여 진료의 편의성을 증대하고 사각지대를 최소화하며[4], 환자맞춤형 건강정보의 집약과 의료기관 간 공유를 통하여 치료의 정확도를 높이는 등의 노력이 해외 각국에서 추진되고 있습니다.

디지털 헬스는 개발 가능성과 수요가 큰 만큼 ICT기술 강국들의 새로운 산업 분야로 각광받고 있기도 합니다. 통계기관 Statista에 의하면 2024년 전 세계 디지털 헬스 관련 총수입(revenue)이 17,190조 달러로 전망되고 2029년에는 25,830조 달러로 성장할 것으로 전망되며, 특히 디지털 헬스케어 관련 시장이 2024년 10,380조 달러로 성장할 것으로 기대된다고 합니다. 이 중 큰 부분(2024년에 4,712조 달러)을

---

2 World Health Organization, "Health Topics: Digital Health," URL: https://www.who.int/europe/health-topics/digital-health#tab=tab_1 (2024.11.25. 확인)

3 권수진, "디지털 헬스케어에 관한 비교법적 검토", 미국헌법연구 제34권 제3호(2023.12), 128면; 미국의 디지털 헬스케어서비스현황에 대하여 김종환 · 강인기, "고령층 디지털 헬스케어 활용 위한 디지털 리터러시 정책 방향 연구", 스포츠엔터테인먼트와 법 제27권 제2호(2024) 9면.

4 이한주 · 엄주희, "포스트 코로나19시대에 디지털 헬스케어 발전의 법적 과제: 비대면 의료를 중심으로", 한국의료법학회지 제30권 제2호(2022) 82면 참조. 코로나19로 인하여 디지털 헬스케어 추진이 가속화되었음과 관련하여서도 동 논문 참조.

미국이 차지할 것으로 전망된다고 합니다.[5] 디지털 헬스 분야는 아직 생성 중인 분야인 만큼, 세계 각국에서 이를 신산업 분야로 국가적으로 지원하고 있습니다. 우리나라의 경우에도 2020년 7월 발표된 '한국판 뉴딜 정부 종합계획'에 스마트 의료 인프라 구축 내용이 있었고,[6] 2022년 2월 정부가 디지털 헬스케어 산업을 미래성장동력으로 보고 지원하겠다고 발표한 바 있으며,[7] 2022년 5월 발표된 '윤석열 정부 110대 국정과제'에 디지털 헬스케어 산업육성이 포함되어 있습니다.[8]

그런데 관련 산업의 육성도 물론 중요하지만, 건강의료와 관련하여 디지털 헬스 산업 육성을 최우선으로 하다보면 디지털 헬스가 모두의 보편적 가치인 건강, 생명에 특별한 기여를 할 수 있음에도 그러한 잠재성을 펼치지 못 하게 될 수 있습니다. 이러한 왜곡을 막기 위해서는 디지털의 건강의료 부문에의 도입단계에서부터 사회구성원 모두의 공동선이라는 가치에 따라 국가와 사회 간 적절한 논의와 약속에 의한 조정이 필요합니다.

뒤에서 보겠으나, 현재 우리나라는 디지털 헬스와 관련하여 산업육성에 초점을 맞추고 있고, 디지털 기술력이나 인프라가 상당히 갖춰졌음에도 디지털 기술을 통하여 우리 사회의 건강의료체계를 사회정의 제고 관점에서 개선하려는 접근은 활발히 논의되지 않는 듯합니다. 잘 알려져 있듯이 '24년 2월 정부가 의료인력 확충, 지역의료 강화, 의료사고 안전망 구축, 보상체계 공정성 제고를 의료개혁 4대 과제로 발표하였고,[9] 그중 의대정원 확대와 관련하여 의사 파업이 시작된 상황입니다('25.4.현재 파업 지속). 건강의료체계의 개선을 위한 디지털화전략은 별도로 수립되지 않은 듯 합

---

5 이와 관련한 자세한 내용은 Statista, Digital Health - Worldwide. URL: https://www.statista.com/outlook/hmo/digital-health/worldwide (2024.11.25. 확인)

6 신대현, "'한국판 뉴딜' 화폭에 스마트의료 인프라 구축 담겨", 메디표뉴스 2020.7.14. URL: https://www.medifonews.com/news/article.html?no=154194 (2024.11.16. 확인)

7 김정아, "정부, 디지털헬스케어 산업육성전략 발표…미래성장동력으로 총력 지원", 디지털조선일보 2022.2.24., URL: https://digitalchosun.dizzo.com/site/data/html_dir/2022/02/24/2022022480157.html (2024.11.16. 확인)

8 국내 디지털헬스케어 정책동향과 관련해서는 연미영, "소비자 참여 기반의 디지털 헬스케어 활성화를 위한 검토", 한국소비자원 소비자정책동향 제130호(2023.6) 4면 참고.

9 이에 대한 자세한 사항은 보건복지부, 정책 : 의료개혁 4대과제, URL: https://www.mohw.go.kr/menu.es?mid=a10715020200 (2024.11.29. 확인)

니다.[10] 의사 파업에 대응하여 비대면 진료가 전면 허용[11]되었지만, 이는 어디까지나 관련법 개정없는 임시조치입니다. 코로나19 이후 언급되곤 하는 '원외전자처방전'[12] 도입이나 환자의 통합적 건강의료정보 관리를 위한 환자 중심의 환자 건강기록 데이터 구축, 인공지능기술의 간병에의 활용이나 디지털화 관련 의료보험 수가체계 전환 등 디지털시대 건강의료체계의 전반적 개선방향과 실행방안에 대한 본격적인 논의는 활발하지 않은 상황입니다.

이에 반하여 독일의 경우는 최근까지 디지털화 측면에서 뒤쳐져 있었다고 할 수 있음에도 특히 건강의료체계에 대해 정부부처, 의회, 의사협회 등 이해당사자가 디지털화를 통하여 건강 및 의료 서비스를 크게 보완할 수 있다고 보고 박차를 가하고 있습니다. '23년 3월 연방보건부에서 관련 이해당사자들과 공동으로 발표한 건강의료체계 디지털화 전략 '함께 하는 디지털화(Gemeinsam Digital)'에 의하면 디지털화의 잠재성을 "모두의 더 건강하고 긴 삶을 위하여(ein gesünderes und längeres Leben für alle)" 활용하고자 연방보건부가 의료계, 약사계, 요양업계, 환자, 요양수요자, 건강보험자, 학계, 건강 관련 사업자의 수많은 대변인과 함께 2030년까지의 로드맵을 만들었습니다. 가장 우선적인 가치로 '사람(Mensch)'을 중심에 둠으로써 디지털화를 '동등하고, 사각지대가 없으며 차별이 없고 누구나 비용지불 가능한' 모두를 위한 건강과 간병시스템을 만드는 데 활용하겠으며, 건강과 간병데이터를 더 신속하고 정확한 의료 서비스 제공에 활용하고 이러한 데이터를 (건강보험 가입자인) 환자 본인에게도 제공함으로써 충분한 정보력에 의한 자기결정을 환자가 할 수 있도록 하여 '환자주권(Patientensouveränität)'을 강화하며, 디지털화를 통하여 케어(Versorgung)가 필요한 모든 상황에 환자의 특수성에 맞는 가능한 가장 좋은 케어를 제공하여 모두의 (삶에의) 참여를 가능하게 하고, 디지털화를 통하여 건강과 간병부

---

10 다만, 우리나라는 전자의무기록(EMR) 도입정도가 높은 등, 건강의료부문의 디지털화 수준이 이미 상당히 높음을 감안할 필요가 있습니다(필자).

11 대한민국 정책브리핑, 중앙사고수습본부 2024.2.23.,"오늘부터 비대면 진료 전면 허용…환자 불편 최소화", URL: https://www.korea.kr/news/policyNewsView.do?newsId=148926243 (2024.11.29. 확인)

12 전자화된 처방전을 전자기기로 환자, 처방의사, 약사간에 전송, 교환하는 처방전으로, 독일(2024년 의무화), 일본(2023년 도입), 호주(2020년 도입) 등 도입이 확산되고 있습니다. 이진이 · 유승래 · 서동철, "전자 처방전 사용에 따른 의약품 조제 및 전달 방법 고찰", 의약품정책연구 제17권 제1호(2024) 49면 이하.

문 종사자의 처우와 근로환경을 개선하는 체계를 만듦으로써 관련 인력의 업무부담을 덜고 케어에 더 집중할 수 있게 하면서 건강과 간병부문 직업의 매력도를 높이고, 디지털 전환을 필요지향적으로 수행함으로써 관련 이해당사자들이 부가가치를 창출할 수 있게 하면서 디지털화에의 긍정적 반응을 높일 것을 목적으로 추진한다고 설명하고 있습니다.[13] 여기서 보듯 독일 건강의료체계 디지털화의 중점은 사람과 모든 사람의 생명과 건강 증진이라는 공동선(Gemeinwohl)에 있습니다.

아울러, 이러한 건강의료체계 디지털화 관련한 원격의료, 개인정보보호, 환자기록, 치료앱 등 광범위한 분야의 입법들은 사회 정의와 사회 안전을 목표(제1권 제1조 참조)로 사회보장에 대하여 종합적으로 규정하는 독일의 '사회법전(Sozialgesetzbuch)'의 일부로 체계적으로 제개정되어 실행되고 있습니다.

건강의료제도의 디지털화에 대한 이러한 관점과 태도는 현재 우리나라 상황과 상당히 다른 점이 있습니다. 최근 기사 중 "홈 헬스케어 시대, 제도 정비와 사회적 합의 필요"에 의하면 우리나라가 기술력은 이미 있기에 사회적 합의와 제도적 뒷받침만 되면 홈 헬스케어를 본격적으로 시도할 수 있다고 하는데,[14] 이는 독일의 경우와 반대라고 할 수 있습니다. 즉 우리나라는 기술력은 일찍이 갖춰져 있었으나 '사회적 합의와 제도적 뒷받침'이 미비하여 이를 제대로 상용화하지 못 하고 있음에 반하여, 독일은 최근까지 디지털 인프라는 미진하였으나 기술력을 키우면서 동시에 어렵지 않게 사회적 합의하에 법으로 제도들을 빠른 속도로 도입하고 있습니다.[15] '사회적 합의와 제도화'에 큰 어려움이 없는 것입니다.

우리나라와 독일의 디지털 헬스에 대한 위와 같은 접근법 차이는 어디서 비롯할까요?

---

13 독일 연방보건부의 건강의료시스템 디지털화 전략 내용과 관련해서는 다음을 참조: Bundesministerium für Gesundheit, Digitalisierung im Gesundheitswesen, URL: https://www.bundesgesundheitsministerium.de/themen/digitalisierung/digitalisierung-im-gesundheitswesen.html (2024.11.23. 확인) 14면.

14 김상훈, 동아일보와 고려대 의료원 공동 기획-"홈 헬스케어 시대, 제도 정비와 사회적 합의 필요", 동아일보 2024.11.30., URL: https://www.donga.com/news/article/all/20241130/130537330/2 (2024.11.30. 확인)

15 성과도 상당합니다. 예를 들어 오인규, "헬스케어 앱 시장 리더 독일, 인프라+정책 지원성과 빛났다", 의학신문 2024.11.27. 참조. URL: http://www.bosa.co.kr/news/articleView.html?idxno=2236499 (2024.11.30. 확인)

필자는 독일의 경우 사회에 깊이 뿌리내려져 있으며 독일 기본법상 사회적 법치국가원리(사회국가 및 법치주의)[16]의 토대가 된 사회구성원들의 '공동선'에 대한 공감대와 법치주의에 대한 깊은 신뢰가 한 원인이라고 생각합니다. 앞서 연방건강부에서도 인간의 존엄을 중시한다던가, 환자의 자기결정권을 중시하며, 사각지대 없이 모두가 비용을 지불 가능할 수 있도록 의료서비스를 업그레이드하며, 관련 이해당사자와의 협력하에 모두가 디지털화로 인하여 부가가치가 있을 수 있는 방향을 지향한다는 점은 바로 독일 사회적 법치국가원리의 근본이념인 '사회 정의'의 실현을 의미합니다.

우리는 은연중 4차 산업혁명 후의 세계, AI가 일상화되는 세계에 대하여 이를 현재의 세계와 절연되는 완전히 다르며 현재의 우리는 수동적으로 맞이하게 되는 새로운 세상이라는 상상을 많이 합니다. 그러나 디지털화된 세계라고 해서 지금의 현실과 절연되는 것이 아니며, 디지털화가 자동적으로 모두의 일상을 수월하게 하는 것이 아님을 기억할 필요가 있습니다. 지금 우리 사회가 어떤 목표와 철학으로 디지털화된 미래를 만들어 나가는지에 따라 사회구성원 일부만 편한, 디지털 수혜 격차가 심각한 세상이 될 수도 있고, 디지털 기술을 모두를 위해 상용화한 더 편한 세상이 올 수도 있는 것입니다. 특히 건강의료는 사람의 생명과 건강이라는 가치에 직결되는 영역이므로 건강의료의 디지털화와 관련해서는 모두를 중심에 둔 목표와 철학에 대한 사회적 공감대가 반드시 필요하다 하겠습니다.

다음 장에서는 우리나라와 독일의 디지털 헬스케어 규제 · 정책 차이를 개관하고, 그 다음 장에서는 이러한 차이를 가져오는 독일의 사회적 법치국가 원리의 역사적인 경험을 살펴본 후에 시사점을 도출하고자 합니다.

---

16 뒤에서 보겠으나 독일에서는 독일 특유의 역사적 경험상 '복지국가'가 아니라 '사회국가'라는 용어를 쓰며, 독일 기본법상 사회국가원리 및 법치국가원리를 합하여 '사회적 법치국가' 원리라고 합니다(sozialer Rechtsstaat)(필자).

II 우리나라와 독일의 디지털 헬스케어 추진현황 비교[17]

1. 우리나라

우리나라는 ICT강국으로 디지털 기술 및 의료기술 발전면에서 세계적으로 상당히 앞서 있습니다. 디지털 경쟁력의 국제적 비교를 보면 2023년 IMD의 디지털 경쟁력 순위에서 6위를 한 바 있습니다.[18] 의료기술도 'K 의료'붐이 있을 정도로 인정받고 있고, 최근 보도에 의하면 국내 32개 병원이 '세계 최고 병원'급으로 선정되었습니다.[19] 우리나라 주요병원의 전자의무기록(EMR) 도입률도 100%에 가깝습니다.[20]

국가·산업적 측면에서의 디지털화가 상당수준일 뿐 아니라, 사회의 디지털 활용도가 상당히 높은 수준입니다. 단적으로 독일 등 유럽과 비교하였을 때 인터넷 뱅킹의 활용도나 보험금 청구 등 금융업무처리, 공문서의 전자문서 대체, 단순노무직 키오스크 등으로의 대체, 온라인 구매품목의 다양성 등을 비교할 때 우리의 일상이 훨씬 더 섬세하게 디지털화되어 있습니다.

그런데 앞서 언급하였듯이 국내 디지털 헬스케어 발전은 이러한 디지털 기술력이나 사회의 디지털화 수용정도에 미치지 못 하고 있습니다. 다행히 디지털의료제품법이 '23년 12월 국회 본회의를 통과하여 '25년 1월 시행됨으로써 디지털 헬스케어 기기의 개발과 관련해서는 큰 진척이 있었다고 할 수 있으나,[21] 현재까지는 예를 들어 웨어러블 기기가 의료장비로 안전한지에 대한 신뢰 확보나 이와 관련하여 환자의 어

---

17 본 글은 디지털 헬스케어의 구축에도 헌법상 복지국가원리와 법치주의가 토대가 되어야 함을 우리나라와 독일과의 비교를 통하여 주장하려는 글로서, 양 국가 또는 국제적인 디지털 헬스케어 발전현황에 대해서는 간략하게만 언급함을 미리 밝혀둡니다(필자).

18 전아현, "한국, IMD 디지털 경쟁력 랭킹 6위 … 역대 최고 순위", 이투데이 2023.11.30. URL: https://m.etoday.co.kr/view.php?idxno=2307532 (2024.11.12. 확인)

19 유은제, "국내 32개 병원 '세계최고병원' 선정 "글로벌의료 입증", 의학신문 2024.9.19., URL: http://www.bosa.co.kr/news/articleView.html?idxno=2231402 (2024.11.12. 확인)

20 보건복지부 홈페이지, 보도자료 "「2020년 보건정보의료화 실태조사」 결과발표 2021.4.13., URL: https://www.mohw.go.kr/upload/140/202104/1618271137368_20210413084538.pdf (2024.11.16. 확인)

21 식품의약안전처, "식약처, 세계 첫 '디지털의료제품법' 본격 시행을 위한 하위규정 입법예고", 대한민국정책브리핑 홈페이지, 2024.7.31., URL: https://www.korea.kr/briefing/pressReleaseView.do?newsId=156643638 (2024.11.19. 확인)

떤 데이터를 확보할 것인지에 대한 표준화 작업도 필요하여 의료 서비스와의 연결이 필요하고, 웨어러블 기기가 수집한 데이터를 바로 병원에 전송하여 의료진이 환자의 데이터를 바로 분석해서 결과를 대학병원에 통보하려면 원격의료의 보완이 필요한데 현재 이에 대한 사회적 합의가 되지 않은 상황이라고 하며, 의사가 환자의 데이터를 분석하고 처방하는 것을 의료 서비스로 볼 것인지도 논의가 필요합니다.[22] 그 외에도 2024년 3월 발표된 정보통신정책연구원 보고서를 보면, 우리나라의 경우 개인정보보호규제, 원격진료/통신진료 금지규제, 건강보험 의료수가 등으로 인하여 디지털 헬스케어 사업진출 및 발전에 장벽이 존재하고 있습니다.[23] 비대면진료의 경우 코로나19 당시 시행되었으나, 2023년 6월부터 시범사업으로 전환하여 재진환자 위주로 운영하다가 의대 증원 관련 의료파업에 따른 의료공백 완화를 위하여 2024년 2월부터 모든 환자에 대하여 허용하고 있으나, 관련 법령 정비 등의 안정적인 제도화는 아직 이뤄지지 못 하고 있는 실정입니다.[24]

디지털 헬스케어와 관련된 다양한 분야에 대한 본격적인 입법은 더욱 더딘 상황입니다. 앞서 언급한 디지털제품의료법 외에는, 2018.4.3. 바른미래당 김수민 의원 등 10인이 '융복합헬스케어기기산업진흥에관한법률안'을 발의하였으나 2020.5.29. 임기만료폐기되었고, 태영호 의원 등 12인이 동일한 명칭의 법률안을 2020.11.13. 발의하였으나 2024.5.29. 임기만료폐기되었으며, 2022.11.13. 정태호 의원 등 11인이 '디지털헬스케어산업의 육성 및 지원에 관한 법률안'을 발의하였으나 2024.5.29. 임기만료폐기되었고, 2022.8.31. 박성중 의원 등 17인이 '스마트헬스케어기술 육성 및 지원에 관한 법률안'을 발의하였으나 2024.5.29. 임기만료폐기되었으며, 강기윤 의원 등 10인이 디지털 헬스케어 진흥 및 보건의료데이터 활용촉진에 관한 법률안을 2022.10.7. 발의하였으나 2024.5.29. 임기만료폐기되었고, 2023.9.7. 신현영 의원 등 10인이 '디지털 헬스케어 및 보건의료데이터 활용에 관

22 김상훈, 동아일보와 고려대 의료원 공동 기획-"홈 헬스케어 시대, 제도 정비와 사회적 합의 필요", 동아일보 2024.11.30., URL: https://www.donga.com/news/article/all/20241130/130537330/2 (2024.11.30. 확인)

23 김윤화, 디지털 헬스케어 시장전망, KiSDI Perspectives 제3권(2024.8.) 7면.

24 매일경제 사설, "의사 파업 우려에 정부 '비대면진료 확대'… 이참에 규제 확 풀어야", 매일경제 2024.2.15., URL: https://www.mk.co.kr/news/editorial/10943640 (2024.11.16. 확인) 이혜경, "기자의 눈 : 위고비 열풍과 비대면 진료의 한계, 데일리팜 2024.10.31. URL: https://www.dailypharm.com/News/316882 (2024.11.16. 확인)

한 법률안'을 발의하였으나 2024.5.29. 임기만료폐기되었으며, 현재 2024.10.31. 안상훈 의원 등 10인이 '디지털 헬스케어 진흥 및 보건의료정보 활용 촉진에 관한 법률안'을 발의하여 계류 중입니다(2024.11.30. 기준).[25] 위와 같이 보았을 때 디지털 헬스케어 관련한 우리나라 입법현황은 상당히 약소한 형편입니다.

법은 모두를 위한 약속의 의미를 담고 있기에, 정권의 변화와 상관없이 장기적으로 추진되어야 할 국가과제는 특히나 법을 통하여 제정되어야 합니다. 그런데 디지털과 의료 강국에 현재까지 향후 디지털 헬스케어 발전방향의 토대가 되는 종합적인 법이 없는 것은 상당히 우려가 되는 부분입니다. 아울러, 상기 법안들도 그 내용에 있어서 산업육성에 치우쳐있고, 개인의료데이터의 민간기업 전송을 정하면서 환자의 보호에 대해서는 미비점이 있다는 여러 평가들을 받은 바 있으며,[26] 인공지능 등 기술력과 인프라를 사회 정의를 위한 복지를 제고하는 수단으로서 건강 의료 서비스에 적용함으로써 환자 · 의료진 · 보호자 등의 건강과 생명, 인간다운 삶(헌법 제10조 참조)에 더욱 기여하는 차원에서의 논의와 합의내용은 잘 없는 것으로 보여집니다. 이는 예를 들어 다음에서 볼 독일의 경우 건강의료시스템 디지털과 관련하여 후발주자임에도 수년 전부터 건강의료체계의 디지털화를 사회 정의, 사회 안전, 인간다운 삶에의 기여를 위하여(사회법전 제1권 제1조 참조) 충실히 다방면으로 입법화하고 제도화하여 실행함과 비교할 때, 상당한 괴리를 보입니다.

2. 독일

2022년 독일정부는 사회 모든 부문의 디지털화를 촉진하는 전략을 수립하여 추진 중입니다.[27] 그러나 독일은 아직까지는 디지털 강국이 아닙니다. 잘 아시다시피

---

25 국회의안정보시스템, 국회의안정보, URL: https://likms.assembly.go.kr/bill/BillSearchResult.do (2024.11.16. 확인)

26 백성주, "디지털헬스케어법 우려 제기…복지부 논란 진화"- '국회통과 지원'피력하자 일부 반발…'개인정보 무분별 허용 아니다' 해명, 데일리메디 2024.2.3., URL: https://www.dailymedi.com/news/news_view.php?wr_id=907959 (2024.11.30. 확인) 한편, 디지털 헬스케어 관련 법안들에 대하여 다음 논문에서 자세히 다룬 바 있다 : 임지연 · 김계현, "디지털 헬스케어 및 보건의료데이터 활용 관련 법안의 의미와 주요 쟁점", 일감법학 제57호 (2024.4월).

27 Bundesministerium für Digitales und Verkehr, BMDV legt Digitalstrategie vor, 독일연방디지털 및 교통부(BMDB) 홈페이지, 2022.8.31., URL: https://bmdv.bund.de/DE/Themen/

독일은 필기구(Staedler), 냄비(Fissler), 제약(Bayer), 자동차(BMW), 치약(Ajona), 화장품(Nivea), 스포츠의류(Adidas), 세탁세재(Persil), 세탁기(Bosch), 과자(Haribo) 등 매우 많은 제조업 분야에 세계적인 대기업 또는 강소기업이 활약하고 있지만, 컴퓨터나 핸드폰, 반도체 등 ICT와 관련된 분야에서는 세계적으로 이름난 기업이 잘 없습니다. 이는 독일인의 성향과 관련되는데, 독일 국민성 자체가 '느리되 신중하게' 가는 것을 선호하며, 온라인보다는 오프라인을 선호하는 경향이 있습니다. 코로나19로 인하여 디지털화가 촉진되긴 하였지만, 현재도 서신 왕래가 빈번하며 eBook보다는 종이책자를 선호하고, 식당 등에서 키오스크보다는 종업원이 계산대를 지키며, 인터넷뱅킹보다는 은행지점을 방문하거나 ATM을 이용하는 경우가 여전히 많습니다. 공공장소의 와이파이 제공이 2017년에야 가능해졌음을 보더라도,[28] 디지털화에 있어 독일은 매우 신중하며 보수적인 경향이 있음을 알 수 있습니다. 아울러 의료와 관련해서도, 독일은 수년 전까지만 해도 전자의무기록(EMR) 보급률도 (우리나라와 비교했을 때) 크게 앞서 있지 않았습니다.

그런데 이러한 독일이 미래를 위한 디지털 헬스케어 생태계는 상대적으로 빠르게 구축하고 있습니다. 독일은 의료시스템 등이 디지털화 정도는 높은 편이 아니었으나 국가(연방보건부)의 주도하에 의료계와 관련 이해당사자와의 논의를 통하여 건강의료제도의 디지털화에 대한 총괄적 전략을 수립하고 각 부문에 필요한 입법을 진지하게 그러나 속도감있게 준비하여 시행해 나가고 있습니다.[29]

예를 들면, 보건의 디지털화 기반을 마련한 E-Health-Gesetz(Gesetz für sichere digitale Kommunikation und Anwendungen im Gesundheitswesen)이 2015년 연방보건부에 의하여 입안되어 하원(Bundestag)과 상원(Bundesrat)을 통과해 2015.12.29. 시행되었으며,[30] 예약서비스 및 헬스케어에 관한 법률(Terminservice-

----

Digitales/Digitale-Gesellschaft/Digitalstrategie/digitalstrategie.html (2024.11.30. 확인)

28 독일은 카페, 공항, 호텔 등 공공장소에서 와이파이 이용자가 저작권에 위배되거나 하는 불법자료를 다운로드할 경우 와이파이 제공자를 처벌하도록 하였는데, 2017.6.30. 법개정(Telemediengesetz)을 통하여 이러한 규제를 완화하였습니다. beck-aktuell, Heute im Recht, URL: https://rsw.beck.de/aktuell/daily/meldung/detail/aenderung-des-telemediengesetzes-fuer-mehr-offenes-wlan-in-deutschland (2024.11.16. 확인)

29 2022년까지의 법제는 김수정, 독일의 디지털 헬스케어 법제, 이화여자대학교 법학논집 제27권 제1호 통권 79호(2022.9.)에 잘 정리되어 있습니다. 232면 등 참조.

30 구체적인 입법과정상의 검토와 내용 관련해서는 연방보건부 홈페이지 참조.

und Versorgungsgesetz, TSVG)이 2019년 시행되었고,[31] 더 안전한 의약품공급을 위한 법률(Gesetz für mehr Sicherheit in der Arzneimittelversorgung, GSAV)도 2019년 시행되었으며,[32] 2020년에 전자처방전 및 전자환자기록(electronische Patientenakte, ePA)[33]를 도입한 환자 데이터 보호법(Patientendaten-Schutz-Gesetz, PDSG)이 시행되었고, 2019년 의사가 건강앱을 처방할 수 있으며 이에 대해 건강보험 급여 적용을 할 수 있도록 하면서, 전자환자기록이 널리 쓰일 수 있게 약국 및 병원이 동 네트워크에 조인하도록 유인책 등을 통하여 장려하고, 한편 의료제도 혁신을 위한 기금(Innovationfonds) 지원기간을 2024년까지로 연장하며 비대면 진료를 확대하며 연구기관에서 병원의 데이터를 익명화하여 연구에 안전하게 활용하도록 하며 1차 병원의 IT안전성을 제고하는 등의 내용을 가진 디지털 헬스케어법

Bundesministerium für Gesundheit, E-Health-Gesetz, URL: https://www.bundesgesundheitsministerium.de/service/gesetze-und-verordnungen/detail/e-health-gesetz.html (2024.11.17. 확인)

31 동법은 특히 사보험 아닌 공보험 가입자가 주거 근처에 4주 이내에 의사 진료를 예약할 수 있도록(독일이 의사면담 예약잡기가 상당히 어렵긴 합니다: 필자) 통합적인 예약서비스센터를 보완하고 1차 병원 의사들이 일주일에 적어도 5시간의 미예약시간을 의무화하도록 하며, 1차 병원 의사가 긴급진료에 응할 시 추가수당을 주고, 시골의 의사공급을 확대하는 등의 조치를 담고 있습니다. 연방보건부 홈페이지 참조. URL: https://www.bundesgesundheitsministerium.de/terminservice-und-versorgungsgesetz.html. (2024.11.17. 확인)

32 동법은 2018년 독일언론에 의하여 발각된 '루나팜 스캔들(Fall Lunapharm)'의 후속조치로, 루나팜이라는 독일 거대 제약유통업체가 한 그리스약국으로부터 그리스병원에서 절취한 고단가의 암의약품을 독일 전역에 유통시킨 것과 관련하여, 연방과 주가 약국 및 제약유통업체의 약공급을 검열함에 협력하며 그 권한을 확대하는 내용을 수록하면서 아울러 전자처방전(electronisches Rezept) 시행 청사진도 담고 있었습니다. 연방보건부 홈페이지, URL: https://www.bundesgesundheitsministerium.de/gsav.html (2024.11.17. 확인)

33 전자처방전과 전자환자기록의 구체적인 내용 관련해서는 김수정, 독일의 디지털 헬스케어 법제, 이화여자대학교 법학논집 제27권 제1호 통권 79호(2022.9.) 237면 이하 참고. 연방보건부 홈페이지 설명은 URL: https://www.bundesgesundheitsministerium.de/patientendaten-schutz-gesetz (2024.11.17. 확인) 참고. 전자환자기록은 전자의무기록과는 별개로, 동법에 따르면 의료보험(Krankenkasse)에서는 2021년 1월부터 '전자환자기록'을 이용할 수 있도록 해야 하며, 환자 자신이 어떤 정보가 기록될 것인지를 결정하고 스마트폰이나 태블릿으로도 이에 접근 가능하며 데이터 안전성이 보장되고 의사에의 송부를 결정할 수 있으며 어떤 의사가 이를 볼 수 있는지를 결정하며 한편 연구 목적을 위하여 자신의 데이터를 기부할 수 있게 하는 등의 내용을 담고 있습니다(연방보건부 홈페이지 참조).

(Digitale-Versorgung-Gesetz)이 시행되었으며,[34] 2021년에는 디지털 돌봄앱의 건강보험 적용을 위한 평가, 앱에서의 데이터의 전자환자기록에 통합, 디지털 돌봄앱의 데이터 안전성 제고, 비대면 진료의 편의성과 정확성 확대, 전자처방전과 전자환자기록 업그레이드 등에 대하여 상세히 정한 디지털 헬스케어 및 돌봄의 현대화법(Digitale-Versorgung-und-Pflege-Modernisierungs-Gesetz, DVPM)이 시행되었습니다.[35] 2024년 3월에는 건강데이터를 연구목적으로 활용할 수 있게 하기 위하여 건강정보의 공공선에 따른 활용을 효율적으로 도모할 수 있는 인프라를 구축하는 내용의 건강데이터의 이용에 관한 법률(Gesundheitsdatennutzungsgesetz, GNDG)과[36] 의료계 및 환자의 디지털 진료를 수월하게 하기 위한 전자환자기록제도의 opt-out제도로의 개선(2025년 1월 시행), 투약내용 기록과 디지털 의료앱의 건강의료제도에의 포용 촉진, 원격진료제도 추가개선 등의 내용을 담고 있는 '건강의료체계의 디지털화를 촉진하기 위한 법률(Gesetz zur Beschleunigung der Digitalisierung im Gesundheitswesens, Digital Gesetz 또는 DigiG)'[37]이 시행되었습니다.[38]

아울러 입법과정과 관련하여서도 우리가 눈여겨 볼 점은, 독일은 제도 도입이나 개선 시 전문가 그룹이나 관계 이해당사자 모두와 함께 논의하여 시작부터 전략을 한께 수립하는 경우가 많다는 점으로, 해당 부처 등과 이러한 이해당사자가 각자

---

34 독일은 디지털화 등 많은 도전을 받고 있는 의료제도의 혁신을 위하여 2016년 디지털법(Digital-Gesetz)을 통하여 2016년부터 의료 혁신기금을 운영 중으로, 매해 200,000,000 유로를 창의적 · 혁신적 연구와 실행 · 평가에 투입하고 있습니다. 연방보건부 홈페이지 참조. URL: https://www.bundesgesundheitsministerium.de/service/begriffe-von-a-z/i/innovationsfonds.html (2024.11.17. 확인). 김기영 · 김봉철, "독일 디지털 헬스케어법의 주요 내용과 정책적 시사점", 법제 696호(2022)에 정리가 잘 되어 있습니다.

35 동법의 상세한 내용 관련해서는 연방보건부 홈페이지 참조. URL: https: //www.bundesgesundheitsministerium.de/service/gesetze-und-verordnungen/guv-19-lp/dvpmg.html (2024.11.17. 확인). 김수정, 독일의 디지털 헬스케어 법제, 이화여자대학교 법학논집 제27권 제1호 통권 79호(2022.9.) 245면 이하에 잘 정리되어 있습니다.

36 연방보건부 홈페이지 참조. URL: https://www.bundesgesundheitsministerium.de/service/gesetze-und-verordnungen/detail/gesundheitsdatennutzungsgesetz.html (2024.11.18. 확인)

37 연방보건부 홈페이지 참조. URL: https://www.bundesgesundheitsministerium.de/ministerium/gesetze-und-verordnungen/guv-20-lp/digig.html (2024.11.18. 확인)

38 여기서 이러한 입법들에 대하여 자세히 설명하지는 못 하나, 동법들은 매우 세부적이며 전문적인 내용까지 담고 있습니다(필자).

의 이익을 대변하면서도 공공선을 위하여 합리적으로 바람직한 결론에 도달하도록 지속적으로 노력하며, 의회도 각 정당의 정치적 대립여부를 불문하고 진지하게 입법에 임합니다. 의료제도의 디지털화라는 중요한 사항에 대하여서도 기본적인 정책 수립이 정부 주도로 의료제도 관계자, 연방의사협회 등의 논의하에 이루어져 입법자가 이를 토대로 입법하도록 하였으며, 입법자의 입법 후 실천에 각 당사자가 협력하고 있습니다. 예를 들어 연방의사협회가 '21.1.15. 발표한 "디지털화를 통한 의사의 환자진료 개선에 대한 의견"이라는 보고서를 살펴보면 의료제도의 디지털화를 시대상황상 필수불가결한 과제로 보고 있습니다. 디지털화가 시장중심의 경쟁논리에 매몰되지 않고 환자진료 개선에 중점을 두도록 하기 위해서는 법적인 제도화가 요청되며, 디지털화에 의하여 의료보험자인 질병금고(Krankenkasse)[39]의 행동반경이 크게 확장됨에 주의를 요하고 의사가 이에 대하여 균형추를 잡아야 한다고 합니다. 환자를 '고객'으로 변모시키는 의료체계의 영리중심 디지털화는 '아픈 고객'보다는 '젊고 건강한 고객' 위주로 의료 서비스가 변해 갈 수 있음을 경고하면서 이에 반대하고 있습니다. 또한 디지털화로 인하여 진료기회의 균등이 저해되어서는 안 되며, 디지털화에 맞추어 의사의 디지털역량을 강화해야 하므로 의사 교육과정 등에 이러한 내용을 포함시킬 필요가 있다고 이야기 합니다. 또한 의사가 환자에게 앱을 처방하는 데 있어 책임소재를 분명히 규율해야 하며, 디지털화에 의해 생성되는 데이터를 수집하되 영리목적 이용은 금지하도록 규율해야 하고, 속히 일관성 있는 건강정치적(gesundheitspolitische) 전략이 연방, 주, 질병금고들, 연구소 및 학계(Forschung), 건강경제업계, 제약사들의 참여하에 수립되어야 한다고 지적하였습니다. 의사협회는 의사들이 디지털화에 대한 준비를 하며 디지털화로 인하여 변화할 환자-의사 간 관계를 받아들이는 한편 디지털화가 의사들이 더 많은 시간을 갖고 진료할 수 있는 방향으로 이뤄져야 함을 피력한 것입니다.[40] 여기서도 볼 수 있듯이, 독일의 경우 각

---

39 우리나라의 법적 의료보험이 국민건강보험임과 달리 독일은 현재 110개 질병금고(Krankenkassen)들이 의료보험을 제공합니다. 이에 대한 설명으로는 윤진아, "건강보험의 보장성 강화를 위한 법제도의 개선방안 - 한국과 독일의 건강보험법제 비교를 중심으로", 한양대학교 법학논총 제36권 제4호(2019) 546면 이하 참고.

40 Bundesaerztekammer, "Thesen zur Weiterentwicklung der ärztlichen Patientenversorgung durch Digitalisierung - Bericht aus den Werkstattgesprächen mit Entscheidungsträgern von Spitzenorganisationen im Gesundheitswesen sowie Chancen, Risiken, Anforderungen aus Sicht der Bundesärztekammer, URL: https://www.bundesaerztekammer.de/themen/

이해관계자가 소속집단의 이익에 충실하되 소속집단 관점에서 벗어나 공동선을 위한 협력에 열려 있음을 알 수 있을 것입니다. 이러한 태도가 바로 사회학자 하버마스가 말하는, 사인들이 서로 공공의 관점에서 사회 이슈들에 대하여 국가와 협의하는 '공론의 장(Öffentlichkeit, public sphere)'입니다.[41]

3. 소결

앞서 보았듯이, 우리나라의 경우 디지털 기술력은 선진적이나, 건강의료체계의 디지털화와 관련하여 미래지향적인 추진전략과 입법을 확정하지 못 하고 있습니다. 경제적 측면의 디지털 헬스케어산업이 주로 논의되고 있고, 디지털 헬스케어 입법이 산업육성을 중점으로 발의되고 있으며, 이러한 법안들도 최근까지 활발한 논의 없이 폐기되어 왔을 뿐 아니라 내용상 미비점으로 인하여 시민단체 등으로부터 지적받은 바 있습니다. 그 외 국가적 차원에서 사회구성원 모두의 건강의료 관련 복지가 향상되도록 하기 위한 진지한 논의는 잘 이뤄지지 않고 있고, 입법을 위한 정치적 논의도 드문 것으로 보입니다. 한편 원격진료 등 건강의료제도의 업그레이드에 필수적이면서 사회 각 부문의 협력이 필요한 부문에서도 관련 이해당사자와의 협의가 어려운 면이 있습니다.

결국 우리나라가 건강의료체계의 디지털화에 대하여 야심차게 나아가지 못 하는 것은 우리 사회에서 '공동선'에 대한 공감대가 약한 데 한 원인이 있다고 볼 수 있습니다. 이는 헌법적 관점에서 보면 디지털 헬스케어의 추진이 헌법상 복지국가원리, 법치주의의 원리에 의하여 주도되지 않고 있음을 의미합니다. 헌법상 복지국가원리와 법치주의의 실제 사회적인 뿌리가 약한 것이라고도 할 수 있습니다.

이와 비교하여 독일의 경우에는 디지털 헬스케어를 미래의 산업으로만 보지 않고 디지털화가 상대적으로 낙후되었던 건강의료제도를 사회구성원 모두의 공동선을 위하여 전면적 디지털화를 추진하는 의미에서 다방면의 종합적인 계획을 세워 이를 법으로 제정하여 시행해 나가고 있습니다.

독일의 이러한 빠른 디지털 헬스케어체계 구축 및 실행의 한 동력은 사회적 법치국가라는 국가 이념이 사회구성원들에 공유되어 있기 때문이라고 볼 수 있습니다.

---

aerzte/digitalisierung/positionierung (2024.11.30. 확인)

41 Jürgen Habermas, *Strukturwandel der Öffentlichkeit*, Suhrkamp 2015, S. 89 f.

'사회구성원 모두의 공동선/공공복리'를 위한다는 사회 정의에 대한 공감대와 이를 법으로 한다는 인식이 사회 깊숙히 뿌리내려져 있는 것이지요.

다음 장에서는 독일의 사회적 법치국가라는 국가이념이 먼저 사회에서 공유되어 국가이념으로 발전한 역사적 전개에 대하여 간략히 살펴보고자 합니다.

III 독일 기본법상 사회국가원리의 사회적인 토대[42]

"가장 약한 사회구성원을 어떻게 대우하는지를 보면 그 사회의 중심가치를 알 수 있다"(구스타브 하이네만)

1. 서론

2010년대 무상급식/무상보육의 사회 논의 이후 우리나라의 사회국가 담론에서 다수에 대한 복지가 '가장 약한 사회구성원'에 대한 지원보다 우선이 되고 있습니다. 코로나19 사태로 인하여 국민 다수가 국가의 긴급한 도움이 필요하게 된 상황에서 약자를 위한 정의인 사회 정의를 사회국가의 목표로 논하기는 어색한 측면도 있겠습니다. 그런데 헌법이념과 관련해서 보면 헌법상 사회국가원리의 근본목표인 사회정의[43]가 뒷전이 된 것이라고 할 수 있습니다.

우리나라 사회복지제도는 그간의 많은 노력으로 크게 발전하였습니다. 그럼에도 발달장애 자녀를 오랜시간 돌보다 살해 후 부모가 자살하는 사건, 사각지대 빈곤상황에서 가족이 자살하는 사건이 끊이지 않습니다. IMF 이후 급증한 노숙인, 자살까지도 택하는 많은 빈곤 노인, 장애인, 보호종료아동, 결식아동 등 체계적이고 장기적인 지원책이 필요한 사회구성원이 많습니다. 이렇게 '약한 자'의 상황을 생각하면 우리나라 사회복지는 사회 정의 측면에서 보완할 부분이 많이 있는데, '무상-' 등 다수를 위한 일시적인 복지제도에 정치권의 노력이 집중되는 듯 합니다.

---

42 본 장의 내용은 공법연구 제51집 제1호(2022.10월)에 게재한 저자의 논문 "사회국가원리의 문화적 전제"를 요약한 것입니다.

43 우리나라에서는 복지국가와 관련하여 사회 정의의 이념이 크게 강조되지 않으나, 독일의 경우 헌법상 사회국가원리 및 현실에서의 사회국가 추진과 관련하여 사회 정의가 매우 중요한 개념입니다(필자).

그런데 사회국가가 '국가'의 역할이 크겠으나, '나'와 '사회'의 역할도 중요합니다. 예를 들어 독일의 사회복지시스템은 독일이 부유해서 그렇게 된 것이라고, 국가가 잘 한 것이라고 생각할 수 있는데, 그것만은 아닙니다. 사회 정의에 따라 사회국가를 건설하는 정치권 뒤에는 사회 정의를 중요 가치로 여기는 '사회'가 있습니다.[44] 독일이 오늘날의 사회국가가 된 데는 경제적 부 전에 최약자의 복지부터 보장하기 시작하던 사회국가에 대한 뿌리 깊은 공감대가 그 나침반 역할을 하였습니다. 독일 기본법상 가장 개방적이며 내용이 불확정적인 헌법원리로 꼽히는 사회국가원리는 이러한 공감대를 전제로 하고 있습니다.

많은 학자가 우리나라는 사회국가에 대한 공감대가 부족함을 지적하여 왔습니다다.[45] 그 부족한 공감대란 어쩌면, 저상버스 도입이 오랫동안 뒷전으로 밀리고 최근 도입되고 있으나 휠체어가 실제로 탑승할 수 있도록 하는 데까지는 관심이 미치지 않고, 장애인학교가 부족함에도 수년씩 주민의 반대로 설립이 지연되는 등의 사례를 통해 확인되는 냉정함일 것입니다. 휠체어 탄 사람, 또는 특별학교를 이용해야 하는 사람도 '나'처럼 존엄하며 같은 사회구성원이므로 같은 존엄을 누릴 수 있게 해야 한다는 자유주의의 내용인 인간 존엄성에 대한 평등한 인식과 그가 '나의 이웃'이라는 연대의식이 요청됩니다. 다른 한편 이런 자유주의와 연대의식은 다수의 사회복지지출[46]을 같이 부담하는 책임의식과, 복지정책에 대해 재원 마련 선행과 정치권 합의에 의한 법 반영 등을 통해 장기적 청사진이 보여야 함을 상식으로 여기는 이성(Vernunft)과 맞닿아 있습니다. 이러

---

44 독일은 특이한 '사회 분위기'가 있습니다. 예를 들어 독일에서 버스나 트램, 지하철을 몇 번 타 본 사람이면 버스운전사나 트램운전사, 지하철운전사가 내려서 버스 등에 휠체어나 유모차를 밀고 승객이 타게 도와주는 것을 본 경험이 있을 것입니다. 이것은 독일에서는 매우 오래된 일상입니다. 지하철이나 버스가 이로 인하여 길게는 15분까지 지체되기도 합니다. 그러나 승객들은 불평하지 않습니다. 또는, 특별학교 · 진흥학교('장애인학교'가 아니다)를 도시별로 조회하면 지역별로 다수 조회됩니다. 특별학교가 주민들 반대로 자리를 못 잡고 몇 년을 지연설립되는 일은 없습니다. 이런 '사회 분위기'가 바로 약자부터 보호하는 사회국가에 대한 사회의 무형의 공감대 아닐까요?

45 예를 들어 이덕연, "헌법으로 본 빈곤(사회 양극화)문제와 예산과정", 공법연구 제39집 제3호(2011.2), 231-264(233); 이상경, "빈곤에 대한 헌법적 접근", 공법연구 제44집 제3호(2016.2), 27-59(35).

46 예컨대 2019년 OECD 자료에 따르면 한국은 GDP의 12.2%, OECD 평균은 20.0%, 독일은 25.9%입니다. https://data.oecd.org/socialexp/social-spending.htm (2022.8.30. 확인)

한 사회 분위기가 조성되면 정치인들은 사회 공감대를 따라 먼저 최약자를 보호하는 장기적인 복지정책을 만들게 되고, 경제적 자원이 그 방향으로 움직이게 됩니다. 경제적 부가 쌓이면서 복지는 점점 더 확대되어갈 것입니다. 이러한 과정이 사회 정의의 실현과정이라고 할 수 있습니다. 독일이나 북구의 사회국가 성립의 역사가 이러합니다. 독일이나 북구를 볼 때 경제적 부 이전에 그 부를 배분하는 방향성, 그 방향성을 이끄는 그 사회의 중심가치에 주목할 필요가 있습니다.

2. 독일 사회국가원리의 정신적·문화적 배경

1) 사회 정의의 의미와 문화성

앞서 언급하였듯이 사회국가의 주요 목표는 사회 정의의 실현입니다.[47] 사회국가는 사회 정의에 대한 사회의 공감대가 있어야 실현할 수 있습니다.

그렇다면 사회 정의는 무엇일까요? 사회 정의 또는 정의로운 사회에 대해서는 멀리는 고대, 가깝게는 그리스시대에도 논해졌으며 견해도 매우 다양하여[48] 설명하기 어렵다는 견해가 많습니다.[49] 분명한 것은 사회국가의 이념으로서의 사회 정의가 자유주의 개념인 '정의(justice, Gerechtigkeit)'를 '사회적(social, sozial)'으로 보완 또는 재해석한 개념이라는 것이며, 자유주의 개념인 자유와 평등을 '사회적'으로 해석한다는 것입니다. 이러한 사회 정의 개념에 대한 설명으로 헌법학자 Otto Bachoff에 따라 Claude du Pasquier의 설명을 빌려 "경제적, 건강상, 문화적, 또는 그 외 손상을 입은 자와 약자인 사회구성원에 적용되는 정의로서, 구체적 평등을 위하여 추상적 평등을 돌파하는 정의이며, 자연적인 열위를 제거하기 위한 국가개입으로서 평등의 원상회복을 위한 불평등의 창조"라는 설명을 들 수 있습니다.[50] 사회 정의는

---

47 사회적 안전도 사회국가의 목표로 드나, 여기서는 사회 정의에 집중하기로 합니다.

48 Gerd Becher/Elmar Treptow, Die gerechte Ordnung der Gesellschaft - Texte vom Altertum bis zur Gegenwart, Campus Verlag, 2000 참조.

49 예를 들어 헌법학자 오토 바호프는 사회 정의를 감히 직접 설명하기 어렵다고 하면서 다음에서 보듯이 Claude du Pasquier의 조사결과를 인용하여 사회 정의를 설명합니다. Otto Bachoff, "Begriff und Wesen des sozialen Rechtsstaates," *Veröffentlichungen der Vereinigung der Deutschen Staatsrechtslehrer* (VVDStRL), Heft 12, Walter de Gruyer & Co., 1954, S. 37-79 (41).

50 Otto Bachoff, "Begriff und Wesen des sozialen Rechtsstaates," VVDStRL, Heft 12, Walter de Gruyer & Co., 1954, S. 37-79 (41).

약자를 위한 정의로서 사회 정의는 약자의 대등한 인간 존엄성을 인정하며 그 회복을 위해 동참, 배려하는 타인인 "네 이웃에 대한" 연대의식이 바탕이 된다고 할 수 있습니다. 그리고 이렇게 봤을 때 사회 정의는 서양 정신문화의 산물입니다.

사회국가 이념으로서의 사회 정의가 서양 문화의 산물이라는 발견은 최근의 일이다. 서양 문화권 이외의 사회국가 발전은 최근 일이기에 사회국가의 문화에 대한 연구가 아직 많이 이루어지지 않은 까닭입니다.[51] Esping-Anderson의 복지국가 분류에는 동아시아 국가 중 일본만 포함되어 있고, 동아시아 국가들을 '자유주의(liberal)', '조합주의(corporatist)', '사회민주주의(social democratic)' 복지국가로 분류하기는 애매합니다.[52]

사회국가에 대하여 40년 넘게 연구한 사회학자 프란츠 사비에 카우프만은 최근(2015년) 저서 첫 문장에서 "사회/복지국가는 (서유럽인들의 자랑스러운) 문화적 성취"라고 하였습니다.[53] 카우프만은 모든 인간의 평등한 존엄성, 개인의 자유, 사회 안전, 정의, 연대의식 같은 사회국가의 전제가 되는 가치들에 대한 깊은 공감대가 의외로 보편적이지 않으며, 그러므로 사회국가의 문화적 측면도 고려해야 한다고 지적하였습니다.[54] 카우프만에 의하면 사회에서 공감대가 이뤄진 가치들은 어떤 정치적 결정 및 그 제도화가 이루어지기 전 단계에서 논쟁의 주요한 정당화 근거가 되므로 중요하며, 카우프만은 이러한 사회의 공감대적 가치관이 본격적인 정치화 이전 단계에서 사회국가 논쟁을 이끄는 현상을 "사회국가 근저의 (표면과 다른) 작동원리(Tiefengrammatik des Sozialstaats)"라고 지칭하였습니다.[55] 그 사회에서 문화적으로 공감대를 가지는 의견만 정치 논의를 거치게 되므로 결국 사회의 문화가 복지 관

---

51 독어권 · 영어권에서의 동아시아 복지국가에 대한 연구사례에 대해서는 Sujin Chung, Die kulturellen Grundlagen des Sozialstaats und ihre Bedeutung für die Verwirklichung des Verfassungsprinzips, Nomos, 2022, S. 300-301(Fn. 1220) 참조.

52 Gosta Esping-Anderson, *The three worlds of capitalism*, Polity Press, 1996, S. 26-27.

53 Franz-Xaver Kaufmann, *Sozialstaat als Kultur – Soziologische Analysen II*, Springer, 2015, S. 11.

54 Franz-Xaver Kaufmann, 앞의 책, 12면. 카우프만에 의하면 '복지문화(Wohlfahrtskultur)'가 사회학자 및 문화학자들의 논의대상이 된 것은 1988년 '문화와 사회'라는 취리히의 공동회의에서였으나, 그 배경사상에 대해 조명하여 문화이론적으로 및 사회학적으로 연구대상이 된 것은 2000년 전후였으며, 아직 연구가 많이 되지 않았습니다. 같은 책, 22-23면.

55 Franz-Xaver Kaufmann, 앞의 책, 23, 36, 45면.

련 정치논의에 영향을 끼치게 된다는 것입니다.[56] 이러한 작동원리는 구체적으로 무엇일까요? 카우프만에 의하면 유럽 복지국가들을 분석한 결과 복지국가 형성에는 다음의 세 가지 전제가 있었습니다: 1) 실효적으로 스스로 권력을 자제할 수 있는 정치체계(법치주의), 2) 문화적으로 중시하는 가치들이 일상을 넘는 보편적인 연대의식을 규범으로 정당화할 수 있을 것, 3) 사회 구조가 앞서의 가치관에 따라 이러한 태도에 보상을 주고 이에 반대되는 태도에 불이익을 주도록 제도화되어 있어 현존 사회구조에 대해 신뢰가 깃들 것.[57] 카우프만에 의하면 사회국가에 필요한 정신적 요건인 연대의식은 도덕적 호소만으로 형성되지 않으며 그 잠재성은 사회국가 근저의 작동원리의 요소들에 좌우되는데, 이러한 요소들은 그 사회공동체의 문화적·역사적 기억에 영향을 받는다고 하였습니다.[58]

사회학자 엘마 리거스와 스테판 라입프리드의 조사에서도 사회 정의의 문화가 사회정책(Sozialpolitik)[59]의 존재, 방향성과 가능성을 결정하는 것으로 나타났습니다.[60] 리거스와 라입프리드는 자본주의 및 시장경제 발전에 대한 정신적 반작용으로 전체 서구에서 사회정책(Sozialpolitik)이 일어났는데, 이러한 발전 자체가 특정 문화권에서만 일어났으며 그 문화가 유대-그리스도교권이라고 지적하였습니다.[61] 리거스와 라입프리드는 '서구 사회들은 표면적으로만 비종교적'이라고 하면서 정치 또한 무의식적으로 종교의 영향을 받고 있을 뿐 아니라, 사회국가 건설을 주도하는 '사회정책(Sozialpolitik)'의 방향성은 서구의 인간관, 사회(Gesellschaft)의 과제와 의미, 국가의 의미, 산업사회의 인간의 인간에 대한 지배에 관한 생각들을 기초로 한다고 보았습니다.[62] 더 나아가 동아시아의 복지국가들에서는 서구와 달리 '사회정

56 Franz-Xaver Kaufmann, 위의 책, 45면.

57 Franz-Xaver Kaufmann, 위의 책, 29, 33면.

58 Franz-Xaver Kaufmann, 위의 책, 47면.

59 Sozialpolitik은 우리나라말로 '사회정책'으로 번역되나, 독일에서는 최소한의 사회 안전, 특히 질병, 실업, 고연령에서의 충분한 소득을 보장하기 위한 모든 조처로서, 국가적 Sozialpolitik은 그러나 소득 보장의 경제적 목표를 넘어 사회(Gesellschaft)의 사회적(sozialen) 평화를 유지하기 위한 정치·정책을 의미합니다. Bundeszentrale für politische Bildung 홈페이지(www.bpd.de)의 경제사전 참조; URL: https://www.bpb.de/kurz-knapp/lexika/lexikon-der-wirtschaft/20654/sozialpolitik/ (2022.9.25. URL 확인).

60 Elmar Rieger/Stephan Leibfried, *Kultur versus Globalisierung*, Suhrkamp, 2004, S. 29.

61 Elmar Rieger/Stephan Leibfried, 위의 책, 23면.

62 Elmar Rieger/Stephan Leibfried, 앞의 책, 49, 50, 51면.

책'이 정치의 중점이 아니며 동아시아의 복지국가 건설과정이 일반적인 근대화이론(Modernisierungstheorie)의 생각과 달리 의외로 서구와 다른 발전과정을 보이고 있다고 하면서, 동아시아국가들의 사회정책은 개인의 자립성 강화가 아닌 후견적인 보살핌(Fürsorgepolitik)에 치중하는 것으로 보여 다르다고 분석하였습니다.[63]

요컨대 사회 정의는 서양의 역사와 정신문화에서 탄생한, 서양 정신문화를 전제로 한 개념입니다.

2) 사회국가원리의 개방성과 역사에의 의존성

(1) 현실에서 사회국가가 성립된 후 고안된 사회국가원리

위에서 사회 정의와 사회국가가 서양 문화를 바탕으로 한 개념들이라고 하였는데, 이러한 문화적 요소의 중요성을 심화시키는 것이 사회국가원리의 개방성과 역사에의 의존성입니다.

앞서 언급했듯이 독일에서 사회국가원리는 헌법원리 중 가장 개방적이며 내용이 확정적이지 않은 원리로 꼽힙니다.[64] 그런데 이는 사회국가원리가 내용이 없다거나, 그 의미를 학계나 사회에서 모른다거나 새롭다는 의미가 아닙니다. 여러 학자가 '사회 정의'나 '사회(sozial)'의 의미를 단정적으로 설명하기 어렵다면서, 역사적 경험에 비추어 그 맥락에 따라 해석해야 한다고 설명함에 주목할 필요가 있습니다.[65]

예를 들어 매우 많이 인용되는 귄터 뒤리히의 글에 의하면 'sozial'은 "(사회주의나 특정한 사회관련 이론과 동일시할 것이 아니라) 사회문제 해결을 위한 역사상 모든 노력들의 교집합"이며, 이로 인하여 (독일에)[66] 사회국가에 대한 근본적인 공감대가 형성되었다고 지적하였습니다.[67] 이러한 공감대는 제2차 세계대전 후 독일기본법에

---

63 Elmar Rieger/Stephan Leibfried, 앞의 책, 64, 68, 89면.

64 독일 사회국가원리의 규범적 내용에 대해서는 여기서 논하지 않으려고 합니다.

65 예를 들어 Hans F. Zacher, Das soziale Staatsziel, in: Isensee/Kirchhof, *Handbuch des Staatsrechts der Bundesrepublik Deutschland*, Band 2, 3. Aufl., Mueller, 2004, §28, Rn. 3; Klaus, Stern, "§21 Das soziale Staatsziel, in: *Das Staatsrecht der Bundesrepublik Deutschland*, Band 1, 2. Aufl., C. H. Beck, 1984, S. 892 ; Karl-Peter Sommermann, Art. 20. Abs. 1. Sozialstaat, in: Mangoldt/Klein/Stark, *Kommentar zum Grundgesetz*, Band 2., 6. Aufl., C. H. Beck, 2000, Rn. 99.

66 필자가 추가한 단어입니다.

67 Günter Dürig, "Verfassung und Verwaltung im Wohlfahrtsstaat", JZ (1953), S. 193-1999

'사회적'이라는 단어[68]가 포함되었을 때 독일기본법의 아버지들이 사회국가는 '주어진 것'[69]으로 보아 제20조 1항에 대해 -다른 조항들과 달리- 별 논의가 없었음에도 나타납니다.[70]

(2) '사회적(sozial)'을 빈곤 중심의 경제적 이슈로 한정하게 된 배경

"sozial(social)"은 여러 의미로 해석되나 어원상 '함께(gemeinsam)'를 의미하는 라틴어 'socius'에서 유래하며, '사회(Gesellschaft)에서의 사람들의 공동생활과 관련한'을 의미합니다.[71] 이는 경제적인 측면에만 한정되는 개념이 아닙니다.

그런데 잘 알려져 있듯이 독일 사회국가원리 관련 논의에서 국가의 개입이 필요한 '사회적(sozial)'인 문제상황은 주로 경제적인 빈곤을 중점으로 합니다.[72] 한스 자허교수에 의하면 '사회적(sozial)'의 의미를 경제적인 것 중심으로 해석하는 데는 다음과 같은 이유가 있습니다: 첫째, 역사적으로 사회국가의 처음과 두 번째 시험대였던 산업혁명 당시의 빈곤과 노동자문제(Arbeiterfrage)가 경제적인 지원이 필요한 사항이었으며, 둘째, 국가가 개입하기에 사생활적인 부분보다는 경제적인 상황에 더 용이하고 효율적으로 접근할 수 있고, 셋째, 경제적 여건 보장은 인간다운 생활을 보장하는데 필수적이므로 규범적 관점에서 사회국가목표에 필수적이기 때문이라고 했습니다.[73] 즉 사회문제를 경제적인 것으로 한정한 데는 독일/서양 특유의 역사와 비

---

(196). 사회국가관련 연구의 대부라 할 수 있는 한스 자허는 독일기본법 30주년(1979)을 맞아 뒤리히의 'sozial'에 대한 설명이 맞았다면서 "이성적인 노력과 컨센스 - 항상 경험에 의해 독려되고 다시 경험의 일부를 형성하는 - 에 의하여 사회국가를 개념정의할 수 있게 되었다고 평하였습니다. Hans F. Zacher, "Was können wir über das Sozialstaatsprinzip wissen?", Festschrift Ipsen, J. C. B. Mohr, 1977, S. (207-267) 237.

68 독일기본법 제20조 제1항: 독일 연방공화국은 민주적이며 사회적인 연방국가다(필자의 번역).

69 Ernst Forsthoff, "Begriff und Wesen des sozialen Rechtsstates", VVDStRL, Heft 12, 1954, S. 8-36 (8).

70 Artikel 20, Jahrbuch des öffentlichen Rechts der Gegenwart - Neue Folge, Band 1, hrsg. von Gerhard Leibholz/Hermann v. Mangoldt, J. C. B. Mohr, 1951, S. 194-202.

71 Digitales Wörterbuch der deutschen Sprache, URL: https://www.dwds.de/wb/sozial (2022.10.5. 확인)

72 Hans F. Zacher, Das soziale Staatsziel, in: Isensee/Kirchhof, *Handbuch des Staatsrechts der Bundesrepublik Deutschland*, Band 2, 3. Aufl., Mueller, 2004, §28, Rn. 72.

73 Hans F. Zacher, 위의 글, Rn. 72.

경제적인 부문에의 개입의 어려움이 원인이 되었습니다.

3) 사회국가원리의 배경이 된 '사회적' 역사: 자유주의와 사회국가이론

(1) 자유주의 현실화의 부작용이라 보았던 "사회문제(Soziale Frage)[74]"

흔히 독일 사회국가 성립의 원인은 자유주의의 부작용에 있다고 설명합니다. 자유와 평등의 이념에 따라 봉건제와 길드조직이 해체되면서 소작농 등 약자의 사회적 안전망도 해체되었고, 이에 따라 빈곤이 사회문제가 되었는데(Soziale Frage), 이는 자유주의가 애초의 사회적·물질적 불평등을 간과하였기 때문이라는 것입니다.[75] 잘 알려졌다시피 칼 마르크스 등도 이러한 관점에서 자유주의를 비판하면서 사회주의를 주장하였습니다.

(2) 그러나 자유주의사상에 기반한 독일의 사회주의와 사회국가이론

앞서 언급했듯이, 자유주의가 현실의 곤궁, 불평등한 사회여건을 간과하였다는 반성에서 독일 등 유럽 학계에서는 사회국가 논의, 사회주의, 그리고 조금 다르나 사회학도 일어났습니다. 우리가 흔히 배우기로 자유주의와 사회주의는 대립되는 사상들입니다. 그런데 프랑스나 영국의 경우 사회주의가 자유주의와 대립하는 양상으로 발전하였음에 반하여 독일의 사상적 변화는 이와 달랐습니다. 독일에서는 자유주의와 사회주의의 대립이 어느 정도 극복되었습니다. 그리고 사회국가이론도 프랑스나

---

74 "Soziale Frage"는 직역하면 '사회적 질문'의 의미로서 독일에서는 통상 19세기 중반 이후 산업혁명으로 인한 사회문제들을 지칭합니다(www.bpd.de 참조). 단어 자체는 프랑스어의 question sociale에서 유래하였으며, 초기에는 집단빈곤을 의미하였습니다. 독일에는 1840년대부터 이 표현이 사용되었습니다. Martin Friedrich, in: Werner Heun/Martin Honecker/Martin Morlok/Joachim Wieland (Hrsg.), *Evangelisches Staatslexikon*, W. Kohlhammer, 2006, S. 2180. 그런데 사회학자 프란츠 자비에 카우프만에 의하면 '집단빈곤(Pauperismus)'에서 '사회적 질문(Soziale Frage)'으로의 용어변경은 새로운 문제의식을 나타냅니다. 이전에는 빈곤에 대한 대우만이 문제되었다면 이제는 이 곤란이 계층 간 또는 계급 간 관계성, 사회구조에 관한 질문이 되었다는 것입니다. Franz-Xaver Kaufmann, "Der Begriff Sozialpolitik und seine wissenschafliche Deutung, in: Bundesministerium für Arbeit und Sozialordnung/Bundesarchiv, *Geschichte der Sozialpolitik in Deutschland seit 1945*, Band 1, Nomos, 2001, S. 12.

75 Dieter Grimm, "Die sozialgeschichtliche und verfassungsrechtliche Entwicklung zum Sozialstaat", in: Dieter Grimm, *Recht und Staat der bürgerlichen Gesellschaft*, 138-161 (142).

영국과 달리 지극히 독일적인 사상으로 발전하였습니다. 이 점에 주목할 필요가 있습니다.

독일 사회국가이론도 자유주의에 기반하고 있습니다. 독일 사회국가이론의 설립자라 할 수 있는 로렌츠 폰 슈타인[76]의 이론만 살펴봐도 그렇습니다. 폰 슈타인은 프랑스 혁명을 관찰하며 개인의식의 성숙을 통하여 인격자인 개인이 주축이 된 사회(Gesellschaft[77])가 등장하였다고 하면서, 헌법과 행정의 미래 변화상은 이 사회 구조(gesellschaftlichen Ordnungen)에 의해 좌우되는 시대가 왔다고 보았습니다.[78] 폰 슈타인은 사회 내에서 형식적 자유와 평등이 이루어졌음을 전제로 "인격자(Persönlichkeit)"로서의 개인을 사회의 기본단위로 보고, 인격자의 사아실현을 새 시대의 중심가치로 보았습니다.[79] 사회학자이자 사회주의이론가인 그는 이제 신분이 아닌 재화 생산을 매개로 하여 자본가-노동자 간, 사람 간 관계를 결정짓게 되었다고 보아 노동자 계층의 자본가에 대한 의존관계가 새로운 '사회문제(Soziale Frage)'라고 보았으며,[80] 이 '사회문제'는 사회(Gesellschaft)의 본질에 대한 질문, 실제 사회의 양상과 역사에 대한 질문, 그리고 사회발전의 목표에 대한 질문을 내포한다고 하였습니다.[81] 폰 슈타인은 각 개인의 노력에 의한 자아실현을 긍정하였으나, 새로운 계층체계에서 상위층이 진지한 노력이 아닌 권력을 통하여 하위계층의 신분상승을 방해하는 것을 '부자유'라고 지적하면서 이를 막아야 한다고 보았습니다.[82] 그리고 부자유에서 자유로 가는 첫걸음은 사회(Gesellschaft)가 실제로 자유와 인격자로서의 개인의 평등을 중심으로 돌아가도록 하는 것이라고 강조하면서, 개념만으로서의 자유와 평등은 의미가 없다고 하였습니다.[83] 그러나 칸트, 헤겔의 독일 이념학파를 잇는 폰 슈타인은 사회를 이루는 각 개인은 스스로의 목적이며, 서로의 인격을 존중해야 하고 타인을 도구로 이용해서는 안 되며 각 인간은 주체적이어야 한다고 하면서 이

---

76 Gerhard A. Ritter, *Der Sozialstaat*, 3. Aufl., Oldenbourg, 2010, S. 11, 69.

77 여기에서는 독어의 '사회적(sozial)'과 '사회(Gesellschaft)'를 '사회-'로 표기하되 괄호로 독어 원어를 표기합니다.

78 Lorenz von Stein, *Geschichte der sozialen Bewegung*, Band 1, Drei Masken Verlag, 1921, S. 3.

79 Lorenz von Stein, 위의 책, 47면 등.

80 Lorenz von Stein, 위의 책, 5면.

81 Lorenz von Stein, 앞의 책, 6면.

82 Lorenz von Stein, 위의 책, 71면.

83 Lorenz von Stein, 위의 책, 76, 80, 86면.

주체성이 바로 자유라고 강조하는 자유주의자이기도 하였습니다.[84]

(3) 독일 사회국가이론과 현실 문화의 근접성

폰 슈타인의 이론이 학문의 세계에만 머물렀다면 우리나라에서까지 이를 배울 필요는 없었을 수도 있습니다. 그러나 폰 슈타인의 이론은 독일에서 현실이 되었기에 우리나라 사회국가 및 사회국가원리와 관련하여서도 중요합니다.

폰 슈타인의 사회국가이론의 상당 부분은 당시 이미 어느정도 현실화되어 있거나, 곧 현실화가 되었습니다. 로렌츠 폰 슈타인의 이론은 비스마르크가 폰 슈타인의 이론을 받아들이고[85] 그 후의 학자들도 폰 슈타인의 이론을 이어가면서 실제 사회국가의 형성을 이끌었습니다. 다른 한편, 로렌츠 폰 슈타인의 이론 자체가 현실에 대한 사회학적인 관찰에 기반한 것으로서, 그 현실과의 상응성은 의아한 일이 아니었습니다.

독일의 전통적 국가상이 폰 슈타인 이론의 국가상과 흡사했습니다. 독일에서 국가는 전통적으로 국민을 보호하고 배려하는 역할을 가지고 사회 긴장을 완화하며 전체이익을 표상하여 왔으며, 산업혁명 이후의 시기에는 사회적인 시위를 엄격하게 진압하고 빈곤층이 프롤레타리아가 되는 것을 방지하고자 노력하면서도 노동자 계층의 보호를 위한 최초 조처들을 시행하고 어린이노동 제한 등을 통하여 사회 긴장을 완화하고자 하였습니다.[86] 디터 그림 교수에 의하면 독일이 상대적으로 늦은 통일, 산업혁명, 자유주의 헌법 발전에 불구하고 사회국가로의 발전은 상대적으로 빨랐던 큰 이유 중 하나는 독일에서 국가가 어느 시기에도 완전히 다른 자유주의 야경국가처럼 그 역할이 필요최소한으로 축소된 적이 없었기 때문이라고 합니다.[87]

아울러 폰 슈타인 사회국가이론의 출발이 된 인격자로서의 개인상은 독일철학자인 칸트이론에 기반한 것이었는데 칸트의 이론은 교육을 통하여 독일 사회

---

84 Lorenz von Stein, *Gegenwart und Zukunft der Rechts – und Staatswissenschaft*, Cotta Verlag, 1876, S. 93.

85 Gerhard A. Ritter, 앞의 책, S. 72, 73. 폰 슈타인의 이론은 비스마르크의 최측근 사회정책 자문가 헤르만 바그너를 통하여 프로이센 초기 사회정책 토대 형성에 반영되었습니다.

86 Gerhard A. Ritter, 위의 책, 48, 75면.

87 Dieter Grimm, "Die sozialgeschichtliche und verfassungsrechtliche Entwicklung zum Sozialstaat", in: Dieter Grimm, *Recht und Staat der bürgerlichen Gesellschaft*, 138-161 (152).

(Gesellschaft)에 받아들여졌고, 개인의 자유의식이 성숙하면서 개인으로 구성된 사회가 국가로부터 정신적으로 그리고 역할상 분리되는 사회(Gesellschaft)의 부상도 실제 독일의 역사입니다. 독일은 특히 프랑스나 영국에 비해 모든 인간은 대등하게 존엄하다는 평등인식이 널리 뿌리내리고 개인의 자기결정과 자아실현을 중시하면서 상류층이 하위층의 신분상승을 권력으로 저해하는 일은 상대적으로 적게 일어남으로써 폰 슈타인이 설명한 대로 어느 정도는 '자유로운' 사회문화를 형성하였습니다.

4) 독일 사회국가의 자유주의와의 연속성, 그 중심에 있는 독일의 자유개념

앞서 독일의 특유한 자유개념을 전제로 한 자유주의와 이를 바탕으로 한 사회주의와 사회국가이론에 대해 살펴보았습니다. 너와 나의 평등한 인간 존엄성을 중심으로 한 자유개념이 사회주의와 사회국가이론에서도 부인된 게 아니라 유지 및 실질적·사회적 자유개념으로 확대됨으로써 독일의 사회국가로의 이행은 영국, 프랑스와 달리 무던하게 이루어졌습니다. 자유주의사회에서 국가의 더 적극적인 역할이 요구되는 시대로 이행하는 동안 독일 자유주의의 중심가치는 인간의 존엄, 인격자인 인간의 자아실현으로 유지되었습니다.

독일 사회국가에 대해 많은 독일학자들이 독일 사회국가는 독일의 전통적인 자유주의국가를 계승(Kontinuität)한다고 봅니다.[88] 그리고 이러한 모든 역사적 논의, 생각, 경험들을 통하여 독일의 사회국가에 대한 폭넓은 공감대가 오랜 시간에 걸쳐 형성되었으며, 이것이 앞서 언급한, 귄터 뒤리히가 말한 "모든 사회개선을 위한 움직임의 공통분모(das der gesamten Sozialbewegung *Gemeinsame*)"이자 "헌법에 선재한 현실로서 헌법이 충분히 입장표명을 안 한" 독일 현실이었습니다.[89] 그리고 독일 헌법학자들이 정확히 파악하기 어렵다면서 사회국가원리에 전제하는 사회 정의에 내포된 고민들이며, 기본법상 가장 개방적 원리인 사회국가원리의 명문으로 써 있지 않은 내용입니다. 흔히 독일기본법 초기에 '사회국가' 관련 조항이 '내용 없는 백지개념(Substanzloser Blankettbegriff, Grewe[90])'이라 하였음을 회자하나, 역사적 경험

---

88 예를 들어 Gerhard A. Ritter, 앞의 책, 22면; Jürgen Habermas, *Strukturwandel der Öffentlichkeit*, 14. Aufl, Suhrkamp, 2015, S. 328.

89 Günter Dürig, "Verfassung und Verwaltung im Wohlfahrtsstaat", JZ (1953), S. 193-199 (195, 196).

90 Wilhelm Grewe, "Das bundesstaatliche System des Grundgesetzes", Deutsche Rechts-

상 그 조항의 내용을 어떻게 잡아갈지 익히들 짐작하고 있었던 상황이었던 것입니다.

독일 기본법상 사회국가원리는 여기서 매우 간략하게 언급한 독일 역사와 역사를 통하여 형성된 자유주의적 사회국가에 대한 공감대를 바탕으로 하고 있으며, 사회국가원리와 관련한 인간의 최소한의 물질적 생존을 국가가 보장한다거나, 국가는 보충적인 역할을 가진다는 것, 법치주의가 사회국가의 한계라는 것, (현실에서 자유와 평등이 실현되었으므로) 사회국가의 급부는 경제적인 급부중심으로 한다는 것 등의 내용은 모두 현실에서 자리잡은 내용을 기본법에 담은 것입니다.

3. 우리나라 사회국가원리의 정신적·문화적 배경

1) 우리나라 사회국가원리의 어려움

(1) 우리 헌법상 사회국가원리의 개요

우리 헌법학의 사회국가원리 관련 연구는 여기서 매우 개괄적으로 언급함을 미리 밝혀둡니다. 현재 우리 헌법학계에 사회국가원리가 헌법상 기본원리라는 데 이견이 없으나, 그 내용에 대해서는 개념이 최근에 성립되었고 많은 사항이 포함될 수 있어 구체적으로 확정되어 있지 않다고 봅니다.[91] 우리 헌법상 사회국가원리의 핵심내용은 실질적인 자유와 평등의 실현이라고 타당하게 설명되고 있습니다.[92] 그리고 사회국가는 "경제적 · 사회적 약자의 최저생활을 보장하고 정의로운 사회질서를 형성하기 위하여 각종 제도를 마련하고 조치를 취하는 국가"로 설명됩니다.[93] 사회국가의 성립배경과 관련해서는 산업사회로서의 우리나라에 초점을 맞추어 서양의 경험, 자유시장경제의 부작용으로 나타난 노동자의 착취 등으로 인한 국가의 개입 필요성에 초점이 맞춰집니다. 헌법재판소는 "모든 국민에게 생활의 기본적 수요를 충족시켜 줌으로써 건강하고 문화적인 생활을 보장하는 것이 국가의 책무"[94]로 보는 국가 또는 "국

Zeitschrift 4 (1949), S. 349-352 (351).

91 계희열, 헌법학 상, 박영사, 2004, 369, 373면; 전광석, "헌법재판소가 바라 본 복지국가원리", 공법연구 제34집 제4호 제1권(2006.6), (221-249), 223면, 허영, 한국헌법론, 박영사, 2022, 172, 173면.

92 허영, 한국헌법론, 박영사, 2022, 173면; 계희열, 헌법학 상, 박영사, 2004, 377면.

93 계희열, 헌법학 상, 박영사, 2004, 373면.

94 헌재 1997. 5. 29. 94헌마33 결정.

민에게 인간다운 생활을 할 최소한의 조건을 마련해 주어야"[95]하는 국가, "모든 국민에게 생활의 기본적 수요를 충족시켜 건강하고 문화적인 생활을 보장하는 것을 국가의 책무로 하는"[96] 국가의 모습으로 설명하고 있습니다. 이렇게 보았을 때 사회국가원리와 관련하여 사회 정의가 이뤄져야 하는 영역은 독일 헌법학에서처럼 주로 경제영역으로 분석되고 있습니다.

그런데 우리나라 사회국가원리의 해석과 관련하여 독일과 달리 우리나라의 역사적인 경험이 잘 언급되지 않는 측면이 있습니다.

(2) 현실의 공감대 없이 헌법에 담긴 사회권/사회국가원리

앞서 보았듯이 독일의 사회국가원리는 독일 국민이 역사적으로 겪었던 자유주의, 사회주의, 사회국가로의 발전과정을 겪으면서 추구하였던 사회 정의의 이념에 대한 공감대가 자리잡은 후 헌법에 포함되었으나, 우리나라는 헌법이 먼저였습니다.[97]

잘 알려졌듯이 제정헌법부터 사회권이 있었습니다. 그 당시 우리나라는 사회적 기본권은 물론이고 자유권의 역사도 없었습니다. 헌법상 사회국가 관련 내용을 이해할 토대가 역사에 있지 않았습니다. 당시 극빈의 신생 독립국에서는 자유나 사회문제 해결보다 국가건립이 먼저였습니다. 우리 헌법의 사회권들은 자유주의가 뿌리내린 헌법현실에서 실질적 평등을 위해 수록된 권리들이 아니라 헌법의 불모지에서 기적처럼 헌법을 제정해 낸 유진오의 바람이었다고 할 수 있습니다. 이런 상황상, 현실과 규정 간 괴리는 예정된 것이었습니다. 그 괴리를 좁힐 숙제는 후세에 주어졌습니다.

1975년 허영교수가 당시 "헌법과 사회국가와 사회보장"이라는 논문으로 사회국가원리의 골격을 잡은 바 있습니다.[98] 허영교수는 여러 사회보험제도가 처음 실시되던 때 당시 이 제도들을 헌법의 관점에서 분석하기 위하여 서독 등의 많은 논문을 참고하여 사회국가원리를 설명하였습니다. 이 논문에서 허영 교수는 '모든 국민에게 생활의 기본적 수요를 충족시키는 사회 정의의 실현'을 사회국가의 목표로 보면서, 사회국가는 산업사회를 대상으로 하는 것이라고 하면서도 산업사회가 '그 구성원 상

95 헌재 1999. 11. 25. 98헌마55 결정.

96 헌재 2016. 6. 30. 2015헌바46 결정.

97 전광석,"사회적 기본권 이론의 형성과 전개 - 인간다운 생활을 할 권리를 중심으로", 헌법논총 제29집(2018), 143-221(167면 이하 참조).

98 허영, "헌법과 사회국가와 사회보장", 성곡논총, 제6권(1975.11), 56-91면.

호간에 서로 생활수단적인 연관관계가 강한' 만큼 '강한 윤리적 원칙에 의해서 지배되는 사회'이기도 하다고 지적하였습니다.[99] 사회국가에는 사회적 책임이 내재하는데 이는 사회구성원 상호 간의 책임, 사회구성원의 사회 전체에 대한 책임, 그리고 사회전체의 그 구성원에 대한 책임이 있다고 지적하였습니다.[100] 그리고 현대 개인의 자유는 사회국가적 보장과 법치국가원리 양자에 의하여 진정으로 보호될 수 있다고 하면서 양자가 서로 포용적인 것이라 하였습니다.[101] 그리고 보충의 원리에 입각하여 각 개인은 자신의 역량을 발휘하여 자아실현을 하여야 하며 국가의 역할을 보충적인 것이라고 하였습니다.[102] 이러한 내용은 궁극적으로 우리나라가 사회국가로서 이뤄야 할 기틀을 잡은 것이라고 할 수 있습니다.

2) 사회국가원리의 대상으로서의 '사회적인 것(sozial)'에 대한 검토

(1) 우리 사회의 사회 문화와 비경제적인 '사회문제들(Soziale Frage)'

앞서 보았듯이 독일이나 우리나라 사회국가원리의 대상은 주로 경제적 측면입니다. 그리고 독일 헌법학에서 '사회적인 것(sozial)'을 경제적인 측면에 초점을 맞춘 데는 역사적인 배경과 접근성, 인간다운 생활을 할 권리 보장의 중요성 등의 이유가 있었습니다. 그중에서도 제일 중요한 요소는 역사적 경험이었습니다.[103]

독일 헌법학의 생각의 길을 따라 역사적 관점에서 우리 사회의 문화와 '사회문제들(Soziale Frage)'을 실제로 분석하면 결과가 어떨까요? 사회학적으로 우리 사회에 초점을 맞추어 사회문제들을 분석할 필요가 있습니다. 독일 사회국가이론의 원조이기도 하지만 사회(Gesellschaft)이론 선구자이기도 한 로렌츠 폰 슈타인은 국가와 사회의 개념이 아직 구분되지 않던 19세기에 "독립적인 사회(Gesellschaft)의 존재를 그 방해요소들에서 알아내었다"라고 하였습니다.[104] 한스 자허교수도 'sozial'은 항

---

99 허영, 위의 논문, 63면.

100 허영, 위의 논문, 63, 64면.

101 허영, 위의 논문, 74면.

102 허영, 위의 논문, 77면.

103 Hans F. Zacher, Das soziale Staatsziel, in: Isensee/Kirchhof, *Handbuch des Staatsrechts der Bundesrepublik Deutschland*, Band 2, 3. Aufl., Mueller, 2004, §28, Rn. 3.

104 "Man hat das Daseyn einer selbstständigen Gesellschaft zunächst aus den Störungen erkannt." Lorenz von Stein, B*egriff und Wesen der Gesellschaft*, Westdeutscher Verlag, 1956, S. 23.

상 역사적 경험에 대한 관점을 토대로 하며 'sozial'의 의미가 무엇인가라는 질문에 대한 대답도 역사적 경험에서 주어진 여건들에서 분리될 수 없다고 하였습니다.[105]

이렇게 봤을 때 먼저 현재 우리 사회의 문화를 생각하면, 우리나라는 자유주의의 역사가 짧으며 사회주의는 분단국가의 특성상 받아들이기 어려웠고, 국가가 개인의 자아실현을 지원하던 전통이 없다는 차이가 있습니다. 우리나라는 역사적으로 자유와 평등이 사회의 중심가치가 되지 않은 상황에서 산업화를 맞이하였습니다. 우리나라는 1945년에 자유와 평등의 역사가 시작하였습니다. 이는 헌법학적으로 표현하면 국가와 사회가 분리되지 않았다는 의미이고, 자유주의적인 사회국가이론의 큰 전제[106]가 현실에 존재하지 않았다는 의미가 됩니다. 사상적으로 보아도 우리나라 국교였던 유교는 개인의 자유나 전체에 대한 연대의식을 뒷받침하지 않으며,[107] 모든 인간이 평등하게 존엄하다고 상정하지 않습니다.[108] 아울러 우리나라는 성장 후 분배를 목표로 압축 경제성장을 하면서 사회문제(Soziale Frage)가 공론화되지 못 하였습니다.[109] 자유주의도 사회주의도 그리고 '사회적인 것'에 대한 사회 인식도 온전하게 자리잡기가 어려웠다고 할 수 있습니다. 요컨대 우리 사회는 역사적·문화적 경험상 자유, 평등, 연대의식이 약하다고 볼 수 있으며, 이로 인하여 사회 정의에 대한 공감대가 약하다고 볼 수 있습니다. 우리 헌법의 사회국가원리는 독일과는 크게 다른 문화의 사회를 그 전제로 하고 있는 것입니다.

그렇다면 우리의 역사적 경험을 토대로 본 우리 사회의 주요 방해요소들- '사회문제들(Soziale Frage)'은 어떤 것일까요? 산업사회의 경제적 문제들 외에도 우리나라는 특이하게 비경제적인·정신적인 사회문제들이 나타나고 있습니다.

첫째, 높은 자살률입니다. 우리나라는 자살률이 유독 높습니다. OECD국가 중 불

---

105 Hans F. Zacher, Das soziale Staatsziel, in: Isensee/Kirchhof, *Handbuch des Staatsrechts der Bundesrepublik Deutschland*, Band 2, 3. Aufl., Mueller, 2004, §28, Rn. 3.

106 Hans F. Zacher, 앞의 글, Rn. 26.

107 유교는 가족주의로, 연대의식 또한 "가족에 대한 연대의식"이었습니다. Elmar Rieger/Stephan Leibfried, "Wohlfahrtsstaat und Sozialpolitik in Ostasien", in: Gert Schmidt/Rainer Trinczek (Hrsg.), *Globalisierung – ökonomische und soziale Herausforderungen am Ende des zwanzigsten Jahrhunderts*, 1. Aufl., Nomos, 1999, S. 413-502 (477); Heiner Roetz, *Die chinesische Ethik der Achsenzeit*, Suhkamp, 1992, S. 418.

108 Heiner Roetz, 위의 책, 77면.

109 독일 또는 프랑스의 산업화 당시 사회적인 어려움들을 지칭하는 용어인 Soziale Frage, 또는 Question Sociale는 직역하면 "사회적 질문"임에 주목할 필요가 있습니다.

명예의 1위 자리를 지속적으로 지키고 있습니다. 게다가 숫자도 다른 국가들과 크게 차이가 납니다.[110] 자살을 개인의 사유로만 보곤 하는데, 사회학자 뒤르켐에 의하면 자살은 특유의 사회현상일 수 있으며, 개인과 사회를 규율하는 가치가 모호하여 개인이 좌절/방황함으로써 발생하는 '아노미(Anomie)'적 자살일 수 있습니다.[111] 우리 사회는 유교와 자유, 평등, 연대 등이라는 완전히 다른 가치를 가진 자유주의가 혼재되어 있음을 감안할 필요가 있습니다.

둘째, 심각한 사회 내 분열과 단절입니다. 경제적 양극화는 다른 산업화된 국가에서도 나타나지만, 우리나라는 경제 이외의 분야에서도 현저한 대립이 나타나고 있습니다. 소위 '여혐'과 '남혐', '노인 혐오'라는 말까지 나올 정도인 노인세대와 젊은 세대 간의 대립, 이미 오래된 지역 간 대립, 지지하는 정당에 따른 대립 등 사회 내 분열이 심각합니다. 전체이익이나 연대의식은 낯선 단어일 정도입니다.

셋째, 높은 노인빈곤율과 자살률이 두드러집니다. 노인빈곤율과 자살률이 중요한 이유는, 우리나라 전통적 중심가치이자 연대의식을 제공하는 가치가 효였기 때문입니다. 노인빈곤율과 자살률이 높다는 의미는 전통적으로 자식이 부모를 봉양하던 사회안전망이 훼손되었으며 노인이 젊은 세대로부터 단절됨을 드러내기 때문입니다.

넷째, 맨 처음에 보았듯이 장애인 등 약자에 대한 인식에 아쉬운 부분이 있습니다. 장애인 특수학교 건립이 집값을 우려한 주민들의 반발로 지연되는 일이 계속 발생하고 있고, 장애인의 통행권도 아직 충분히 보장되지 않고 있으며, 발달장애나 그 외 많은 개인이 부담하기 어려운 어려움의 경우에도 개인·가족이 스스로 부담해야 함에도 이에 대한 사회 또는 정치권의 관심이 부족한 면이 있습니다.

다섯째, 약자에 대한 인식의 연장선상에서, 우리나라 사회의 사고나 사건의 피해자에 대한 관점에 특이한 측면이 있습니다. 천안함, 세월호 등 대형사고의 피해자에 대해 우리 사회는 폭력적인 태도를 보이곤 하며, 특히 이런 이슈를 정치화하여 편향적인 사고를 바탕으로 상대 진영으로 여겨지는 피해자를 조롱하기까지 하였습니다.[112] 여러 2차 가해도 이러한 예입니다. 피해자에 대한 사회 내 각종 폭력이 사회 정

---

110 최근 OECD통계에 의하면 10만 명당 자살자의 숫자가 한국(2019): 25.4, 리투아니아(2020): 20.3, 독일(2020): 9.7, 미국(2020): 14.1 등이라고 합니다. URL: https://data.oecd.org/healthstat/suicide-rates.htm (2022.9.16. 확인).

111 Emile Durkheim, *Der Selbstmord*, 1. Aufl., Suhrkamp, 1983, S. 459 f.

112 김승섭, 미래의 피해자들은 이겼다, 난다 출판사, 2002, 138면. 김승섭 교수는 재난상황에서

의 이념에 반하는 것은 당연한 이치입니다.

요컨대 '사회문제(Soziale Frage)'을 경제적인 사항으로 한정하기에는 우리 사회의 '사회문제'의 현실적인 범위가 넓은바, 사회국가원리의 대상으로서의 '사회문제(Soziale Frage)'를 유럽처럼 산업사회 관련 경제적인 문제들에 한정하지 말고 자유주의와 유교 간 혼재 등으로 아노미 상태일 수 있는 정신적·문화적 측면도 포괄할 필요가 있습니다.

(2) '사회적인 것'에 대한 연구

우리나라 사회국가이론은 국가의 역할에 중점을 두는 듯 한데, '사회'를 더 부각할 필요가 있습니다. 앞서 설명한 독일 로렌츠 폰 슈타인의 사회국가이론에 의하면 사회국가이론은 개인과 사회(Gesellschaft)로부터 시작하며, 한스 자허교수도 사회국가의 '사회(sozial)'가 '사회의 건강상태(Befindlichkeit der Gesellschaft)'에 관한 것을 의미하며 사회국가에서도 사회와 국가의 구분이 현실에서 유지되어야 한다고 하였습니다. 이는 우리나라의 경우 우리 '사회(Gesellschaft)'의 특유한 건강상태에 대해 연구하고 우리나라에서 사회와 국가의 구분이 있는지-즉 자유주의 문화의 상태가 어떠한지-를 연구하고 사회와 국가의 구분이 유지되도록-즉 자유주의 문화가 유지되도록-해야 함을 의미한다고 하겠습니다.

3) '사회적인 것(sozial)'의 범위 확장에 관한 참고이론들

"사회국가는 하나의 분위기로서 사람들이 서로 마주칠 때 서로 미소짓는 국가이다."[113]

다양한 피해자가 생기고 이들이 서로다른 이해관계로 갈등을 겪는 것은 있을 수 있는 일이나, 천안함 사건과 세월호 참사의 경우 국가와 사회가 "이러한 갈등을 조율하기보다 피해자들을 분열시키며 적극적으로 악화시켰다"는 점에서 우리 사회가 심각한 문제를 드러낸다고 지적합니다. 김승섭, 위의 책, 148면. 그리고, "우리 편의 고통만을 선택적으로 공감하고 우리 편에 유리한 근거만을 선택적으로 취합하는 성향이 사회에 만연하다는 사실만은 분명하다고 생각"한다고 하였습니다. 김승섭, 위의 책, 168면.

113 원어에서는 '사회국가'가 아니라 '사회적 법치국가'이라고 합니다. René Marcic, *Vom Gesetzesstaat zum Richterstaat*, Springer-Verlag, 1957, 414면. 원어; "Als Atmosphäre ist der sozial Rechtsstaat jener Staat, in dem die Menschen, wenn sie einander begegnen, lächeln." 필자는 이 문구를 Hans Michael Heinig 교수의 *Der Sozialstaat im Dienst der Freiheit* 첫 문장으로서 처음 접하였습니다. Hans Michael Heinig, *Der Sozialstaat im Dienst*

앞서 보았듯이 우리 사회는 지금 정신적·사상적으로 아노미상태의 '사회문제(Soziale Frage)' 시기에 있는 것일 수 있습니다. 초고도 경쟁사회·강자우선의 사회·단절되고 분열된 사회문화에서 약자의 대등한 존엄성을 바라보고 손을 내밀 수 있도록 우리의 '사회문제(Soziale Frage)'에 헌법학이 답의 방향성을 제안할 수 있습니다. 사회국가원리를 사회 문화의 중요성, 즉 사회 내 서로의-특히 약자의-대등한 인간 존엄성을 존중하고 타인에 대해 배려로서의 연대의식을 강조하는 원리로, 즉 사회국가 문화 조성의 헌법원리로 해석할 것을 제안해 보려고 합니다.

이에 참고할 독일 이론들이 있습니다.

먼저 사회국가이론의 대가 한스 자허교수의 이론부터 보면 자허교수는 사회국가관련 국가 의무는 '사회의 건강상태(Befindlichkeit der Gesellschaft)'에 관한 것으로서, 사회국가의 경우에도 국가와 사회의 구분이 유지될 것이 중요하다고 강조하면서 사회국가는 국가의 사회적인 책임성과 사회(Gesellschaft)의 사회적인(sozial konditioniert) 자율성의 종합(Synthese)라고 하였습니다.[114] 아울러 자허 교수는 사회국가의 실현은 국가만의 책임이 아니라 사회(Gesellschaft) 내에서도 그리고 사회의 역할분담을 통하여 이루어져야 한다면서 자기책임의 원칙을 강조하기도 하였으며,[115] 사회국가는 일방통행 길이 아니라 사회적으로 '주는, 연대의식을 가지는, 의무감이 있는' 시민을 전제로 한다고 하였습니다.[116]

독일연방헌법재판소장이었던 에른스트 벤다는 "사회적인 것(sozial)"은 이기적인 개인주의에 대한 고별과 전체에 대한 헌신의 의무, 또는 보상과 연대를 의미할 수 있으며 어느 경우나 손상을 입은 자나 단체에 대한 특별한 고려가 포함된다고 하면서, 이리하여 "sozial"이라는 단어는 개인/단체의 부분이익과 전체이익을 연결시키는 관점을 제공하며, 사회국가는 즉 개인과 공동체 간 관계를 묻는 개념이라고 하였습니다.[117] 벤다는 그러면서 '사회국가의 전제'로 스스로의 역량으로 스스로에 대해 책임지면서도 다른 사회구성원에 대해 연대의식을 가지는 시민과 사회의 모든 계층을

der Freiheit, Mohr Siebeck, 2008, S. 8.

114 Hans F. Zacher, Das soziale Staatsziel, in: Isensee/Kirchhof, *Handbuch des Staatsrechts der Bundesrepublik Deutschland*, Band 2, 3. Aufl., Mueller, 2004, §28, Rn. 26, 21 f.

115 Hans F. Zacher, 위의 글, Rn. 31.

116 Hans F. Zacher, 위의 글, Rn. 115.

117 Ernst Benda, Der soziale Rechtsstaat, *Handbuch des Verfassungsrechts der Bundesrepublik Deutschland*, De Gruyter, 2. Aufl., 1994, Rn. 88.

통합시키도록 노력하는 국가에 대해 설명하였습니다.[118]

이 장에서 강조하고 싶은 오스트리아 헌법학자 르네 마칙은 'sozial'에 대해 사람의 다른 사회구성원들(Mitmenschen)에 대한 기본적인 태도의 의미로 접근합니다.[119] 마칙에 의하면 사회국가와 관련하여 'sozial'은 사람의 다른 사회구성원들에 대한 배려(Rücksicht)를 의미합니다.[120] 그에 의하면, "sozial이라는 단어 의미가 단지 '국가의, 특히 경제적인 빈곤층에 대한 또는 모든 국민에 대한 돌봄의무"에만 초점이 맞춰질 경우 그 복지국가는 개인의 자유의식과 책임의식을 한정하는 법률/행정국가상태에 머물러 있습니다.[121] 그러나 완전한 사회적 법치국가는 이에서 더 나아가 사람 간 관계, 사람의 공동체에의 관계, 공동체의 구성원에 대한 관계가 재정립되도록 하여 연대성(Solidarität)을 높여야 한다고 합니다.[122] 이로써 사회국가는 하나의 "분위기/환경(Atmosphäre)"으로서 "사람들이 서로 마주칠 때 미소짓는 국가"가 됩니다.[123] 눈여겨 볼 것은, 마칙이 이러한 연대의식을 새로 갖추기 위해서는 사람(개인)의 자유의식을 높여야 한다고 강조하는 점입니다.[124] 사회국가의 개인은 자율적·주체적인 인

118 Ernst Benda, 위의 글, Rn. 175-182.

119 René Marcic, *Vom Gesetzesstaat zum Richterstaat*, Springer-Verlag, 1957, S. 407.

120 René Marcic, 위의 책, 415면.

121 René Marcic, 위의 책, 414면.

122 René Marcic, 앞의 책, 423면: "개인의 공동체에 대한 관계, 공동체의 개인에 대한 관계, 그리고 개인 상호간의 관계가 재정립되어야 한다. 개인이 지속적으로 공동체에 대해 요구만 하고 공동체는 야간경찰의 역할만 하거나, 공동체가 그 구성원에 대한 후견인 역할을 함으로써 사람의 거동의 자유를 한정하여 거동의 자유가 결국 없어짐에 이르거나, 개인이 홀로 삶을 개척하고 혼자에 집중하느라 이웃(seinen Nächsten)에 무관심하다면, 아직 이러한 관계들이 올바르게 정립되지 않은 것이다. 즉, 변화는 국가 그리고 공동체 측면에서만 일어나면 안 되고, 개인 측면에서도 일어나야 한다. 개인의 능동적이며 자발적인 기여는 치유과정을 일으키는 마법의 주문이다. 사람 자체에서, 공동체의 모든 구성원에, 자유의식이 깨어나도록 해야 하며, 자유의식이 이미 싹튼 곳이라면 계속 깨어있도록 해야 한다 : 자유의식(Freiheitsbewusstsein)이 자라면서 개인의 주변(Umwelt)에 대한 책임의 감정(Verantwortungsgefühl)도 자란다."

123 René Marcic, 위의 책, 414면. 사회국가가 "사람들이 서로 마주칠 때 미소짓는 국가"라는 표현은 여러 사회국가 관련 주요저서에 인용되고 있습니다. 예를 들어 Ernst Benda, *Industrielle Herrschaft und sozialer Staat*, Vandenhoeck & Ruprecht in Göttingen, 1966, S. 56. Hans Michael Heinig의 *Der Sozialstaat im Dienst der Freiheit*에서 사회국가를 이 문장으로 소개하고 있습니다.

124 René Marcic, 위의 책, 423면.

격자여야 하고 개인들 서로는 서로를 위해야 하며("solidarischer Personalismus"), 국가는 개인이 할 수 없는 영역에서 개인을 지원(Subsidiarität)해야 한다고 설명합니다.[125]

독일 헌법학자 에리히 페흐너도 비슷한 관점에서 sozial을 "공동체(Gemein schaft) 구성원의 전체에 대한 적합하고 필수적인 연관성"을 의미한다고 지적한 바 있습니다.[126] 사회적인 것을 국가의 의무로만 보는 것은 19세기의 관점으로 너무 한정적이라고 합니다.[127] 그리고 크리스티안-프리드리히 멩거는 더욱 자세하게 독일기본법상 사회적 법치국가라는 표현의 'sozial'은 그 라틴어(socialis)처럼 명사 "socius" = "Geselle (동료)"에서 기원한다고 지적하면서, 사회적 법치국가의 'sozial'은 도덕상의 "Rücksichtnahme(제3자의 이익, 감정, 필요를 존중)"의 의미라고 설명합니다.[128]

4. 결론

여기에서는 사회국가를 약자를 위한 정의라는 의미에서의 사회 정의의 이념에 따른 국가로 보았습니다. 우리나라 사회국가의 추진에는 약자를 위한 정의를 우선한다는 사회 정의 이념이 두드러지지 않는 측면이 있는데, 이는 사회에 사회 정의에 대한 공감대가 약하기 때문일 수 있습니다. 앞서 보았듯이 사회 정의는 서양 문화의 소산입니다. 우리 사회 문화는 사회 정의의 개념요소인 자유, 평등, 연대의식 등이 약한 측면이 있습니다. 게다가 사회가 아노미상태임을 암시할 수 있는 높은 자살률, 심각한 사회분열과 단절, 약자에 대한 무관심·경시, 노인빈곤율 등 여러 비경제적 사회문제들을 마주하고 있는데, 이러한 상황이 우리 사회의, 서양과 다른, 비경제적인 '사회문제(Soziale Frage)'일 수 있습니다.

위와 같은 현실인식하에 여기에서는 '사회국가원리'를 사회 내 사회국가에 대한 공감대 부족, 여러 비경제적인 문제에 대응하여 사회 내 서로 대등한 인간존엄성을

---

125 René Marcic, 위의 책, 428면.

126 Erich Fechner, Freiheit und Zwang im sozialen Rechtsstaat, in: Ernst Forsthoff, *Rechtsstaatlichkeit und Sozialstaatlichkeit*, Wissenschaftliche Buchgesellschaft, 1968, S. 73-94 (78).

127 Erich Fechner, 위의 글, 76면.

128 Christian-Friedrich Menger, Der Begriff des sozialen Rechtsstaates im Bonner Grundgesetz, *Recht und Staat*, Heft 173, J. C. B. Mohr, 1953, S. 24, 25.

존중하고 타인-특히 약자-을 배려하는 연대의 문화를 제고하는 원리로 기능하는 길을 제안하고자 하였습니다.[129]

IV 글을 마치며

필자는 우리나라 의료시스템이 우수하며 편리하다고 생각합니다. 우수한 의료진과 시설, 의료보험 혜택, 여러 건강관리앱이나 로봇수술 확대, 코로나19·의료파업으로 인한 것이기는 하나 비대면 진료의 시행 등 현재의 발전상에도 많이 감사하고 있습니다.

그러나 본 글에서 예로 든 독일의 건강의료제도 디지털화전략 등에서 볼 수 있는 ICT기술의 다양한 가능성들에 비추어 보면 현재 우리나라 건강의료제도가 우리나라의 디지털 역량에 비추어 볼 때 최선은 아닌 것으로 생각됩니다. 아울러 우려스러운 점은, 세계 각국이 건강의료제도의 디지털화에 박차를 가하고 있으나 우리 정치권이 이러한 과제 - 경제적 측면 이외 - 를 공동의 정치적 담론으로 풀어내지 못 하고 있으며, 이에 따라 사회적 공감대가 이루어지기 힘들고 국가 주도의 미래지향적 전략 수립 및 추진을 못 하고 있다는 점입니다. 당연히 관련 입법도 난항을 겪고 중요도에서 밀려나는 현상을 보이고 있습니다. 앞서 언급한 '사회적 합의와 제도 정비'의 난항입니다.

그런데 이렇게 '모두'를 위한 과제가 이해관계자들 간에 협의가 되지 않고 정치권에서도 이를 진지하게 논의하지 않으며 추진력을 얻지 못 한다는 것은 결국 사회 내에서 '공동선'에 대한 사회적 공감대가 높지 않기 때문인 것으로 이 글에서는 파악하고 있습니다. 헌법적 관점에서 보았을 때 '사회 정의'라는 공동선의 실현을 목표로 하는 복지국가원리가 현실에서는 공감대가 약한 것이라고 하겠습니다. 그리하여 디지털 헬스케어의 경우 사회 정의 관점에서 접근해야 하는 '모두'의 보편적인 가치임에도 주로 산업육성 차원에서만 강조되고, '모두'의 건강과 생명에 기여할 수 있도록 현재 건강의료시스템의 약점을 보완하는 데는 사회적 합의와 안정적 제도화가 이루어지지 않아 추진이 더딘 상황으로 보여집니다.

---

129 이상과 같이 본 장의 내용은 공법연구 제51집 제1호(2022.10)에 게재한 저의 논문 "사회국가원리의 문화적 전제"를 요약한 것입니다.

한편 이 글에서 예로 든 독일은 전반적 디지털화는 늦으나, ICT기술을 이용하여 현행 건강의료체계를 더욱 좋게 보완할 수 있음을 발견하면서 디지털화를 전격 결심한 후 정부와 각 부문이 합심하여 '사람'을 중심에 둔 차세대 전략을 수립하고 의회에서 이와 관련한 다양한 입법을 해내는 등 '사회적 합의와 제도적 정비' 측면에서 무리없이 큰 발전을 보이고 있습니다. 이러한 차이는 독일 사회의 '공동선'과 '법'에 대한 공감대 덕분이라고 볼 수 있습니다. 헌법적 관점에서 보았을 때 독일은 '사회정의'라는 공동선의 실현을 목표로 하는 복지국가원리가 현실에서 살아 숨 쉬고 있는 것입니다. 이러한 공감대를 토대로-물론 독일에서는 이러한 공감대가 약해졌다고 여기지만-건강의료체계의 디지털화라는 큰 과제에 대해서도 사회 정의 관점에서 접근하여 10여 년 전부터 접근하여 차근차근 이를 정치권의 합의로 사회 이해관계자와의 논의를 토대로 각 부문의 이해관계를 형량하여 법을 통하여 실행해 나가고 있습니다.

맨 처음에 운을 띄웠듯이 과학도 디지털에도 선악이 없으며 많은 가능성이 있습니다. ICT기술을 이용하여 장애, 희귀질환 등 난치병, 관리가 중요한 만성질환 치료에 큰 도움을 줄 수 있고, 전반적인 의료비 부담을 줄일 수도 있으며, 장기적으로 의사의 업무부담, 요양업계 종사자의 업무부담 등을 덜 수 있고, 집적된 데이터를 토대로 인간의 건강과 생명을 증진시키는 연구성과를 낼 수도 있습니다. 물론 이 모는 것에는 개인의 건강정보의 안전한 보호와 집적, 데이터 공유와 관련한 신뢰의 구축과 시스템 보완, 관련업체 지원, 의료보험 수가체계 개선 등 선결과제들이 있습니다. 이러한 ICT기술의 잠재성이 사회 구성원 '모두'의 건강과 생명 증진에 기여할 수 있도록 우리도 헌법상 사회 정의의 이념, 즉 복지국가원리 관점에서 디지털 헬스에 접근하고 전략을 수립하며 사회 각 부문이 서로에 대한 배려하에 마음을 열고 함께 노력하면 좋겠습니다.

2장

하버마스의 절차주의적 법 패러다임에서 본 건강권: 보건의료의 문제인식 대상과 이론적 고찰을 중심으로

1 보건의료에 대한 사회학적 고찰은 왜 필요한가?

오늘날 건강은 문명의 전환기의 조건에서 지구촌 사회의 새로운 문제로서 인식이 요구되고 있다. 과거에 건강의 문제는 보통 인간의 생로병사의 자연적 과정에서 본 부차적 문제로서 개별 인간에게 주어진 숙명적인 일로 간주되었다. 또한, 과학기술이 발달되지 않은 과거에는 홍수, 가뭄, 해일, 지진 등의 거대한 재난처럼 인간 스스로 어찌할 수 없는 불가항력적인 사실에 치부되었던 사안이다. 하지만 근대사회로 접어들면서 건강은 초월적인 계시나 힘에 의해 해결할 수 있는 것이 아니라 인간 스스로가 치료해서 개선할 수 있다는 관념이 생겨나기 시작하였다. 그 대표적인 예가 '위생' 관념의 탄생이다.

이러한 위생 관념의 탄생은 보건의료에서 공중보건학의 필요성을 역설한다. 보건은 국민의 건강한 삶을 지키고 보호하는 것으로서 국가시민의 안전, 생활조건 등 사회적이고 문화적인 차원 모두에 걸쳐 국민의 삶을 존속시킨다. 이러한 보건의료가 단지 국민 개개인의 삶을 양적으로나 질적으로 개선시키는 데 중점을 두는 데에는 국민 전체의 건강을 문제인식 대상으로 하는 공중보건학이 보건의료에서 역설적으로 필요해진다.

공중보건의 시작은 고대 로마시대에 도시 전체에 설치한 급수 시설에서 비롯된다.[1] 로마인들은 깨끗한 물이 있어야 질병이 생기지 않는다는 것을 알고 있었다. 그렇기에 로마 도시 어느 곳에서든 물을 충분히 공급할 수 있는 급수 시설과 오염물을 처

1 이승욱 · 백도명 · 조병희 엮음(2015), 『보건학 개론(개정판)』, 서울대학교출판문화원, 9쪽.

리할 수 있는 상하수도 시설을 마련하였다. 하지만 중세 시대의 도시에서는 고대 로마에 비해 급수 시설과 상하수도 시설이 충분히 마련되지 않았다. 이러한 이유 때문에 중세 시대에 유행한 페스트로 인해 많은 유럽 중세인들의 목숨을 잃게 되었다.[2] 18세기 계몽군주기에 프랑스 재상 콜베르는 오늘날 나라의 부를 증대시키고 국가기구의 확장을 위해 인구증가 정책으로 국민의 건강에 대해 감시하고 점검하였다. 이를 볼 때, 급수와 상하수도 시설 마련을 통해 국민의 건강 문제를 인식했던 고대 시대에 시작한 공중보건 개념에서 중세시대는 급격한 도시발달로 시설이 미비하였지만, 근대시대로 접어들면서 국가 단위의 대규모 의료행정 차원에서 공중보건학이 성립되었다. 요약하면, 과거에는 급수시설과 상하수도 설치 등 사회환경의 물적 토대를 구축하는 공중보건학이 이제는 지역사회의 중심으로 재배치되어야 하는 신공중보건학 개념으로 전환될 필요성이 대두되고 있다.

현재 보건의료의 공중보건학은 새로운 전환기를 맞이하고 있다. 이러한 전환기를 맞이하는 공중보건의 상황은 2019년에 발생한 코로나 위기 사태로 인한 것이다. 코로나 위기 사태는 전 세계가 하나 되는 지구촌 시대에 인간과 세균이 서로의 영역을 침범하여 생긴 문명의 생태적 위기라 할 수 있다. 특히, 2010년에 접어들면서 세계 10위의 경제대국에 들어와 있고 선진국의 대열에 서 있는 대한민국 상황에서 보았을 때, 지구촌에 닥친 이러한 문명적 생태위기는 대한민국 국민의 건강증진과 사회발전에 험난한 장애물로 인식되고 있다.

산업사회에서 탈산업사회로 이행되는 시간축의 전환에서 나타나는 지구 생태 위기에 대응하기 위해서는 과거 국가의 의료행정 중심의 공중보건학이 아니라 지역 공동체의 생활기반 환경을 조성하는 공중보건학으로 전환이 필요하다. **유엔 산하 세계보건기구는 코로나, 기후위기 등 전 세계적으로 직면한 지구촌 위기에 단지 질병의 유무와 체질의 상태를 개선하는 국가 의료행정 중심의 공중보건학에서 지역 공동체의 생활기반 환경을 조성하는 공중보건학으로 전환 가능성을 보여주고 있다.** 이러한 신공중보건학은 인류의 복지와 건강문제에 직결되는 지구문명의 생태적 위기에 도덕적, 윤리적, 법적 대응을 마련할 수 있는 가능성을 제공한다.

이러한 도덕적, 윤리적, 법적 차원의 대응으로 하버마스는 기존의 『공론장의 구조변동』과 『의사소통행위이론』을 넘어 『사실성과 타당성』으로 대안을 마련하고 있

---

2 헨리 지거리스트(2008), 『질병은 문명을 만든다』, 이희원 옮김, 이종찬 감수, 몸과 마음, 66쪽.

다. 『공론장의 구조변동』은 현대초기에 문예적 공론장에서 시작하여 정치적 공론장으로 구조변동이 일어나는 과정에서 현대사회의 민주주의 이념이 발생하고 있다는 것을 보여 주고 있다. 또한 『의사소통행위이론』은 이러한 사회형성 과정의 매개체로 우리의 일상 언어사용에 내재된 함의를 철학적 분석작업으로 공식화하고 있다. 하지만 사회형성과 일상 언어사용의 긴밀한 관계를 밝히는 것을 넘어 현대문명의 위기와 전환에 관한 문제의식에 맞닿은 도덕적, 윤리적, 법적 차원의 대응 마련을 실천적으로 제기한 것은 『사실성과 타당성』이다.[3]

『사실성과 타당성』에서 제기한 법적 재구성의 원칙은 인권과 국민주권의 결합원리를 바탕으로 국가가 국민에게 부여하는 기본권을 재구성하는 조건 하에서 이루어진다. 따라서, 민주주의 법치국가의 국회에서 행하는 입법과정은 이러한 법적 재구성의 원칙에 의거하여 이루어질 것을 제안하고 있다.

필자는 이러한 문제의식을 바탕으로 첫째로, 유엔과 세계보건기구가 정한 건강권에 대한 정의를 스스로 어떻게 평가하는지 살펴보고, 이를 대한민국 헌법과 법률에 나타난 건강권에 대한 정의를 비교분석해 보고자 한다. 둘째로, 하버마스의 절차적 법 패러다임에서 보건의료학의 문제인식 대상인 건강에 대해 접근하는 관점을 도입하고자 한다. 셋째로, 절차적 법 패러다임의 핵심인 법 재구성의 5가지 원칙을 제시하고, 이러한 5가지 원칙이 국민 개개인의 건강증진과 사회발전을 어떻게 이루어 나아가는지 설명한다. 이를 통해 현재 대한민국은 국제적 표준에 미치지 못하는 건강권 개념으로 다가오는 문명전환의 생태적 위기에 대응력이 쇠퇴할 수 있다는 비판적 전망과 함께 이에 대응하기 위해선 건강권 개념에 대한 하버마스의 절차적 법 패러다임의 관점 도입이 절실히 요구된다고 제언하고자 한다.

---

3 이러한 필자의(이 장의 필자인 남성일 박사) 문제의식은 1992년 『사실성과 타당성(원제:Faktizität und Geltung)』 서문에 하버마스의 시대적 문제의식과 공통적으로 연관되어 있음을 알 수 있다. "경제성장의 생태론적 한계와 북부와 남부에서 점점 늘어가는 생활조건의 격차가 던지는 비상한 도전 앞에서, 국가사회주의적 사회를 분화된 경제체계의 메커니즘으로 전환시키려는 역사상 유례없는 과제 앞에서, 남부의 빈곤지역으로부터 밀려오는 이민행렬의 압력 앞에서, 새로운 종족적, 민족적, 종교적 전쟁과 핵위협, 그리고 국제적 분배투쟁의 위험 앞에서, 이와 같은 경악스러운 배경 앞에서 서구의 민주주의적 법치국가 사회의 정치는 오늘날 방향과 자기의식을 상실하였다." [하버마스(2010), 『사실성과 타당성』, 한상진 · 박영도 번역, 나남출판, 20쪽.]

2 건강권에 대한 세계보건기구(WHO) 헌장 구조 분석

세계보건기구는 1946년에 건강과 관련하여 정의를 마련한 헌장을 발표한다. 여기서 건강권은 국제적 기준으로 처음 등장한다. 그 뒤로 1948년 세계인권선언, 1966년 경제적, 사회적 및 문화적 권리에 관한 국제규약, 1978년 알마아타 선언, 2000년 유엔(UN) 경제적, 사회적 및 문화적 권리 위원회의 일반논평 14호, 2013년 사회권규약 선택의정서 발표를 통해 건강권 개념이 지속적으로 등장하고 있다.[4]

다음은 세계보건기구가 1948년에 뉴욕에서 열린 국제보건회의에서 마련한 헌장의 전문에 수록된 조문 중 하나이다. 이 조문은 세계보건기구가 인식대상으로 삼고 있는 건강이 인간의 존엄성, 자유, 평등 등의 인권과 마찬가지로 기본 권리로서 선언하고 있다.

> "도달 가능한 최고 수준의 건강을 누리는 것은 모든 인간이 인종, 종교, 정치적 신념, 경제적·사회적 조건 등에 따른 구별 없이 가지는 기본권 권리이다."[5]
> (The enjoyment of the highest attainable standard of health is one of the fundamental rights of every human being without distinction of race, political belief, economic or social condition.)

위에 나타난 세계보건기구의 건강권 개념은 모든 인간이 차별 없이 누려야 할 기본권으로 규정하고 있다. 또한, 이 건강권은 어느 한계를 지정한 것이 아니라 '도달 가능한 최고 수준'으로 기술되는 바 가장 폭넓은 건강 개념을 이상적으로 설정하고 있다.

다음은 2000년 유엔 경제적, 사회적 및 문화적 권리위원회(일명 사회권위원회)에서 발표한 일반논평 14호의 내용 중 일부이다. 여기서 언급하고 있는 건강권은 단순한 보건의료권으로서 질병이 없는 상태를 의미하는 것이 아니라 완전한 복리 상태의 이상을 일컫는 사회환경적인 포괄적인 개념으로 규정되고 있다.

---

4 손정인(2017), 「한국 사회의 건강권 개념 분석」, 박사학위논문, 서울대학교 대학원, 2쪽.

5 세계보건기구 헌장, https://www.law.go.kr/LSW/trtyInfoP.do?trtySeq=3258, 국가법령정보센터.

> "유엔총회 제3위원회는 규약 제12조를 작성함에 있어 건강을 '단순히 질병 또는 병약이 존재하지 않는다는 것이 아니라 신체적, 정신적 및 사회적으로 완전한 복리의 상태'로 개념화한 세계보건기구(WHO) 헌장의 전문에 규정된 건강의 정의를 채택하지 않았다. 그러나 규약 제12조 1항에 언급된 '도달 가능한 최고 수준의 신체적 및 정신적 건강'은 보건의료에 대한 권리에만 국한되는 것이 아니다. 반대로, 제12조 2항의 입안과정과 명시된 문안을 보면 보건권은 사람들이 건강한 삶을 영위할 수 있는 환경을 조성하는 광범위한 사회경제적 요소를 포괄하며, 식량과 영양, 주택, 안전하고 마실 수 있는 물과 적절한 위생, 안전하고 위생적인 노동조건, 건강한 환경 등 건강의 기초적인 결정요소에까지 확장된다는 것을 인식하고 있음을 알 수 있다."[6]

위 유엔 사회권위원회의 일반 논평 14호의 인용문에서 알 수 있듯이 건강은 ①몸 안의 질병 존재 ②허약한 체질이 아님을 정의하는 것이 아니라 완전한 복리의 상태를 의미한다고 말한다.

이러한 유엔 사회권위원회의 건강 개념에 대한 해석은 건강이 단순히 한 개체의 몸 안과 밖의 질병의 존재 유무와 체질의 상태를 넘어서는 새로운 개념이다. 다시 말해, 건강 개념은 개체의 신체성에 국한한 것이 아니라 ①신체적 차원 ②정신적 차원 ③사회적 차원에서의 3차원 요소를 복합적으로 가지고 있다. 이러한 점에서 새로운 건강 개념을 명시적으로 정의하며 선언하고 있는 유엔 산하 세계보건기구(WHO)는 모든 인간의 행복, 안전, 조화로운 관계의 근본으로서 건강 개념을 일종의 인간이 본질적으로 가져야 할 기본권으로 설정하고 있다.[7]

개별 인간이 자기의 삶을 실현하는 데 있어 필요하는 것은 행복, 안전, 조화로운 관계이다. 국제기구는 이러한 행복, 안전, 조화로운 관계를 위해서 단순히 신체적 차원에서 건강권 개념으로 접근하기 보다는 정신적 차원과 사회적 차원을 함께 고려하는 복합적이고 중층적인 요소 개념을 통해 접근할 것을 권고하고 있다. 이러한 세계

6 유엔 경제적, 사회적 및 문화적 권리 위원회(사회권 위원회) 일반논평 14호, 22차 회기(4), 2000년.

7 "THE STATES Parties to this Constitution declare, in conformity with the Charter of the United Nations, that the following principles are basic to the happiness, harmonious relations and security of all peoples:"(세계보건기구 헌장 첫 문장, 위의 사이트, 국가법령정보센터)

보건기구 헌장과 유엔 사회권위원회 일반논평 14호에 나타난 건강권 개념은 다음과 같이 분석적으로 요약될 수 있다.

> 세계보건기구 헌장과 유엔 사회권위원회 일반논평 14호에 나타난 건강권 개념 분석
> ① 건강은 그 목표 수준이 최고 수준을 누려야 한다.
> ② 건강은 특정한 조건에 구애받지 않고 누구나 누려야 할 기초적 권리이다.
> ③ 건강은 평등권, 자유권, 행복추구권 등 인간이 누려야 할 본질적 권리에 해당한다.

이와같이 세계보건기구 헌장과 유엔 경제적, 사회적 및 문화적 위원회(사회권위원회) 일반논평 14호 나타난 건강권 개념에 대해 3가지로 분석적 요약을 통해 보았을 때, 보건의료의 공중보건학이 문제인식 대상으로 가져야 할 건강 문제에 대해 기본권적 권리로서 접근해야 할 것을 강조한다. 이러한 점에서 인간이 살아가야 할 본질적 가치를 건강으로 보는 것은 그동안 근대사회가 보아 왔던 인간존엄성, 자유, 평등의 인권과 동등하게 미래의 인류사회가 지향해야 할 이상적이고 규범적인 원리가 내재해 있다는 것을 방증한다.

3 건강권에 대한 대한민국 헌법과 법률의 구조 분석

대한민국 헌법에서 건강권 개념과 관련된 조항은 제10조 행복추구권, 제35조 1항 환경권과 환경보전의무, 제36조 3항 보건의 국가의무로 구체적 예를 들 수 있다. 첫 번째 예로 헌법 제10조는 "모든 국민이 인간의 존엄과 가치를 가지고 동시에 행복을 추구할 권리를 갖는다"[8]라고 언급한다. 여기서 건강 개념과 관련된 개념용어는 '인간존엄'과 '행복'이다. 국민의 권리와 의무 조항의 기본권 조항이 열거되어 있는 헌법은 제10조부터 시작된다. 그 전에 제1조부터 제9조까지는 총강으로서 대한민국의 국체, 정치체제, 영토, 주권, 통일, 침략전쟁 부인, 국제법 효력, 공무원 지위, 정당설립, 민족문화 창달을 표현하고 있다. 이러한 대한민국 헌법의 내용 구조로 인해 2장의 국민의 권리와 의무 조항에 처음으로 시작되는 인간존엄과 행복이라는 기본

---

8 대한민국 헌법, https://www.law.go.kr/법령/대한민국헌법, 국가법령정보센터(법제처).

권적 가치 개념은 세계보건기구의 헌장에 나타난 건강권 개념과 관련하여 밀접한 관련성을 획득한다고 볼 수 있다.

세계보건기구의 헌장에 나타난 건강권 개념이 "신체적, 정신적, 사회적으로 완전한 복리의 상태"로 규정한 것을 비교해 볼 때, 대한민국 헌법 제10조의 인간존엄과 행복은 완전한 복리의 상태를 규정하는 용어로 대체될 수 있다. 하지만 대한민국 헌법 제10조의 인간존엄과 행복은 단지 국가시민의 신체적 완전한 복리의 상태를 지칭하는 내용인지 아니면 정신적, 사회적으로 완전한 복리의 상태를 지칭하는 내용인지 모호하다.

이처럼, 세계보건기구의 헌장의 건강권의 육체적이고 생물학적인 신체 건강을 벗어난 전체론적이고 포괄적인 성격을 내용으로 가지는 개념이 대한민국 헌법에서는 선명하게 부각되지 않고, 단지 기본권의 본질적 가치를 표현하는 인간존엄과 행복 개념으로 일관하고 있는 것으로 평가할 수 있다.

대한민국 헌법: 2장 국민의 권리와 의무[9]

제10조

모든 국민은 인간으로서의 존엄과 가치를 가지며, 행복을 추구할 권리를 가진다. 국가는 개인이 가지는 불가침의 기본권 인권을 확인하고 이를 보장할 의무를 진다.

제35조 1항

모든 국민은 건강하고 쾌적한 환경에서 생활할 권리를 가지며, 국가와 국민의 환경보전을 위하여 노력하여야 한다.

제36조 3항

모든 국민은 보건에 관하여 국가의 보호를 받는다.

두 번째 예로 들 수 있는 제35조 1항은 "모든 국민은 건강하고 쾌적한 환경에서 생활할 권리를 가지며, 국가와 국민의 환경보전을 위하여 노력하여야 한다"라고 선언된다. 이 헌법 조항은 '건강'이라는 직접적인 용어가 사용되고 있다. 하지만 여기서 사용되고 있는 건강 용어의 사용법은 세계보건기구의 헌장에서 마련한 건강권 개념과 비교해 볼 때, 주변의 생활환경이 쾌적한 상태만을 일컫는 의미로 규정되어 정

9 대한민국 헌법 조항(동일 사이트, 국가법령정보센터).

신적 요인과 사회경제적 요인 모두를 총체적으로 포괄하는 의미로 설정되지 않고 있다는 것을 알 수 있다. 또한, 이 제35조 1항은 국가와 국민의 환경보전의 의무를 강조하는 내용으로 볼 때 대한민국 국민들에게 환경권으로서 기본권을 핵심적으로 규정하는 내용에 가깝다고 볼 수 있어 건강권 개념에 대한 명확한 경계 설정이 나타나지 않는 것으로 판단된다.

마지막 세 번째 예로 들 수 있는 것은 제36조 3항 "모든 국민은 보건에 관하여 국가의 보호를 받는다"이다. 이 조항은 국가가 국민의 건강을 보호한다는 내용으로 건강을 온전하게 지킨다는 보건의 사전적 의미 차원에서 '보건'이라는 용어가 사용되고 있다. 이러한 보건 용어 속에 들어간 개념적 함의를 추정하면, 세계보건기구(WHO)의 건강권 개념이 결여되어 있음을 분명하게 발견할 수 있다. 여기서 보건 개념은 단순히 건강을 보호한다는 사전적 의미만을 나타내기 때문이다.

대한민국 법률: 보건의료기본법[10]

법률-총 57조 조항

제1장 총칙(1~9조)

제2장 보건의료에 관한 국민의 권리와 의무(10~14조)

제3장 보건의료발전계획의 수립 · 시행(15~23조)

제4장 보건의료자원의 관리 등(24~28조)

제5장 보건의료의 제공과 이용(29~43조)

제6장 보건의료의 육성 · 발전 등(44~52조)

제7장 보건의료 통계 · 정보 관리(53~57조)

위의 대한민국 보건의료법은 모두 7장으로 구성되고 각 항목별로 합산해서 총 57조 조항으로 열거되어 있다. 여기서 제1장 총칙 9개 조항, 제2장 보건의료에 관한 국민의 권리와 의무 5개 조항을 합하여 14개 조항을 제외한 나머지는 보건의료에 관한 행정기구의 역할에 관한 규정을 나타내고 있다. 이와 같이 볼 때, 대한민국 보건의료기본법은 건강권 개념의 정의에 관한 규정인 총칙과 국민의 권리와 의무 조항이 양적으로 미흡하다고 평가할 수 있다. 또한 구체적으로 총칙과 국민의 권리와 의무

---

10 대한민국 보건의료기본법, https://www.law.go.kr/법령/보건의료기본법, 국가법령정보센터(법제처).

조항을 살펴보면, 보건의료법 제10조 1항은 "모든 국민은 이 법 또는 다른 법률에서 정하는 바에 따라 자신과 가족의 건강에 관하여 국가의 보호를 받을 권리를 가진다"[11] 라고 하였다. 여기서 대한민국 보건의료법이 적용되는 대상은 국민 개인과 그 가족으로 되어 있지만, 신체적이 아닌 '정신적'이고 '사회적' 적용범위에 대한 언급과 이에 대한 설명이 결여되어 있다는 것을 알 수 있다.

특히 제11조 "모든 국민은 관계 법령이 정한 바에 따라 국가와 지방자치단체의 보건의료시책에 관한 내용의 공개를 청구할 권리를 가진다"[12]의 보건의료에 관한 알 권리, 제12조 "모든 국민은 보건의료인으로부터 자신의 질병에 대한 치료 방법, 의학적 연구 대상 여부, 장기이식 여부 등에 관하여 충분한 설명을 들은 후 이에 관한 동의 여부를 결정할 권리를 가진다"[13]의 보건 의료 서비스에 관련한 자기결정권, 제13조 "모든 국민은 보건의료와 관련하여 자신의 신체상·건강상의 비밀과 사생활의 비밀을 침해받지 아니한다."[14]의 사생활 침해보호권은 국민 개인의 사적인 권리에 대한 규정으로 신체적이고 생물학적인 건강권 적용범위에 국한됨을 발견할 수 있다.

이와 같이 보았을 때, 세계보건기구 헌장에 나타난 건강권 개념과 대한민국 헌법과 법률에 나타난 건강권 개념이 다음과 같은 점에서 비교분석의 교착점을 찾을 수 있다.

세계보건기구(WHO)의 건강권 개념과 대한민국 건강권 개념의 비교분석

〈비교분석 1〉 세계보건기구 헌장과 대한민국 헌법의 기본권 조항 비교

① 인간 존엄 개념이 행복 추구권과 연관성을 획득하였다.

② 인간 존엄 개념이 건강권 개념과 연관성 미흡하였다.

〈비교분석 2〉 세계보건기구 헌장과 대한민국 헌법의 기본권 조항 비교

① 35조 1항, 36조 3항은 건강, 보건 용어로만 기술되어 '건강권'이라는 '권리'로서 명확한 개념규정이 없다.

② 35조는 독자적 건강권 개념규정이라기보다 환경권으로서 기본권을 명시적으로 규정하고 있다.

---

11 대한민국 보건의료 기본법 조항.

12 위의 조항.

13 위의 조항.

14 위의 조항.

〈비교분석 3〉 세계보건기구 헌장과 대한민국 법률의 보건의료기본법 비교

① 보건의료법 기본법 10조의 괄호 속 건강권을 명시하였으나, 헌법의 독자적 건강권 개념 명시와 구체적 개념 설명이 미흡하다.

〈비교분석 4〉 세계보건기구 헌장과 대한민국 법률의 보건의료기본법 비교

① 보건의료법 기본법 10조~14조는 건강권 개념이 타 권리인 알 권리, 자기결정권, 사생활 침해보호권으로서 연관 개념이 설정되고 있지만, 정신적·사회적·문화적 환경 조성이라는 개념이 설정되지 있지 않다.

② 최근 건강이슈에 대한 국가 행정적 의무에 관한 제한법으로 일관하고 있다.

종합하자면, 문명의 생태적 전환기에서 보건의료의 문제인식 대상인 건강 개념은 세계보건기구의 헌장에서 마련된 기본권적 건강권 개념으로 대응할 필요성이 대두된다. 이러한 상황조건에서 대한민국의 헌법과 법률에 나타난 건강과 관련된 조항에 나타난 건강권 개념은 세계보건기구의 국제적 표준에 현저히 못 미치고 있다고 판단된다. 이에 대한민국 국가 운영의 관점에서 볼 때, 필자는 하버마스가 주장하는 절차주의적 법 패러다임에서 접근하는 건강권이 국가시민이 실질적으로 요구하는 건강에 대한 수준과 요구에 적절히 대응할 수 있는 국가적 위기 관리체계가 성립할 수 있다고 본다. 이에 다음은 시민들이 어떻게 직접 건강권을 정립할 수 있는지에 관련한 하버마스의 절차주의적 패러다임 원리를 살펴보고, 이를 적용하여 하버마스가 마련하고 있는 법 재구성의 5원칙을 적용해 건강권 재구성의 원칙을 알아 보고자 한다.

4 하버마스 법의 재구성 5원칙: 건강권 구성의 원칙[15]

하버마스의 절차주의적 법 패러다임의 원리는 1992년 『사실성과 타당성』을 통해 제시되었다. 여기에서 하버마스는 현대사회의 복합적 위기 문제에 대해 시민사회의 주체인 토론하는 시민들에 의한 직접적 문제 인식과 그 해결을 방안으로 마련하

15 본 장의 필자는 하버마스의 절차주의적 법 패러다임의 핵심이 하버마스가 제시한 법의 재구성 5원칙에 담겨 있다고 보고, 이러한 하버마스의 법의 재구성 5원칙은 결국 보건의료의 공중보건학 관점에서 건강권 개념을 구성할 수 있다는 발상에서 '건강권 구성의 원칙'으로 연역적 적용이 가능하는 점을 논증하고자 한다.

고자 하는 민주주의적 법치국가 운영론을 주장한다. 이때 현대사회의 복합적 위기 문제는 오늘날 지구촌 사회에서 제기되고 있는 기후위기, 사회적 양극화, 종교적 전쟁과 핵위협, 이민자 등의 현재 문제이다. 하버마스는 지속적으로 다가오는 인류문명의 생태적 위기 앞에서 자본과 권력의 체계적 논리가 시민들이 공동의 삶에 대한 이해조건인 생활세계에서 비롯되는 시민사회의 도덕적, 윤리적, 법적 차원의 규범적 대응으로 순치될 수 있다는 점을 역설하고자 한다.

여기서 문명전환의 생태적 위기에 규범적 대응 마련을 할 수 있는 곳이 민주주의적 법치국가이다. 민주주의적 법치국가는 시민들이 문제시되는 사안에 대해 공동의 삶을 지속하기 위해 인정하는 기본권으로 법치를 하는 국가운영체제를 일컫는다. 이러한 국가는 시민들이 항시적으로 문제되는 사안에 참여하여 주어진 쟁점에 대해 입장을 주고 받으며 상호이해의 조건 속에 기본권에 대한 합의를 도출한다. 이에 민주주의적 법치국가의 규범적 기획은 다가오는 문명전환의 생태적 위기로 치닫는 현대사회의 복합적 위기 양상을 근본적으로 해결할 수 있는 절차주의적 법 패러다임을 운영원칙으로 채택한다.

문명전환의 생태적 위기는 건강에 대한 새로운 인식을 요구한다. 필자가 서론에서 밝혔듯이 건강은 세균이 인간 몸 안에 들어 있는지의 유무와 개별 인간의 몸 수준 상태에서 결정할 수 없다. 건강은 자기 삶에서 사물과 세계에 대해 객관적으로 이해하는 자기의식적 요소와 타자와 공유하며 행위를 성취하면서 행복을 획득하는 사회의식적 요소가 동시적으로 함께 있을 수밖에 없다. 우리의 몸은 이러한 자기의식적 요소인 정신적 차원과 타자적 요소인 사회적 차원이 본질적으로 연관되어 있으며 서로가 영향을 주고 받으면서 전체적으로 건강한 상태를 유지한다. 그러므로 기존 신체적인 요소에만 국한되어 있는 건강에 대한 개념과 정의를 바라보아야 할 필요성이 생긴다.

이처럼 개인적 차원뿐만 아니라 집단적 차원의 전체사회가 건강해야 한다고 했을 때, 건강 개념은 사회구성원 모두가 함께 의논해서 규범을 마련해야 할 일이 된다. 여기서 하버마스는 기본권적 권리로 운영되는 현대국가의 법치국가적 특징에 한계를 민주주의로 극복하는 민주주의적 법치국가론을 주장하면서 시민들의 상호이해적 기본권 인정의 원칙을 내세운다. 이러한 상호이해적 기본권 인정의 원칙의 필요에 대한 근거로 하버마스는 관습, 도덕, 법의 규범적 분화 관계를 인류사회의 진화과정을 통해 보여 주고 있다. 본질적으로 이러한 건강 개념에 대한 새로운 차원의 인식은 국가운용의 제도적 정당성 마련을 위해 시민들의 상호이해에 기반한 건강권 개념에 대한 상호인정이 합의적으로 전제가 되어야 하기 때문이다.

하버마스는 인간 역사의 시간축에서 보았을 때 과거 고대사회의 규범근원지에서 시작된 규범이 현대사회로 내려오면서 그 형태가 처음에는 관습, 다음에 도덕, 그리고 법으로 순차적인 분화 형태를 보인다고 설명한다. 이러한 설명에서 하버마스는 칸트가 현대의 도덕 개념을 창안하였다고 언급한다. 사실상 칸트는 정언명법을 통해 현대를 살아가는 개인이 스스로 도덕법칙을 정립하여 그에 따라 행위할 수 있는 실천이성의 가능성을 보여 주었다. 칸트의 도덕은 자율적 도덕으로서 사회적으로 주어진 관습에 순종하지 않는 비판적 이성에서 비롯된다.

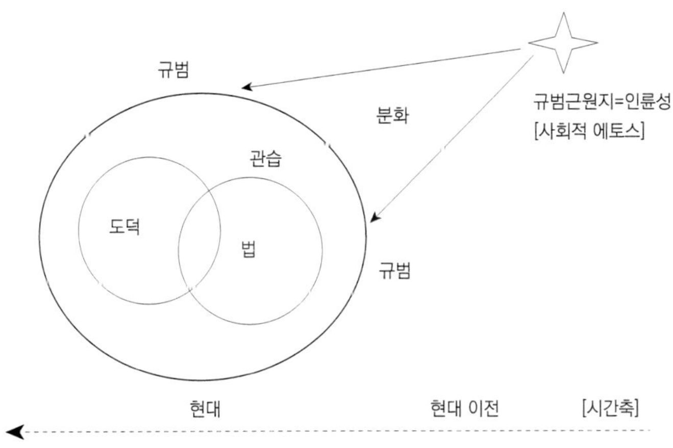

그림 2-1 • 하버마스의 도덕과 법의 관계[16]

그러므로 칸트의 도덕 개념은 법과 관습보다 우위에 있는 상위 개념으로 설정된다. 여기서 하버마스는 현대의 실정법 발달 상황을 보았을 때, 이러한 칸트의 법과 도덕의 관계 설정을 지적한다. 현대에서 도덕과 법의 관계는 상하의 위계적이고 복종적 관계가 아니라 서로를 보완하는 '동근원적인(gleichursprünglich)'[17] 관계라고

---

16 필자는 하버마스의 도덕과 법의 관계에 대해서 『사실성과 타당성』의 3장 2절에 나오는 「도덕적 규범과 법적 규범: 이성법과 실정법의 보완관계에 대하여」의 전체 내용을 요약해서 도표화하였다. Habermas(1992), Faktizität und Geltung, Suhrkamp, 135-150. [국내 번역서: 하버마스(2010), 『사실성과 타당성』, 한상진·박영도 번역, 나남, 158-174쪽.]

17 위의 책, 155. [국내 번역서, 179쪽.]

보기 때문이다.

이러한 관습, 도덕, 법의 분화관계에 따라 이해되는 인간 역사의 진화과정은 결국 현대 민주주의적 법치국가가 정당성의 발판을 마련하는 법이 입법과정에서 어떠한 기준으로 자기 자신을 마련하는지, 즉 법의 재구성 원칙에 대한 인식을 철학적으로 요구한다.

이러한 법에 대한 철학적 규범인식을 하버마스는 다음과 같이 5원칙으로 제시한다.

법 재구성 1원칙:	**가능한 최대의 평등한 주관적 행위자유의 권리**에 대한 정치적으로 자율적인 조형으로부터 생겨나는 기본권
법 재구성 2원칙:	법적 동료들의 자유의지적 연합체 속에서 **그 구성원의 지위**에 대한 정치적으로 자율적인 조형으로부터 생겨나는 기본권
법 재구성 3원칙:	**권리의 소송가능성**으로부터 그리고 **개인적 권리보호**에 대한 정치적으로 자율적인 조형으로부터 직접 생겨나는 기본권
법 재구성 4원칙:	시민들의 정치적 자율성이 행사되고 정당한 법이 정당한 법이 산출되는 **의견형성과 의지형성 과정에 시민들이 동등하게 참여**할 수 있는 기본권
법 재구성 5원칙:	시민적 권리를 균등한 기회를 갖고서 사용하는 데 반드시 요구되는 한에서 **그 시민들의 생활조건이 사회적, 기술적, 생태적으로 보장**되는 기본권

표 2-1 • 하버마스의 절차주의적 법 패러다임의 법 재구성 5원칙

건강권은 과거 로마시대 하수도 처리 시설을 마련하는 위생관리의 측면을 벗어나서, 또한 한때 일제강점기를 통한 이식된 일본의 근대화 모델에 기초를 두는 부국강병(富國强兵)[18]과 식산흥업(殖産興業)의 관점에서 건강권 개념을 산출하는 것은 어려운 일이다. 대한민국 2024년 현재 세계 경제 순위 11위를 차지하고 있으며, 80~90년대 개발도산국에서 2000년대 선진국의 대열이 올라선 지 오래다. 그동안 대한민국의 우수한 의료진의 등장과 최첨단 의료기술, 각종 첨단산업에 등장에 따른 의료산업의 발전 등으로 말미암아 기대수명이 1984년도 68.3세에서 2024년 현재 84.3세로 20년이 상승하였다.[19] 이러한 기대수명의 상승은 대한민국의 개별 구성원들의 물

18 이승욱 · 백도명 · 조병희 엮음(2015), 『보건학 개론(개정판)』, 서울대학교출판문화원, 13쪽.

19 KOSIS(국가통계포털), 〈인구로 보는 대한민국(인구상황판-기대수명)〉, https://kosis.kr/

리적인 외적 환경이 좋아졌음을 알 수 있다. 하지만 외적 환경이 좋아짐에도 불구하고 인간의 내면적이고 정신적 환경은 점점 열악해지고 피폐해지는 여러 가지 징후들이 나타나고 있다.[20]

이러한 상황에서 대한민국 건강관리는 기대수명과 같은 양적인 외부 물리적 환경에 치중하기보다는 질적인 내부 정신적 환경에 보다 관심을 쏟도록 힘써야 한다. 이러한 의미에서 건강권 개념은 시민들의 실질적 건강 요구에 맞는 건강권 개념으로 전환해야 한다. 기존 근대화 시대의 시민들은 대량생산과 대량소비, PC, 아파트 단지, 오전·오후반의 초등학교 등 폭발적 인구성장에 따른 생활방식에 맞춰 살아왔다.[21] 하지만 이제는 다품종·소량생산, AI, 전염병, 저출산, 고령화, 기후위기, 지방소멸 등 새로운 사회적, 생태적, 기술적 변화에 따라 생활방식이 점차 변화하고 있음을 목도하고 있다.

5 하버마스의 '공중'과 '생활세계'로 보는 건강권 개념

19세기 말부터 생의학 모델에 입각하여 성립된 보건의료의 보건학은 공장과 주거에서의 환경개선 업무의 의료행정(medical police)에서 국민건강 지체를 중시하는 업무방향으로 전환한다. 이때, 국민건강을 증진시키고 사회를 개선시키기 위해서는 국가행정의 차원에서 접근하는 방법을 탈피하여 지역사회 중심의 '공중(public sphere)'의 의미를 하버마스가 사용하는 공중 개념으로 살펴볼 수 있다. **하버마스의**

---

visual/populationKorea/PopulationDashBoardDetail.do?statJipyoId=3774&vStatJipyoId=6246&listId=A_02&areaId=&areaNm= (2024년 12월 5일 업데이트 상황)

20 건강보험심사평가원 보도자료(http://www.hira.or.kr), 「최근 5년(2017~2021년) 우울증과 불안 장애 진료 현황 분석」, 건강보험심사평가원, 배포일 2022년 6월 24일. 이 자료에 의하면, 우울증은 2021년 환자수 93만 3,481명, 2017년 대비 35.1% 증가하였고, 불안장애는 2021년 환자수 86만 5,108명, 2017년 대비 32.3% 증가하고 있다고 밝히고 있다. 현재 2023년 자료가 아직 나오지 않고 있지만, 이러한 대한민국 정신적 환경의 열악한 추세는 2024년 현재까지 지속될 것으로 추정된다.

21 중앙일보 기사, 〈"엄마, 난 오후반이래" 초등 입학생 100만명, 지금은 몇명? [그땐 그랬지]〉, 강정현 기자(https://www.joongang.co.kr/article/25234008: 2024년 3월 9일 오전 10시 입력)

절차주의적 법으로 보는 보건의료는 신공중보건학으로 새롭게 정립될 수 있다.[22] 이러한 신공중보건학은 건강의 문제에 대해 기본권으로 접근하는 방식으로 시민들이 사회와 시대의 상황에 따라 건강권 개념을 설정하는 '민주주의적 법치국가론'과 연계된다. 또한, 사회 정의를 실현하기 위한 지향과 목표를 담고 있는 기본권 접근 방식이기에 이러한 기본권을 누가 설정하는지에 대한 논의가 필요하게 된다. 그렇다면 이러한 목표와 지향이 무엇인지 파악하기 위해서는 왜 하버마스의 공중 개념으로 살펴보아야 하는가? 여기서 하버마스의 공중 개념이 무엇인지 살펴볼 필요가 생긴다. 말하자면, 하버마스의 공중, 즉 Public Sphere는 사람들이 함께 모여 살아가는 삶의 세계에서 일어나는 문제에 대해 서로 의견을 나누며 합리적 해결책을 찾아 나서는 사람들이다.

> "의사소통이론적 생활세계 개념도 부분들로 구성된 전체라는 사유틀과 단절한다. 생활세계는 사회적 공간과 역사적 시간을 통해 갈래를 뻗어 가는 의사소통적 행위의 망으로 형성된다. 의사소통행위는 사회화된 개인의 정체성에 의존하며, 이에 못지않게 문화적 전통과 정당한 질서라는 원천으로부터 자양분을 얻는다. 그러므로, 생활세계는 구성원을 갖고 있는 거대조직이 아니며, 소속된 사람들로 합성된 집합체도 아니다. 만약 사회화된 개인들이 문화적 전승 속에서 접합되고 또 정당한 질서 속에서 안정된 상호인정의 관계에 의해 뒷받침 되지 못한다면, 그들은 전혀 자신을 주체로서 주장할 수 없을 것이다."[23]

위 인용문은 하버마스의 공중 개념에 사전전제가 되는 생활세계 개념을 설명하고 있다. 하버마스는 생활세계는 시민들이 살고 있는 주변환경 즉, 공동의 삶의 환경을 말한다. 시민들은 각자의 주관적인 세계를 가지고 있는 가운데서도 이러한 주관적 세계에는 객관적인 주변환경을 바라보는 공통적인 세계이해도 함께 존재한다. 하버마스는 이러한 주관적 세계를 상호주관적 세계라고 부른다. 우리가 살아가는 세계에서 공동의 문제가 나타났을 때, 우리는 이 공동의 문제를 해결하기 위해 나와 이웃이 공동의 삶을 살아가는 이 주변환경 세계를 공통적으로 이해하고 바라보는 조건을

---

22 나는 여기서 공중보건학이 기존의 건강권 해석을 하버마스의 철학의 사회적 개념을 적용한 절차주의적 법 패러다임 내에서 건강권 개념을 바라 볼 때, 신공중보건학이 성립될 수 있다고 본다.

23 하버마스(2010), 『사실성과 타당성』, 박영도 · 한상진 번역, 나남, 127쪽.

전제할 수밖에 없다.

상호주관적 관점에서 나타나는 생활세계는 시민들이 이웃과 함께 살아가는 공동의 삶에 대한 근본적 세계이해이다. 이러한 생활세계에서 시민들은 자신과 공동의 삶에 영향을 미치는 문제에 대해 서로 인식하는 기반이 형성된다. 그러므로, 하버마스에게 공중(public sphere)은 생활세계에 살아가는 시민들을 의미하며, 이러한 공중은 주변 사회환경에 대해 공통의 이해조건 속에 서로 대화하며 공동의 삶의 문제를 인식하고 대안적 방안을 마련하는 시민들이다.

여기서 하버마스가 언급하는 생활세계는 인용문에도 언급되었듯이 거대 조직체 혹은 어떤 사람들의 집합체가 아니다. 공중들이 살아가는 생활세계는 언어행위를 통해 공통의 문제를 인식하고 해결할 수 있는 실천적 공간의 모두를 지시한다. 이러한 실천적 공간 속에서 우리는 정당한 질서를 구축하고, 안정된 생활의 체계를 형성하며, 살아가는 의미를 각자 실현할 수 있는 규범적 생활조건 기반이 마련될 수 있는 것이다.

세계보건기구가 건강을 단지 질병의 유무 혹은 신체 병약의 상태로 바라보는 것을 떠나서 경제적, 사회적, 문화적 영향요소 즉, '사회적 결정인자(social determinants)'로 보는 것은 공중이 살아가는 생활세계 속에서 건강권 개념에 대해 공동의 인식 차이가 발생하는 것을 기점으로 한다. 문제가 되는 건강권 개념은 이제 각자 주관적 세계에서 건강에 대한 이해 조건을 넘어 생활세계를 기반으로 하고 있는 비판적 공중이 새롭게 건강권 개념에 대해 공통적으로 이해해야 하는 문제상황의 조건이 형성된 지점이 된다. 오늘날 급변하는 생활환경의 위기 속에서 건강권 개념은 새로운 가치로서 인식해야 할 공동의 삶을 이루는 핵심적 사안이 되는 것이다.

그러므로 **사회 정의와 인권을 시민들의 새로운 기본권 정립방식으로 규범적 원칙을 마련하는 법치국가는 의료인과 환자, 병원관리자, 병원운영자, 의료기술개발자, 의료기술투자자 등 건강에 관련된 모든 지역사회의 시민들이 건강권 개념을 함께 대화하고 의논하면서 정립하는 민주주의적 과정을 필수적으로 거쳐야 할 필요가 생긴다.** 이러한 점에서 기존 공중보건학을 벗어나 생활세계의 공중이 지역사회의 건강의 문제를 직접 참여하며 해결하는 새로운 공중보건학 개념이 하버마스의 절차주의적 법 패러다임 관점과 연계될 수 있는 것이다.

이러한 지역사회 중심의 공중보건학은 보건의료 영역에 있어 기존 생의학적(biomedical) 모델에서 사회의학(social medicine)적 모델로의 역전적 전환을 보여 준다. 18세기 프랑스 절대왕권 시절 루이 14세의 총리 콜베르에 의해 보건의료가 국가행정의 일환으로 상하수도 설치, 위생관념 교육의 국가정책은 인구증가를 위한 부국강병의 목표에 중점을 두었다. 하지만 19세기에 자본주의가 확장되고 도시가 발달하면서 더욱 심각해진 도시위생은 도시빈민, 여성, 어린이, 노동자 계급 등 사회 주변부 계층들의 사망률을 증대시켰다. 이에 대한 대응으로 보건의료는 '사회의학' 모델을 가진 공중보건학이 성립되었던 것이다.[24] 그러나 19세기 후반에 세균학이 발전되고 의학과 의료의 과학화가 이루어지면서 그동안 질병의 원인으로 간주하였던 사회적 결정인자의 개념이 사라지고 박테리아와 바이러스에 의한 세균으로 질병이 발생한다는 인식이 등장하며 다시 보건의료는 생의학적 모델로한 공중보건학으로 선회하였다. 고대 로마 시대에 황제의 일시적 명령으로 급수나 하수 처리시설만을 고려하던 공중보건은 현대로 접어들면서 부국과 인구성장이라는 국가정책의 목표로 진행되던 의료행정 개념에서 19세기 심각해진 도시위생으로 '사회의학'으로 전환되었지만, 19세기 후반에 세균학이 등장하여 '생의학'으로 다시 회귀하였던 것이다. 이러한 생의학적 모델은 UN과 세계보건기구의 헌장에 의한 새로운 건강에 대한 정의와 건강권 개념을 통해서 볼 때, 그리고 오늘날 복합적 위기 양상으로 도전받고 있는 신종전염병, 기후위기, 신냉전 질서, 전쟁확전 양상 등을 볼 때, 지역사회를 살아가는 시민 공중들이 직접 건강에 대한 문제에 참여하여 건강권 개념을 정립하여 규범적 원칙을 마련하는 전국가적 의사소통 순환절차를 본질로 하는 절차주의적 법 패러다임이 필요한 것이다.

다음의 〈그림 2-2〉는 하버마스의 전국가적 의사소통 순환 절차를 보여 준다. 하버마스가 볼 때 우리가 살아가는 삶의 공간인 생활세계에서 작동하는 의사소통의 흐름은 처음에 시민사회에서 시작하여 공적영역을 거쳐 정부로 흘러 들어간다고 보고 있다. 이것은 현대 민주주의 국가에서 국민들의 의견을 반영하는 법과 정책을 마련하는 구조의 원리와 동일하다.

24 이승욱·백도명·조병희 엮음(2015), 『보건학 개론(개정판)』, 서울대학교출판문화원, 13쪽.

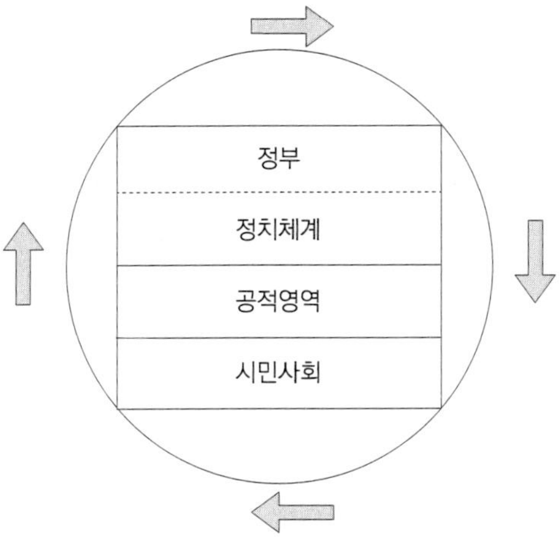

그림 2-2 • 하버마스의 전국가적 의사소통 순환절차[25]

이러한 한 국가에서 의사소통의 흐름은 정치체계에 속한 입법 전문가나 정부의 행정관료에 의존하지 않고, 공중보건학의 문제인식 대상으로 설정되어 있는 '공중', 즉 영토 내 모든 시민에 의해 직접 기본권 개념을 주도적으로 마련할 수 있는 그 기본 방향을 제공해 준다.

헌법에 마련되어 있는 기본권은 그 본질적 가치는 변하지 않지만, 시대와 역사에 따라 내용적 변화는 있기 마련이다. 과거에는 개인의 사적 소유를 기반으로 기본권 개념을 설정하여 헌법의 자유권적 기본권이 중심이 되었지만, 시간이 지나면서 공공의 질서와 안녕을 중심으로 한 사회권적 기본권이 다시 등장하고 있다. 그러나 사회권적 기본권도 고정된 내용을 갖추기 어렵다. 그렇기 때문에 기본권 개념은 그 시대와 역사를 사는 시민공중이 그 시대와 역사에 필요한 기본권을 스스로 정립해 나가며 그 기본권적 내용을 충족되도록 하는 방향이 근본적으로 합리적인 방법이다.

이와 같이 본다면, 이 시대와 역사가 필요로 하는 보건의료 영역에서의 새로운 공중보건학은 건강권적 기본권에 대한 새로운 개념 정립이 필수적으로 요구된다. 하지만 그 시대와 역사 속에 살아가는 공중들은 서로 대상에 대한 입장과 의견이 대립되어 충돌될 수 있다. 이러한 입장의 대립적 충돌 양상은 현대사회의 복합적 사회적 논

25 남성일(2019), 「하버마스의 민주주의적 법치국가론에서 있어서 절차적 정당성 개념 연구-하버마스 법철학에서 '절차주의적 전회'를 중심으로」, 박사학위논문, 동국대학교, 161쪽, 〈표 15〉 재인용.

란과 갈등 양상으로 나타날 수 있다. 즉, 현대사회의 복합적 위기양상을 하버마스의 법이론이 어떻게 해결할 수 있는 것인가는 단순히 생활세계를 사는 공중이 공동생활의 문제를 의사소통적 행위를 통해 마련한다는 점으로 해결할 수 없다는 한계를 남길 수 있다.

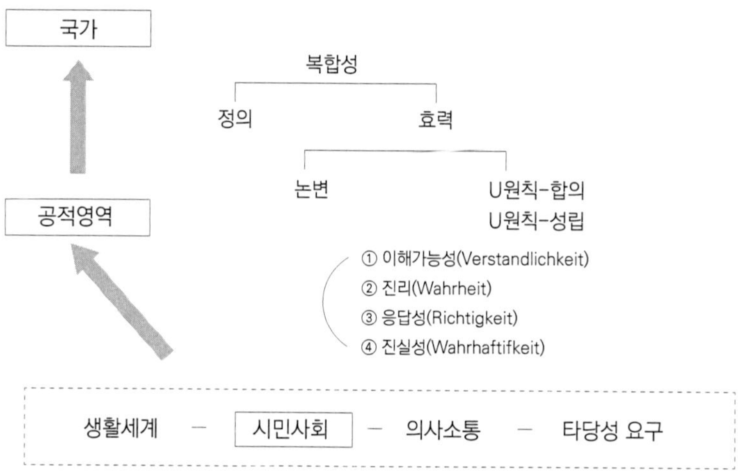

그림 2-3 • 민주주의적 법치국가의 절차적 정당성[26]

위의 〈그림 2-3〉은 하버마스가 자신의 법이론에서 주장하는 민주주의적 법치국가의 절차적 정당성의 흐름도를 보여 준다. 〈그림 2-3〉은 〈그림 2-2〉에서 보여 주는 생활세계에서 시작된 의사소통의 전달구조가 신공중보건학의 지역사회로부터 건강권 개념을 구성할 수 있도록 하는 데에 현대사회의 복합적 위기 양상이라는 한계점에 대한 하버마스의 응답을 보여 준다. 〈그림 2-3〉의 민주주의적 법치국가의 절차적 정당성 개념은 생활세계에서 시작되는 의사소통행위 자체가 내재적으로 타당성 요구를 서로 검토하는 진리합의론[27]에 입각한 발전된 논변행위가 수반된다는 것

26 위의 논문, 170쪽, 〈표16〉 재인용.

27 이러한 하버마스의 진리합의론은 ① 사고의 명제와 객관적 대상의 근본적 일치를 진리로 바라보는 대응론, ② 사고의 명제와 다른 사고의 명제들 간의 정합적 일치를 진리로 바라보는 정합론의 한계를 벗어나 청자와 화자가 서로 토론하는 언어적 행위과정을 거쳐 합의한 진리를 진리로 채택하는 철학적 인식론의 한 종류이다. 하버마스는 이러한 진리합의론이 기존 전통적 철학이 주장해 온 대응론과 정합론에 노정된 유아론적 독단 진리에서 벗어나 나와 다른

을 나타낸다. 즉, 지역사회에 살고 있는 시민들이 단순히 의사소통 행위를 통해 건강권 개념을 확립하는 것이 아니라 시민들 간의 정당한 건강권 개념에 대해 토론을 통한 합의에 도달해야 한다는 점을 의미한다. 이러한 의미는 현대사회의 복합적 위기 상황에 대한 다양한 원인진단 속에서 그 부작용과 한계 그리고 대안까지 다양한 관점 속에서 건강권적 기본권을 검토할 수 있는 동기가 마련될 수 있다. 하버마스는 이러한 국가를 민주주의적 법치국가라고 규정하면서 이렇게 시민들의 자유로운 의사소통행위와 그 의사소통행위에서 빚어지는 시민들 간의 의견 불일치를 논변행위를 통해 해결하는 것을 보장한다면 현대사회의 복합적 위기 상황에 대해 합리적 대응방안을 마련할 수 있다고 보고 있는 것이다.

그러므로 〈그림 2-2〉에서 하버마스 생활세계의 의사소통행위 과정, 〈그림 2-3〉에서 민주주의 법치국가의 절차적 정당성 확보 과정은 하버마스의 절차주의적 법 패러다임이 사회의학 모델에 입각한 지역사회 중심의 신공중보건학이 어떻게 성립될 수 있는가의 질문에 응답을 제시할 수 있다.

이렇게 본다면 앞의 〈그림 2-1〉에서 제시한 하버마스가 기본권 개념 기반의 법의 재구성 원칙을 신공중보건학의 문제인식 대상인 건강권 개념에 적용해 법을 재구성 할 수 있는 원칙이 수립될 수 있다. 이것은 하버마스의 절차주의적 법 패러다임에서 기본권 구성 원칙을 적용해 건강권 개념이 어떻게 기본권으로 도입될 수 있는지를 보여 준다.

아래는 하버마스의 절차주의적 법 패러다임에 의한 법의 재구성 원칙에서 연역적으로 도출된 건강권 구성 적용원칙 5가지이다.

법의 재구성 1원칙: 가능한 최대의 평등한 주관적 행위자유의 권리에 대한 정치적으로 자율적인 조형으로부터 생겨나는 기본권

↓

• 건강권 구성 적용원칙 ①: 환경조성의 원칙 •
시민들의 건강권 개념에 대한 합의를 할 수 있도록 여건과 환경을 조성하는 기본권

타자를 포용하는 조건 속에서 의사소통적 언어행위를 통해 진리를 형성할 수 있는 가능성을 보여 준다. 이때, 나와 다른 타자가 의사소통적 합의를 이룰 수 있는 가능성은 우리가 사용하는 언어 속에 있는 내재해 있는 가능성으로서 (1) 이해가능성(Verständlichkeit) (2) 진리성(Wahrheit) (3) 응답성(Richtigkeit) (4) 진실성(Wahrhaftigkeit)이라고 정식화하며 자신의 언어철학을 전개한다.

법의 재구성 2원칙: 법적 동료들의 자유의지적 연합체 속에서 그 구성원의 지위에 대한 정치적으로 자율적인 조형으로부터 생겨나는 기본권

↓

• 건강권 구성 적용원칙 ②: 시민지위의 원칙 •
시민들이 건강권 개념에 합의를 할 수 있도록 공동체 속에서 배치되는 지위와 자격을 규정하는 기본권

법의 재구성 3원칙: 권리의 소송가능성으로부터 그리고 개인적 권리보호에 대한 정치적으로 자율적인 조형으로부터 직접 생겨나는 기본권

↓

• 건강권 구성 적용원칙 ③: 문제제기보장의 원칙 •
기존 합의된 건강권 개념에 대하여 시민들이 문제제기할 수 있는 기본권과 문제제기하는 시민 개인을 보호하는 기본권

법의 재구성 4원칙: 시민들의 정치적 자율성이 행사되고 정당한 법이 정당한 법이 산출되는 의견형성과 의지형성 과정에 시민들이 동등하게 참여할 수 있는 기본권

↓

• 건강권 구성 적용원칙 ④: 평등참여의 원칙 •
시민들이 건강권 개념에 대한 합의를 위해 차별없이 동등하게 참여할 수 있는 기본권

법의 재구성 5원칙: 시민적 권리를 균등한 기회를 갖고서 사용하는 데 반드시 요구되는 한에서 그 시민들의 생활조건이 사회적, 기술적, 생태적으로 보장되는 기본권

↓

• 건강권 구성 적용원칙 ⑤: 생활보장의 원칙 •
건강권 개념을 합의하기 위한 시민들 개개인의 생활조건이 사회적, 기술적으로, 생태적으로 보장받는 기본권

표 2-2 • 하버마스 절차주의적 법 패러다임의 건강권 구성 적용원칙

하버마스가 주장하는 절차주의적 법 패러다임에서 법의 재구성 원칙은 기본권의 제정과정을 설명하는 원칙이 된다. 법치주의를 공통기반으로 하는 현대국가는 법의

근간을 기본권으로 설정하고 있다. 하지만 이러한 기본권은 통치자나 입법부의 자의적인 제정으로 정립되는 것이 아니라 시민들의 뜻이 직접적으로 반영되는 민주주의의 원리 속에서 정립되어야 한다. 따라서, 대한민국 헌법과 법률의 공백 상태로 남아 있는 건강권 개념을 세계보건기구(WHO)가 정의하고 있는 건강권 개념으로 전환하기 위해서는 대한민국의 모든 지역주민을 포함하여 민주적인 토론를 바탕으로 건강권 개념에 대해 시민들이 합의하는 제정절차의 과정이 필수적으로 요청된다.

그렇기에 보건의료의 문제인식 대상인 건강에 대한 하버마스의 절차주의적 패러다임의 관점 도입은 그 핵심인 하버마스의 법적 재구성의 5원칙을 시민들이 새로운 건강권 개념을 형성할 수 있도록 하는 기본권적 건강권 개념 형성의 5원칙으로 세계보건기구의 건강권 개념으로의 전환의 계기를 제공해 준다. 즉, 시민들이 건강권 개념에 합의를 할 수 있도록 여건과 환경을 조성하는 〈환경조성의 원칙〉, 시민들이 건강권 개념에 합의하기 위해 공동체에 지위와 자격을 주는 〈시민지위의 원칙〉, 시민들이 기존 건강권 개념에 문제제기할 수 있고, 문제제기하는 시민 개인을 보호하는 〈문제제기 보장의 원칙〉, 시민들이 건강권 개념에 합의하기 위해 차별 없이 능능하게 참여할 수 있는 〈평등참여의 원칙〉, 건강권 개념에 합의하기 위해 시민 개인의 생활조건이 사회적, 기술적, 생태적으로 보장받는 〈생활보장의 원칙〉으로 전환되어 적용될 수 있다.

6 결론

필자는 지금까지 보건의료의 문제인식 대상인 건강에 대해 한 개체의 질병 관점을 벗어나 공중이 건강 개념에 대한 합의를 도출하여 도덕적, 윤리적, 법적 대응하는 하버마스의 절차주의적 법 패러다임을 도입하였다. 이러한 절차주의적 법 패러다임의 도입의 필요성은 세계보건기구(WHO) 헌장에서 나타난 신체적·정신적·사회적인 복합적 차원를 고려하는 확장적 건강 개념에 대한 새로운 자기평가적 해석에서 비롯된다. 이것은 국제사회의 여론 속에서 세계시민들이 바라보는 건강에 대한 새로운 국제적 표준으로 정립될 가능성이 높다. 또한, 유엔 회원국으로서 대한민국은 유엔 산하의 세계보건기구가 마련한 헌장에 국제법적 구속력을 받을 수밖에 없다.

이와 함께 한국적 특수 위기상황에서 이러한 절차주의적 법 패러다임의 도입의 필요성을 고려해 보면, 지난 20년 동안 지속적으로 누적되어 국가적 이슈로 제기되고 있는 자살, 청소년 고립, 사회적 양극화, 지방소멸, 고령화 등의 문제에 대응하기 위해서는 과거 사회권 혹은 환경권 강조를 벗어나 신체적 건강뿐만 아니라 정신적, 사회적, 생태적 건강을 포괄하는 건강권 개념에 대한 새로운 인식 제고가 필요하다.

이러한 건강권 개념에 대한 하버마스의 절차주의적 패러다임의 관점 도입은 그 핵심인 하버마스의 법적 재구성의 5원칙을 시민들이 새로운 건강권 개념을 형성할 수 있도록 하는 기본권적 건강권 개념 형성의 5원칙으로 전환의 계기를 제공해 준다. 즉, 시민들이 건강권 개념에 합의를 할 수 있도록 여건과 환경을 조성하는 〈환경조성의 원칙〉, 시민들이 건강권 개념에 합의하기 위해 공동체에 지위와 자격을 주는 〈시민자격의 원칙〉, 시민들이 기존 건강권 개념에 문제제기할 수 있고, 문제제기하는 시민 개인을 보호하는 〈문제제기 보장의 원칙〉, 시민들이 건강권 개념에 합의하기 위해 차별 없이 동등하게 참여할 수 있는 〈평등참여의 원칙〉, 건강권 개념에 합의하기 위해 시민 개인의 생활조건이 사회적, 기술적, 생태적으로 보장받는 〈생활보장의 원칙〉으로 전환되어 적용될 수 있다.

따라서, 하버마스 절차주의적 법 패러다임에 의한 법의 재구성 원칙의 적용은 거시적인 지리환경적 관점에서 문명전환의 생태적 위기에 대응을 할 수 있는 국제 시민사회의 절차적 조건이 될 수 있다. 21세기에 접어들면서 지구적 보편 위기상황인 테러리즘, 제3세계 기아와 빈곤, 신종전염병, 신냉전 국제질서, 기후 위기, 핵무기 경쟁, 전쟁 확전 양상에서 지구촌 세계시민은 각 국가의 시민사회 내에서 이러한 국제적 위기 속에 매순간 자기생존의 위협을 겪고 있는 문제에 단순한 질병 없는 개체적이고 생물학적인 건강 개념을 넘어 신체적·정신적·문화적·생태적 건강이라는 보다 포괄적이고 총체적인 건강 개념에 대한 인식 제고가 요구된다.

이러한 국제 시민사회의 절차적 조건의 건강 개념은 민주주의적 법치국가를 지향하는 선진 제도 사회에서 국민 스스로가 자국과 세계정치 상황을 양립적이고 복합적으로 고려하여 자신과 세계인류의 생존을 도모하는 관점에서 실천적으로 적용되는 인권과 주권의 결합을 바탕으로 하는 기본권적 건강권 개념으로 정식화될 수 있다. 따라서, 이러한 기본권적 건강권 개념은 미래의 지구촌 사회와 인류사회의 공존질서를 평화적으로 보장할 수 있는 실천적, 합리적으로 형성할 수 있는 관건 개념이 될 수 있다.

결론적으로 종합하면, 기본권적 건강권 개념은 법치국가의 운영원리로서 정당성을 부여받기 위해서는 자율성과 연대성의 원리로 결속된 시민 주체로 운영되는 시민 협력 거버넌스 창출과 시민합의를 통해 건강권 개념을 헌법에 제정하고 법률에 도입할 수 있는 하버마스의 절차주의적 법 패러다임이 필요하고, 이러한 하버마스의 절차주의적 법 패러다임 도입에 대한 인식 제고의 필요성과 원리적 이해형성을 갖출 수 있는 민주시민 교육과 헌법 교육이 제도적 선행조건으로 절실히 요청된다.

2 부

인공지능과 스마트 치료의 법

3장

AI시대에 디지털 의료기기의 법적 문제
— 디지털의료제품법을 중심으로 —

I 서론

코로나19 팬데믹은 우리 의료 환경에 엄청난 변화를 가져왔다. 지금까지 전통적으로 의사-환자의 관계 속에서 환자가 직접 의료기관에 가서 진료·검진 등을 받아야 함에도 감염의 위험 때문에 환자가 병원에 가길 원하지 않거나 병원에 갈 수 없는 상황(자가격리 등)이 나타나게 되었다. 그런 상황에서도 환자는 코로나19 이전과 같은 수준의 의료 서비스를 원하지만 여의치 않았고, 의료기관도 방문 환자가 줄어들게 되면서 경영 상황이 좋지 않을 수밖에 없었다. 결국 의료 서비스를 계속 이용하기 위해서 비대면 진료가 필요하게 되었다.[1]

2020년 2월부터 한시적으로 전화 진료를 허용하여 전화로 상담과 처방을 할 수 있게 되었다. 이후에 2023년 5월 정부에서 코로나19의 종식을 선언한 이후에도 비대면 진료에 대한 계속된 요청으로 예외적으로 허용해 왔는데, 2024년 2월부터 한시적으로 비대면 진료를 다시 전면 허용하였다.[2] 이러한 비대면 진료의 움직임에도 디지털 치료기기[3]와 함께 비대면 의료의 하나로 분류되는 원격의료 제도는 2002년

---

1 Hind Bitar & Sarah Alismail, "The role of eHealth, telehealth, and telemedicine for chronic disease patients during COVID-19 pandemic: A rapid systematic review", Digital Health Vol.7, 2021, p. 2.

2 "비대면 진료 전면 허용 … 군의관, 대형병원 투입" 동아일보 2024.02.24. https://www.donga.com/news/Society/article/all/20240223/123667470/1 (검색일: 2024. 01.03.).

3 Digital Therapeutics를 '디지털 치료기기' 또는 '디지털 치료제'로 혼용하고 있는데, 이 글에서는 디지털 치료기기로 통일하여 기술한다.

의료법 개정을 통해서 법제화되었으나 외국과 비교하면 여전히 초보적인 수준에 머무르고 있다.

그러나 최근 여러 상황의 변화로 디지털 헬스케어의 관심이 확대되었고, 새로운 의료시스템을 구축해야 한다는 것에 대해서 어느 정도 공감대가 형성되었다. AI, 빅데이터, 클라우드, 웨어러블 등 정보통신기술의 발전과 함께 디지털 헬스케어(Digital Healthcare)의 관심이 매우 높아지게 되었다. 그러나 H/W 중심적이고 전통의약품에 최적화된 현재의 의료법체계에서, S/W, 의료데이터, 네트워크를 중심으로 하는 디지털 기술의 혁신을 받아들이고 계속 발전하는 디지털 의료기기에 대해서 효율적으로 안전성과 유효성을 평가하는 데 한계가 있다. 게다가 헬스케어라는 큰 범주에서 의료기기와 의약품, 그리고 이와 관련된 다양하고 새로운 제품의 개발이 확대되면서, 이러한 제품에 대한 신뢰성을 제고하고 안전 규제를 지원하기 위한 법률이 필요하게 되었다.

2024년 1월 '디지털의료제품법'(법률 제20139호)이 제정되었다. 2025년 1월 24일부터 시행된 디지털의료제품법은 AI와 네트워크 연결 기술이 적용된 의료제품의 특성에 맞춘 임상시험, 허가, 유통관리 등 전(全) 주기 규제체계를 국내에 도입하는 것이다. 이 법률의 제정은 AI와 디지털 의료제품 규제를 선도하려는 하려는 정부의 의지가 있었고, 다른 한편으로 달라진 의료 환경 속에서 디지털 헬스케어의 발전을 위해서 새로운 제도 도입이 필요하다는 요청이 있었기에 가능하게 되었다고 생각한다.

이 글에서는 디지털 헬스케어 시대에 새로운 의료 환경이 필요하다는 전제에서, 새로 제정된 디지털의료제품법에 대해서 간단히 살펴보려 한다. 구체적으로, 디지털 헬스케어의 발전과 의료시스템 변화 시작으로의 비대면 의료(II), 디지털의료제품법의 헌법적 근거(III), 디지털의료제품법의 주요 내용과 법적 개선 방향(IV)을 제안하려 한다.

Ⅱ 디지털 헬스케어의 발전과 의료시스템 변화 시작으로의 비대면 의료

1. 디지털 헬스케어의 발전동향

정보통신기술의 발달과 헬스케어(Healthcare)는 단순히 의료기관을 중심으로 의사와 환자의 관계에서 치료하는 것에 머무는 것이 아니고, 환자와 소비자를 중심으로 하는 예방과 건강관리까지 포함하는 것으로 확대되었다. 디지털 헬스케어는 다양한 진료 정보를 수집·분석 및 이용함으로써 환자 또는 소비자에게 맞춤형 의료 서비스를 제공할 수 있을 것으로 기대된다. 특히 보건의료 분야에서 인공지능, 빅데이터 기술 등이 결합하여 지금보다 더 정확한 진단과 치료가 가능하게 되고, 장래의 건강 예측을 통해서 새롭고 혁신적인 형태로의 '스마트 헬스케어'로 발전할 것으로 예상된다.[4] 2021년 디지털 헬스케어 시장 매출 추정액은 2,680억 달러로 2019년 대비 53.1% 증가했고, 2019~2025년 연평균 성장률은 12.0%, 2021년 대비 약 145% 성장할 것으로 전망한다.[5]

우리 정부도 최근 디지털 헬스케어에 관해 많은 관심을 가지면서 국가적인 차원에서 다양한 사업을 추진하였다. 정부는 2016년 '정밀의료'를 9개 국가전략 프로젝트 중의 하나로 선정하여 인공지능을 활용한 시스템의 구축과 보건의료 빅데이터의 통합을 추진했고, 2017년 대통령 직속의 '4차산업혁명위원회'와 '헬스케어특별위원회'를 설치하여, 4차 산업혁명 시대에 미래 헬스케어 분야의 비전과 발전 전략을 마련하고 구체적인 실행 방안을 수립했다.[6] 특히 4차산업혁명위원회는 2018년 '데이터 산업 활성화 전략'을 심의·의결했고, 정부는 의료 등의 분야에서 '마이데이터(MyData)' 시범사업을 시작했다. 마이데이터는 정보주체인 각 개인이 본인의 정보를 적극적으로 관리·통제할 수 있도록 하고, 이 정보를 의료·금융·보험 등 본인의 일상 전반에 이용할 수 있도록 하는 것이다. 보건복지부는 2022년 8월~2023년 2월에

---

4 김승환·정득영, "ICT 융합 기반의 비대면 헬스케어 기술 동향", 「정보와 통신」 제37권 제9호, 한국통신학회, 2020, 78쪽.

5 정보통신산업진흥원, "품목별 ICT 시장동향(디지털헬스케어)", 『ICT Global Market Analysis』, 2023, 6쪽.

6 김기봉·한군희, "4차 산업혁명시대의 디지털 헬스케어 산업에 대한 연구", 「융합정보논문지」 제10권 제3호, 중소기업융합학회, 2020, 12쪽.

건강정보 고속도로(마이헬스웨이) 시범 사업을 추진했고, 2023년에 본격적으로 건강정보 고속도로를 가동하였으며, 개인정보보호위원회는 2023년 '국가 마이데이터 혁신 추진전략'을 발표하면서, 2025년에 마이데이터 사업을 본격적으로 시행할 것이라 했다.[7]

2. 의료시스템 변화의 필요성

가. 코로나19 대유행과 비대면 의료의 등장

코로나19 팬데믹으로 2020년 2월부터 한시적인 전화 진료가 허용되어 수십만 건의 처방이 의사와 환자 간의 전화 통화를 통해서 이루어졌다. 또한, 약사와 환자의 협의를 통해서 의약품 전달 방법을 정하도록 하면서, 의약품에 대한 택배 배송이 이루어지기도 했다. 고혈압 등 정기 검진이 필요한 환자에게 전화 진료와 의약품 택배 배송을 허용하는 것은 환자의 편의성 증대와 팬데믹 당시의 사회적 거리두기의 분위기에 부합하는 중요한 비대면 의료 중의 하나가 되었다. 이후에 챗봇 등의 정보통신 기술을 활용하여 선별 진료가 이루어지는 등 다양한 유형의 비대면 진료가 나타났다.[8]

비대면 의료는 원격의료를 포함하면서 많은 의료의 형태를 포함하는 것으로 개념과 범위가 아직 완전히 정립되지 않았다. 영어권에서는 'Virtual Health'를 사용하기도 하는데, "의료시스템 외부의 환자에게 의료 서비스를 제공하기 위해 전화, 비디오, 모바일 앱, 문자 기반 메시징 및 기타 통신 플랫폼을 포함한 기술을 사용하는 것",[9] "디지털 기기를 이용하여 의료 제공자인 의사가 환자와 원격으로 실시간 의사소통할 수 있는 모든 방법"[10] 등으로 정의된다. 그리고 원격의료(Telehealth), 디지털 치료기기(Digital Therapeutics) 또는 의료시스템 운영(Care Navigation) 등을 포함하기도 한다.[11]

---

7 이한주, "유전정보 보호와 규제 완화를 위한 법적 방안", 「아태연구」 제31권 제4호, 경희대학교 아태지역연구원, 2024, 305쪽 각주 2) 참고.

8 김승환·정득영, 앞의 논문, 79쪽.

9 https://tigerconnect.com/about/faqs/what-is-virtual-healthcare/ (방문일: 2025.01.30.).

10 https://intouchhealth.com/finding-the-right-term-for-modern-digital-healthcare/ (방문일: 2025.01.30.).

11 https://www.mckinsey.com/industries/healthcare-systems-and-services/our-insights/

나. 비대면 의료의 내용

기존의 의료 서비스는 질병의 증상이 나타난 환자가 병원을 방문하여 문진이나 여러 검사를 진행하여 증상에 따른 질병을 진단받고, 진단 결과에 따른 치료 방법을 찾아서 이를 실행하여 증상을 제거 또는 완화시키는 과정으로 진행되었다. 이러한 의료 서비스 단계에서 의사, 간호사 등의 의료기관 종사자와 환자는 대면해야 했다. 이에 반해서, 비대면 의료는 의사 등이 환자와 직접 대면하지 않고 의료 서비스를 제공하는 것이다. 비대면 의료는 정보통신기술을 기반으로 이루어지게 되는데, 인공지능, 빅데이터, 클라우드 등의 다양한 기술을 적극 활용하게 된다.[12]

비대면 의료는 의사와 환자의 대면 없이 환자가 의료 서비스를 받도록 하는 모든 의료 형태를 포함하는 것으로, 관련 기술과 규제, 제도적 이슈 등에 따라서 '디지털 치료기기'(Digital Therapeutics)와 '원격의료'(Telemedicine)로 구분할 수 있다. 디지털치료기기는 기존의 치료기기를 대체하거나 보완하는 것으로, 질병이나 장애를 예방·관리·치료하기 위해서 환자에게 직접 적용하는 근거 기반(evidence-based)의 소프트웨어(Software) 제품을, 그리고 원격의료는 의사가 정보통신기술을 활용하여 원격진단과 원격치료 중심의 의료 서비스를 환자에게 제공하는 것으로, 원격진료, 원격수술, 원격모니터링으로 구분할 수 있다.

디지털 치료기기는 인허가 분류체계에 따르면 의료기기로 분류되나, 디지털 기술을 활용하여 기존 의약품과 유사한 치료 기능을 제공한다는 점에서 의약품에 가깝다고 할 수 있다. 웰니스(Wellness) 기기 등의 다른 디지털 헬스케어 제품과는 달리, 특정 질병이나 장애를 대상으로 하고, 근거 기반의 치료를 위해서 기존의 의약품처럼 임상실험을 통해서 치료 효과를 검증받고 규제기관의 인허가를 거쳐서 대부분 의사 처방으로 환자에게 제공되며, 보험 적용도 가능하다.[13]

---

virtua l-health-a-look-at-the-next-frontier-of-care-delivery (방문일: 2025.01.30.).

12 김승환·정득영, 앞의 논문, 78쪽.

13 김지연, "비대면 시대, 비대면 의료 국내외 현황과 발전방향", KISTEP Issue Paper 2010-10(통권 제288호), 한국과학기술기획평가원, 2020, 3-4쪽.

III 디지털의료제품법의 헌법상 근거

1. 국민의 보건권과 안전권

가. 보건권

디지털의료제품법은 제1조에서 "이 법은 디지털의료제품의 … 안전성과 유효성을 확보하고, … 국민보건 향상과 … 목적으로 한다."라고 규정하였다. 이 법을 통해서 일차적으로 디지털 의료제품의 안전성과 유효성을 확보하려는 것이고, 궁극적으로는 국민 보건의 향상까지 도모하려는 것으로 이해할 수 있다.

국민 보건과 관련하여, 우리 헌법은 "모든 국민은 보건에 관하여 국가의 보호를 받는다."라고 하여(제36조 제3항) 국가가 국민 보건을 위해 적극적으로 배려해야 하는 것으로 해석할 수 있다.[14] 이것으로 국가가 국민 보건을 보호해야 하고, 직접 규정하지는 않았으나 국민의 보건권으로 이해하는 것이 다수 견해이다.[15]

보건권은 국민이 국가 또는 다른 제3자에게서 자신의 생명과 건강을 침해받거나 적절하게 지원을 받지 못한 때에 자신의 건강 유지를 위해서 필요한 급부와 배려를 요청할 수 있는 사회적 기본권이다. 그러므로 국가에 의한 생명과 건강 침해가 발생할 경우에 이를 막을 수 있는 소극적 방어권과 함께, 전염병의 예방과 관리, 보건의료 정책 시행 등과 같은 적극적 요구권도 함께 갖게 된다.[16]

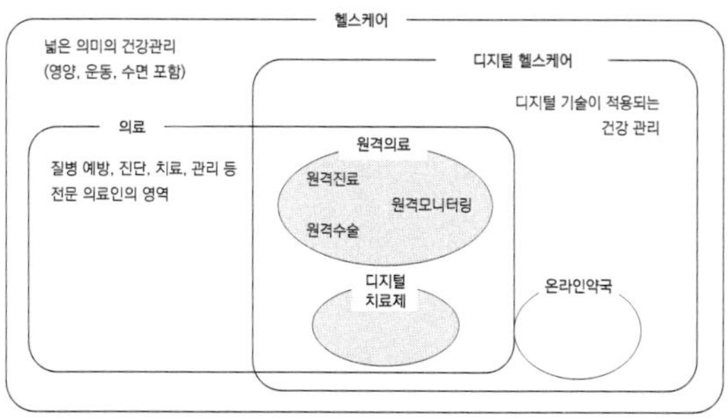

14 성낙인, 『헌법학』, 법문사, 2024, 1561쪽.

15 보건권의 헌법상 근거로, 제10조 인간의 존엄과 가치, 제12조·제13조 신체를 훼손당하지 아니할 권리, 제34조 제1항 인간다운 생활을 할 권리, 제35조 제1항 환경권, 제36조 제3항 국가의 국민 보건 보호 등을 제시한다. - 계희열, 헌법학(중), 2006, 801쪽; 한수웅, 『헌법학』, 법문사, 2024, 1105쪽.

16 성낙인, 앞의 책, 1561쪽; 한수웅, 앞의 책, 1105쪽.

그리고 국가는 국민의 생명과 건강을 유지하고 증진하기 위해 노력해야 한다. 이러한 국가의 의무는 국민이 다른 개별기본권 행사를 위한 전제로서, 실제로 자유를 행사하기 위한 실질적 조건을 형성하려는 사회 국가적 의무라 할 수 있다.[17] 이것은 국가가 국민의 생명과 건강을 침해해서는 아니 된다는 소극적 의무와 함께, 제3자가 국민의 생명과 건강을 침해하려 할 때 국가는 필요한 조치를 이행하고, 국민 보건 정책 수립 및 시행의 적극적 의무도 포함한다. 그러나 국민의 보건권 또는 국가에게 국민 보건에 대한 보호의무가 인정되더라도, 국가는 국민 보건을 위해 조치하는 때에 광범위한 재량권을 가지므로, 각 개인으로서 국민은 보건 관련 정책 또는 조치를 국가에 요구할 수 있는 것은 아니다.[18]

디지털 헬스케어 기술은 국민이 보건권을 실현할 수 있도록 국가가 지원하는 수단의 하나이므로, 국민의 생명과 건강 유지를 위한 디지털 헬스케어의 적용은 보건권에 부합해야 한다.[19]

나. 안전권

(1) 안전의 의미

안전이란 '위험이 발생하거나 사고가 날 염려가 없거나 그러한 상태'로 정의할 수 있다.[20] 우리가 전혀 예상 못 했던 위험이 생기게 되면 이런 위험에서 벗어나려고 하는 것이 인간의 본질적 속성이다. 따라서 인간이라면 누구나 이러한 안전을 보장받아야 한다. 그러나 '안전'은 내용이 모호하고 광범위하여 안전의 개념을 명확히 설정하는 것은 매우 어렵다. 안전은 위험의 반대개념 정도로 이해되기도 하는데, '위험'도 안전과 마찬가지로 그 개념이 뜻하는 내용과 범위가 명확하지 않다.[21]

헌법은 '안전'을 여러번 규정하고 있는데, 제5조 제2항, 제37조 제2항, 제50조 제1항 등은 '국가의 안전보장'으로 사용되어서, 이는 개인의 안전권을 보장한 것으

---

17 한수웅, 앞의 책, 1105쪽.

18 이한주, "원격의료제도 현실화 문제와 개선방안", 「한국의료법학회지」 제26권 제2호, 한국의료법학회, 2018, 28쪽.

19 엄주희, "스마트 치료기기에 관한 법·윤리적 연구", 「연세법학」 제43호, 연세법학회, 2023, 226쪽.

20 표준국어대사전.

21 신용인, "위험사회와 안전권 -인간 존엄성의 필요조건, 안전-", 「원광법학」 제36권 제3호, 원광대학교 법학연구소, 2020, 6-7쪽.

로 이해할 수 없다. 한편, 헌법 전문에서 "… 우리들과 우리들의 자손의 안전과 자유와 행복을 영원히 확보할 것을 다짐하면서 …"라 하였는데, 이것은 국민 각 개인의 안전을 확보하기 위한 국가의 의무를 천명한 것으로, 지금뿐만 아니라 후대 국민의 생명, 신체 등의 기본권이 침해받지 않도록 보호해야 함을 의미한다. 또한, 제34조 제6항에서 "국가는 재해를 예방하고 그 위험으로부터 국민을 보호하기 위하여 노력하여야 한다."라 하고 있는데, 물론 '안전'을 명시적으로 규정하지 않았지만, 위험은 안전과 대비되는 개념이고, 국가는 '각종 재해 예방'과 '그런 재해의 위험으로부터 국민을 보호하기 위해 노력'해야 할 의무를 부담하도록 하여 결과적으로 안전을 확보할 수 있게 될 것이다.[22]

(2) 헌법상 안전권 보장의 필요성

디지털의료제품법 제1조에서 "디지털의료제품의 제조·수입 등 취급과 관리 및 지원에 필요한 사항을 규정하여 디지털의료제품의 안전성과 유효성을 확보하고 …"라고 규정하고 있다. 물론 이 법률에서 대부분 디지털 의료제품의 취급과 관리·지원에 관한 사항들을 규정하고 있지만, 궁극적으로 디지털 의료제품을 사용하는 것은 결국 소비자인 국민이고, 국민이 디지털 의료제품을 안전하게 사용할 수 있도록 하는 것이 이 법의 주요 목적이라 할 것이다. 따라서 헌법상 안전권 보장이 중요한 의미를 갖게 되고, 이 법률을 통해서 안전권이 구체화된다고 할 것이다.

안전권을 헌법상의 권리로 인정하기 위해서, 국민은 위험이 발생하지 않도록 또는 이미 발생한 위험을 제거하도록 국가에 안전을 요청할 권리가 있는 것인지, 반대로 국가는 국민의 안전을 지켜야 할 의무가 있는 것인지를 규명해야 할 것이다. 우리 헌법에 안전에 대한 권리를 명문으로 규정하지 않았고, 헌법 전문이나 제34조 제6항의 내용이 명확하지 않아서 안전권을 헌법상 권리가 아닌 법률상 권리로 판단하면 안전권을 구체화하기 위한 입법의 여부는 입법자의 자유재량에 따르게 되므로 국민의 안전권 행사가 시기와 상황에 따라 불완전하게 될 수밖에 없다. 그리고 헌법은 현실을 반영할 수 있도록 개방성과 추상성의 특성이 있다는 점에서, 안전의 개념이 불명확하거나, 안전의 보호범위 등을 설정하는 것이 쉽지는 않더라도, 오늘날 대형사고나 우리가 전혀 예상하지 못했던 다양한 위험으로부터 각 개인을 보호하기 위해서

---

22 이한태·전우석, "한국 헌법상 기본권으로서의 안전권에 관한 연구", 「홍익법학」 제16권 제4호, 홍익대학교 법학연구소, 2015, 127-128쪽.

안전권을 시대적인 요청에 따라서 헌법적 차원에서 보호하는 것이 타당하다.

현대의 다양한 위험 현실 속에서 기존의 헌법 질서를 재확립할 필요가 있고, 안전을 향한 국민의 요청은 헌법을 통해서 실현될 수 있어야 한다. 헌법 제34조 제6항의 재해는 '인간이 개체로서 또는 집단으로서 어떤 의도를 수행하는 과정에서 돌연히 인간 자신의 의지에 반해서 일시적 또는 영구히 그 의도하는 행동을 정지시키도록 하는 현상'이라 하기도 하는데,[23] 디지털 의료제품을 사용하는 과정에서 국민이 피해를 보게 된다는 것은 생명 또는 신체의 위험에 노출될 가능성이 크다고 할 것이다. 물론 디지털 의료제품의 제조·수입 과정에서 확인·조사, 성능인증 등의 방법으로 안전성을 확보할 수도 있지만, 의료제품의 특성상 각 개인의 생명과 건강을 담보한다는 점에서 국민을 위해서 보호해야 할 안전의 수준은 높을수록 바람직하다.

특히 오늘날 개개의 국민에게 대규모 재난과 여러 위기 상황이 빈번하게 발생하는 상황에서 안전권은 다양한 위험으로부터 국민의 안전을 지킬 수 있도록 국가에 요청할 수 있는 권리라 할 수 있다. 따라서 국민의 안전에 대한 권리를 실현할 수 있도록 입법자에게 입법의 의무를 부과하기 위해서는 안전권이 헌법상 보장되는 기본권으로 인정되어야 한다.[24] 비록 안전권이 헌법에 명시적으로 규정되지는 않았으나, 법의 해석을 통해 기본권으로서 안전권을 도출하는 방법도 있다. 그러나 국민의 생명과 건강 유지는 다른 기본권들을 행사하는 데 기본이 된다고 할 수 있으므로 안전권을 헌법상 기본권으로 인정하는 것이 국민의 안전을 더욱 확실히 보장하는 것이라 할 것이다.[25]

안전을 유지하는 것은 모든 기본권을 행사하는 전제조건이 되고, 안전에 대한 위협은 바로 자유와 권리에 대한 침해를 의미한다. 그러므로 안전권은 각 개인으로서 국민의 생명과 신체를 안전하도록 유지하는 기본권으로 인정해야 할 필요가 있고, 과거보다 훨씬 다양한 위험에 국민이 노출되면서 안전의 개념과 보호범위는 확대되어야 하며, 이것은 국가가 담당해야 할 역할과 기능도 증대되어야 한다는 것을 의미한다.[26]

---

23 산업안전대사전(방문일: 2025.01.22.).

24 홍완식, "안전권 실현을 위한 입법정책", 「유럽헌법연구」 제14호, 유럽헌법학회, 2013, 232쪽.

25 이한태·전우석, 앞의 논문, 132-134쪽.

26 김용훈, "안전권의 헌법적 의의와 국외적인 수준에서의 안전권 보장", 「동아법학」 제90호, 동아대학교 법학연구소, 2021, 7쪽.

2. 국가의 기본권(보건권, 안전권) 보호 의무

디지털의료제품법 제4조에서 국가와 지방자치단체는 질병의 진단·치료, 건강의 유지·증진 등을 위하여 디지털 의료제품이 안전하고 효과적으로 치유에 사용될 수 있도록 노력해야 하고, 국가는 디지털 의료제품의 성능, 안전성 및 유효성을 신속하게 예측·평가할 수 있는 방법을 개발하기 위하여 관련 체계를 구축해야 할 의무를 부과하는 등 국가 등의 책임을 부과하고 있다.

헌법 제10조 제2문은 국민에 대한 국가의 기본권 보호 의무를 규정하고 있다. 이것은 국가가 제3자의 위해로부터 침해될 가능성이 있는 기본권을 사전에 보호하거나, 위해로 기본권이 침해되었을 때 추가적 또는 계속적 침해를 방지해야 할 의무를 말한다. 과거에는 주로 국가와 개인 간 문제로서 국가가 개인의 기본권을 침해하면 기본권 주체인 개인이 기본권(방어권)을 행사할 수 있을지에 대한 논의를 해 왔다(기본권의 대사인적 효력). 그러나 현재는 개인과 개인 간의 기본권 효력도 중요한 문제로서, 제3자가 각 개인인 국민의 기본권을 침해하면 국가·가해자(제3자)·피해자(국민)의 관계 속에서 기본권 효력의 문제를 해결해야 한다. 여기서 국가가 아닌 제3자에 의해 개개인으로서 국민의 기본권이 침해가 된 경우에도 객관적 가치 질서성을 통하여 피해자의 방어권이 인정되어야 하고, 국가는 기본권 가해자인 제3자가 아니라 피해자인 국민을 보호하는 위치에 있어야 한다. 이렇게 국가와 피해자(개인), 가해자(개인)와 피해자(개인)의 관계 속에서 위해를 예방하거나 발생한 피해가 계속되거나 추가로 발생하는 것을 막기 위해 국가에 부여된 것이 기본권 보호 의무이다.[27]

모든 국민은 생명 유지와 건강 회복을 위하여 균등한 수준 이상의 의료 서비스에 접근 가능해야 하고, 본인이 원하는 의료 서비스를 받을 수 있도록 국가가 노력해야 한다.[28]

국민 개개인의 생명 유지와 건강 회복은 국민이 기본권을 보장받기 위한 전제이고, 국민 스스로 어떤 의료 서비스를 받을 것인지를 선택할 수 있도록 해야 한다. 물론 공공성의 측면에서 의료 서비스의 불균형으로 아직 국민의 보건권 또는 안전권이 제대로 보장되지 못하기도 한다. 특히 코로나19 이후로 환자와 의사 간 진료 행위

27 허완중, “기본권보호의무에서 과소보호금지원칙과 과잉금지원칙의 관계”, 「공법연구」 제37집 제1-2호, 2008, 203-205쪽.

28 엄주희, “스마트 치료기기에 관한 법·윤리적 연구”, 「연세법학」 제43호, 연세법학회, 2023, 229쪽.

가 원활하지 않게 되면서, 환자가 원하는 의료 서비스가 제대로 이루어지지 않는 결과로 이어졌다. 그러므로 국민이 다양한 디지털 헬스케어 기술을 활용한 의료 서비스를 원한다면 다양한 관점에서 해결 방안을 고려하는 것이 국가의 의무이며 동시에 책임이 된다. 국가는 국민의 기본권 보호를 위해서 의무를 이행해야 하고, 이 의무를 구체화하기 위하여 입법자에게 광범위한 입법형성권을 부여한다.[29]

IV 디지털의료제품법의 주요 내용과 법적 개선 방향

1. 주요 내용

가. 목적과 정의

이 법률은 디지털 의료제품의 제조·수입 등의 취급과 관리, 지원에 필요한 사항을 규정하여 디지털 의료제품의 안전성과 유효성을 확보하고 품질 향상을 도모하여 국민 보건의 향상과 디지털 의료제품의 발전에 이바지하는 것을 목적으로 한다(제1조).

이 법률 제2조에서 용어에 대한 정의를 하고 있는데, 특히 '디지털 의료제품'을 크게 디지털 의료기기, 디지털 융합의약품 및 디지털 의료·건강지원기기로 구분하였다. 여기서 '디지털 의료기기'는 지능정보기술, 로봇기술, 정보통신기술 등이 적용된 의료기기 등으로 세분화했다.[30] '디지털 융합의약품'은 약사법상의 의약품과 디지털 의료기기 또는 디지털 의료·건강지원기기가 조합된 의약품을 의미한다.[31] 그리고

---

29 이한주·엄주희, "포스트 코로나19시대에 디지털 헬스케어 발전의 법적 과제: 비대면 의료를 중심으로", 한국의료법학회지 제30권 제2호, 한국의료법학회, 2022, 88-89쪽.

30 디지털의료제품법 제2조(정의) 이 법에서 사용하는 용어의 뜻은 다음과 같다.
2. "디지털의료기기"란 지능정보기술, 로봇기술, 정보통신기술 등 총리령으로 정하는 첨단기술(이하 "디지털기술"이라 한다)이 적용된 「의료기기법」 제2조 제1항에 따른 의료기기(「체외진단의료기기법」 제2조 제1호에 따른 체외진단의료기기를 포함한다) 또는 이와 디지털의료·건강지원기기가 조합된 제품으로서 다음 각 목의 어느 하나에 해당하는 제품을 말한다.
가. 질병의 진단·치료 또는 예후를 관찰하기 위한 목적으로 사용되는 제품
나. 질병의 치료 반응 및 치료 결과를 예측하기 위한 목적으로 사용되는 제품
다. 질병의 치료 효과 또는 부작용을 모니터링하기 위한 목적으로 사용되는 제품
라. 그 밖에 재활을 보조하는 목적으로 사용되는 제품으로서 식품의약품안전처장이 지정하는 제품

31 3. "디지털융합의약품"이란 「약사법」 제2조 제4호에 따른 의약품(「첨단재생의료 및 첨단바이

'디지털 의료·건강지원기기'는 의료기기에 해당하지 않지만 건강 유지 및 향상을 위한 목적으로 사용되는 디지털 기술이 적용되는 제품으로 정의하였다.[32]

지금까지 '약사법', '의료기기법', '첨단재생의료 및 첨단바이오의약품 안전 및 지원에 관한 법률', '체외진단의료기기법' 등의 개별적인 법률을 통해서 규율되었던 디지털 의료제품이 앞으로 이 법률의 적용을 받게 된다. 특히 기존에 법령이 아닌 식품의약품안전처의 가이드라인을 통해서 규율되었던 디지털 의료·건강지원기기가 법령의 범위에 포함되었다는 것은 의미가 있다고 할 것이다.

나. 제품의 분류 및 등급 지정과 국가 등의 책임

식품의약품안전처장은 디지털 의료제품의 사용목적, 기능과 사용할 때 인체에 미치는 잠재적 위해성(危害性) 등을 고려하여 디지털 의료제품을 분류하고 등급을 지정할 수 있고, 이에 필요한 사항은 총리령으로 정한다(제3조).[33] 이와 비교해서, 의료기기법은 제품의 잠재적 위해성 정도 등에 따라서 의료기기를 1~4등급으로 분류하여 관리하고 있다.[34] 따라서 총리령도 이를 고려하여 유사한 분류체계를 마련할 것으로

오의약품 안전 및 지원에 관한 법률」 제2조 제7호에 따른 첨단바이오의약품을 포함한다. 이하 "의약품"이라 한다)과 디지털의료기기 또는 디지털의료·건강지원기기가 조합된 의약품을 말한다. 다만, 주된 기능이 디지털의료기기에 해당하는 경우는 제외한다.

32 4. "디지털의료·건강지원기기"란 디지털의료기기에 해당하지 아니하나 의료의 지원 또는 건강의 유지·향상을 목적으로 생체신호를 모니터링·측정·수집 및 분석하거나, 생활습관을 기록·분석하여 식이·운동 등 건강관리 정보를 제공하는 목적으로 사용되는 디지털기술이 적용된 기구·기계·장치·소프트웨어 또는 이와 유사한 제품으로서 식품의약품안전처장이 지정하는 제품을 말한다.

33 제3조(제품의 분류 및 등급 지정) ① 식품의약품안전처장은 디지털의료제품의 사용목적, 기능 및 사용 시 인체에 미치는 잠재적 위해성(危害性) 등의 차이에 따라 체계적·합리적 안전관리를 할 수 있도록 디지털의료제품을 분류하고 등급을 지정할 수 있으며, 필요한 경우에는 한시적으로 분류 및 등급을 지정할 수 있다.
② 제1항에 따른 디지털의료제품의 분류 및 등급 지정에 필요한 사항은 총리령으로 정한다.

34 의료기기법 시행규칙 제2조 [별표1]
1. 의료기기의 등급분류 기준
가. 식품의약품안전처장은 의료기기를 사용 목적과 사용 시 인체에 미치는 잠재적 위해성의 정도에 따라 의료기기위원회의 심의를 거쳐 다음 4개의 등급으로 분류한다. 이 경우 두 가지 이상의 등급에 해당되는 경우에는 가장 높은 위해도에 따른 등급으로 분류한다.
1) 1등급: 잠재적 위해성이 거의 없는 의료기기
2) 2등급: 잠재적 위해성이 낮은 의료기기

예상된다.

한편, 국가와 지방자치단체는 질병의 진단·치료, 건강의 유지·증진 등을 위해서 디지털 의료제품이 안전하고 효과적으로 치유에 사용될 수 있도록 노력해야 하고, 국가는 디지털 의료제품의 성능, 안전성 및 유효성을 신속하게 예측·평가할 방법을 개발하기 위하여 관련 체계를 구축해야 하며, 국가는 디지털의료제품의 활용 촉진을 위해서 디지털 의료제품과 관련된 정보를 제공하기 위한 시책을 마련해야 한다(제4조).

다. 디지털 의료기기

(1) 디지털 의료기기 제조업 허가 등

디지털 의료기기의 제조를 업으로 하려는 자는 식품의약품안전처장의 제조업 허가를 받아야 하는데, 이때 제조업 허가를 받은 '디지털 의료기기 제조업자'는 디지털 의료기기에 한해서 의료기기법(제6조 제1항)에 따른 제조업 허가를 받은 것으로 본다. 디지털 의료기기 제조업자는 잠재적 위해성이 낮아 생명이나 건강에 위해를 줄 우려가 거의 없는 디지털 의료기기는 제조하려는 제품군별로, 그렇지 않은 디지털 의료기기는 제조하려는 제품별로 신고·인증·허가를 받게 된다.[35] 구체적인 내용은 총리령을 통해 정해질 예정인데, 기존 의료기기법의 규정체계를 비교해 보면,[36] 신

---

3) 3등급: 중증도의 잠재적 위해성을 가진 의료기기

4) 4등급: 고도의 위해성을 가진 의료기기

35 제8조(디지털의료기기 제조업허가 등) ① 디지털의료기기의 제조를 업으로 하려는 자는 식품의약품안전처장의 제조업허가를 받아야 한다. 이 경우 제조업허가를 받은 자(이하 "디지털의료기기제조업자"라 한다)는 디지털의료기기에 한정하여 「의료기기법」 제6조제1항에 따른 제조업허가를 받은 것으로 본다.

③ 디지털의료기기제조업자는 제조하려는 디지털의료기기에 대하여 다음 각 호의 구분에 따라 식품의약품안전처장의 제조허가 또는 제조인증을 받거나 제조신고를 하여야 한다. 이 경우 제조허가 또는 제조인증을 받거나 제조신고를 한 자는 「의료기기법」 제6조제2항에 따라 제조허가 또는 제조인증을 받거나 제조신고를 한 자로 본다.

1. 인체에 미치는 잠재적 위해성이 낮아 고장이나 이상이 발생하더라도 생명이나 건강에 위해를 줄 우려가 거의 없는 디지털의료기기로서 식품의약품안전처장이 정하여 고시하는 디지털의료기기: 제품군별 제조허가, 제조인증 또는 제조신고

2. 제1호 외의 디지털의료기기: 제품별 제조허가, 제조인증 또는 제조신고

36 의료기기법 제6조(제조업의 허가 등) ② 제1항 본문에 따라 제조업허가를 받은 자(이하 "제조업자"라 한다)는 제조하려는 의료기기에 대하여 다음 각 호의 구분에 따라 제조허가 또는 제

고·인증·허가 중 어떤 절차를 거쳐야 하는지는 제품의 위해도에 따라 정해질 가능성이 높다.

(2) 임상시험계획의 승인과 임상적 성능시험계획의 승인

디지털 의료기기로 임상시험을 하려면 임상시험계획서를 작성 또는 변경하여 식품의약품안전처장의 승인을 받아야 한다. 다만, 그 경우에도 시판 중인 디지털 의료기기의 허가 및 인증사항에 대한 임상적 효과를 관찰하는 임상시험 등에 해당하면 승인받지 않을 수 있다. 그리고 임상시험은 지정된 임상시험기관에서 해야 한다.[37]

한편, 디지털 의료기기로 임상적 성능시험을 하려는 자는 임상적 성능시험 계획서를 작성 또는 변경하여 임상적 성능시험기관에 설치된 임상적 성능시험 심사위원회의 승인을 받아야 한다. 다만, 인체로부터 검체를 채취하는 방법의 위해도가 큰 경우 등에 해당하는 임상적 성능시험의 경우에는 식품의약품안전처장으로부터 임상적 성능시험 계획서의 승인 또는 변경승인을 받아야 한다. 그리고 디지털 의료기기로 임상적 성능시험을 하려는 자는 지정된 임상적 성능시험기관에서 임상적 성능시험을 실시하여야 한다.[38]

조인증을 받거나 제조신고를 하여야 한다.

1. 인체에 미치는 잠재적 위해성이 낮아 고장이나 이상이 발생하더라도 생명이나 건강에 위해를 줄 우려가 거의 없는 의료기기로서 식품의약품안전처장이 정하여 고시하는 의료기기: 품목류별 제조허가, 제조인증 또는 제조신고
2. 제1호 외의 의료기기: 품목별 제조허가, 제조인증 또는 제조신고

37 제9조(임상시험계획의 승인 등) ① 디지털의료기기로 임상시험을 하려는 자는 임상시험계획서를 작성하여 식품의약품안전처장의 승인을 받아야 한다. 임상시험계획서를 변경할 때에도 또한 같다.

② 제1항에도 불구하고 다음 각 호의 어느 하나에 해당하는 임상시험은 제1항에 따른 승인을 받지 아니할 수 있다.

1. 시판 중인 디지털의료기기의 허가·인증사항에 대한 임상적인 효과를 관찰하는 임상시험
2. 인체에 미치는 위해도가 낮은 임상시험으로서 총리령으로 정하는 임상시험

④ 디지털의료기기로 임상시험을 하려는 자는 「의료기기법」 제10조제3항에 따라 지정된 임상시험기관에서 임상시험을 실시하여야 한다.

38 제10조(임상적 성능시험계획의 승인 등) ① 디지털의료기기로 임상적 성능시험을 하려는 자는 임상적 성능시험 계획서를 작성하여 「체외진단의료기기법」 제8조제2항에 따라 임상적 성능시험기관에 설치된 임상적 성능시험 심사위원회의 승인을 받아야 하며, 임상적 성능시험 계획서를 변경할 때에도 또한 같다. 다만, 다음 각 호의 어느 하나에 해당하는 임상적 성능시험의 경우에는 식품의약품안전처장으로부터 임상적 성능시험 계획서의 승인 또는 변경승인

임상시험과 임상적 성능시험은 시험목적에서 제품의 전반적인 안전성과 유효성 평가와 제품의 구체적인 가능성과 성능평가로, 시험 범위에서 인체에 미치는 전반적인 영향과 치료 효과 평가와 특정 기능이 실제 임상 상황에서 얼마나 잘 수행되는지의 평가로, 시험장소는 임상시험기관과 임상적 성능시험기관으로 각각 구별된다.

특히 임상시험과 관련해서, 승인을 받지 아니할 수 있도록 규정한 '인체에 미치는 위해도가 낮은 임상시험으로서 총리령으로 정하는 임상시험'(법률 제9조 제2항 제2호) 중에서 위해도가 낮다는 것의 기준을 어떻게 정할 것인지가 객관적으로 명확하게 드러나도록 총리령에 규정할 필요가 있다.

(3) 실사용 평가

디지털 의료기기 제조업자 등은 디지털 의료기기를 실제로 사용하는 과정에서 수집 및 생성된 정보를 분석하여 디지털 의료기기의 안전성과 유효성(이하 "실사용 평가"라 한다)을 평가할 수 있다. 이러한 실사용 평가를 하려는 디지털 의료기기 제조업자 등은 평가에 필요한 자료 수집을 위해서 의료인 등에게 평가 대상 디지털 의료기기를 제공할 수 있다. 이에 따라서 디지털 의료기기 제조업자 등은 실사용 평가 자료를 제조허가 · 인증 · 신고, 변경허가 · 인증 · 신고, 수입허가 · 인증 · 신고 등에 활용할 수 있다.[39] 이것은 제품이 임상에서 사용되는 중에도 데이터는 축적되는 것이므로 계

을 받아야 한다.

1. 인체로부터 검체를 채취하는 방법의 위해도가 큰 경우
2. 이미 확립된 의학적 진단방법 또는 허가·인증받은 디지털의료기기로는 임상적 성능시험의 결과를 확인할 수 없는 경우
3. 디지털융합의약품의 부분을 구성하는 디지털의료기기로 임상적 성능시험을 하려는 경우. 다만, 이미 허가·인증받은 디지털의료기기와 사용목적, 작용원리 등이 동등하지 아니한 경우로 한정한다.

③ 디지털의료기기로 임상적 성능시험을 하려는 자는 「체외진단의료기기법」 제8조제1항에 따라 지정된 임상적 성능시험기관에서 임상적 성능시험을 실시하여야 한다.

39 제15조(실사용 평가) ① 디지털의료기기제조업자등은 디지털의료기기를 실제 사용하는 과정에서 수집·생성된 정보를 바탕으로 디지털의료기기의 안전성과 유효성을 평가(이하 "실사용 평가"라 한다)할 수 있다.

② 실사용 평가를 하려는 디지털의료기기제조업자등은 실사용 평가에 필요한 자료를 수집하기 위하여 「의료기기법」 제13조제3항에도 불구하고 총리령으로 정하는 범위에서 의료인이나 의료기관 개설자(법인의 대표나 이사, 그 밖에 이에 종사하는 자를 포함한다) 및 의료기관 종사자에게 평가 대상 디지털의료기기를 제공할 수 있다. 이 경우 디지털의료기기제조업자등은 평가 대상 디지털의료기기를 사용하는 의료인이나 의료기관 개설자 및 의료기관 종사자

속해서 안전성과 유효성 평가가 가능하다고 할 수 있다. 이를 통해서 디지털 의료기기는 다른 의약품 또는 의료기기와 달리 후속 조치에 따른 손실에 대한 평가도 할 수 있다.

라. 디지털 융합의약품

(1) 디지털 융합의약품 제조업 허가 등

디지털 융합의약품의 제조를 업으로 하려는 자는 대통령령으로 정하는 시설 기준에 따라서 필요한 시설을 갖추고 식품의약품안전처장의 제조업 허가를 받아야 한다. 디지털 융합의약품의 경우 제조하려는 품목마다 안전성과 유효성에 관한 자료, 제조 및 품질관리기준에 관한 자료 등을 제출하여 식약처장의 제조판매품목 허가를 받아야 하는 등의 관련 규정이 도입되었다.[40] 디지털 의료기기 또는 디지털 의료·건강지원기기와 의약품이 조합돼 의약품의 효능과 안전성을 높이는 디지털 융합의약품에

에게 해당 디지털의료기기를 사용한 기록의 열람 또는 그 사본의 제공을 요청할 수 있다.
③ 식품의약품안전처장은 디지털의료기기제조업자등이 제출한 실사용 평가 자료를 제8조제3항에 따른 제조허가·제조인증·제조신고, 제11조에 따른 변경허가·변경인증·변경신고, 제12조제2항에 따른 수입허가·수입인증·수입신고 등에 활용할 수 있다.

40 제29조(디지털융합의약품 제조업허가 등) ① 디지털융합의약품의 제조를 업으로 하려는 자는 대통령령으로 정하는 시설 기준에 따라 필요한 시설을 갖추고 식품의약품안전처장의 제조업허가를 받아야 한다. 이 경우 제조업허가를 받은 자(이하 "디지털융합의약품제조업자"라 한다)는 디지털융합의약품에 한정하여 「약사법」 제31조제1항에 따라 제조업허가를 받은 자로 본다.
② 디지털융합의약품제조업자가 그 제조(다른 디지털융합의약품제조업자에게 제조를 위탁하는 경우를 포함한다)한 디지털융합의약품을 판매하려는 경우에는 다음 각 호의 자료를 제출하여 품목별로 식품의약품안전처장의 제조판매품목허가(이하 "품목허가"라 한다)를 받아야 한다. 이 경우 품목허가를 받은 자는 「약사법」 제31조 제2항에 따라 품목허가를 받은 자로 본다.
1. 안전성과 유효성에 관한 자료
2. 제조 및 품질관리기준에 관한 자료
3. 디지털융합의약품의 부분을 구성하는 디지털의료기기에 대하여는 제8조 제5항에 따른 제조 및 품질관리체계 자료, 임상시험 자료 등 제조허가·제조인증을 받거나 제조신고에 필요한 자료. 다만, 해당 디지털의료기기가 제8조 제3항에 따라 제조허가 또는 제조인증을 받거나 제조신고를 한 경우에는 허가증, 인증서 또는 신고수리서로 갈음할 수 있다.
4. 디지털융합의약품의 부분을 구성하는 디지털의료·건강지원기기에 대하여는 제34조제2항에 따른 성능인증에 관한 자료
5. 그 밖에 허가 및 안전관리에 필요한 자료로서 총리령으로 정하는 자료

대한 임상·허가 등 통합 평가체계가 마련되었다는 점에서 의미가 있다.

(2) 디지털 융합의약품의 임상시험, 보호조치 등

디지털 융합의약품에 대한 임상시험에 관해서 약사법의 규정을 준용하고, 디지털 융합의약품의 부분을 구성하는 의약품에 대한 임상시험과 디지털 의료기기에 대한 임상시험, 임상적 성능시험을 구분하여 별도로 실시할 수도 있다(법률 제31조).

디지털 융합의약품의 부분을 구성하는 디지털 의료기기에 대하여 전자적 침해행위로부터의 보호 조치, 실사용 평가, 디지털 의료기기 소프트웨어 품질관리 기준 적합판정 및 적합판정 확인·조사를 적용한다(법률 제32조).

마. 디지털 의료·건강지원기기

(1) 디지털 의료·건강지원기기 제조·수입신고 등

디지털 의료·건강지원기기를 제조 또는 수입하여 판매하려는 자는 판매하려는 디지털 의료·건강지원기기에 대하여 식품의약품안전처장에게 신고할 수 있다.[41] 이 규정은 임의규정에 해당하므로, 해당 제조업자 또는 수입업자는 식품의약품안전처장에게 신고 등을 하지 않아도 제조·수입·판매가 가능하다. 디지털 의료·건강지원기기가 인체에 위해성을 줄 가능성이 비교적 낮다는 점을 고려한 조치로 판단된다.

한편, 디지털 의료·건강지원기기 판매업자 등이 식품의약품안전처장에게 제품에 대해 신고하는 경우 제품에 대한 성능인증을 받을 수 있도록 하는 규정을 도입하였다. 다만, 성능인증은 의무사항이 아니고 사업자의 선택에 따라 인증을 신청할 수 있으며, 성능인증을 받는 경우 사업자는 해당 디지털 의료·건강지원기기의 포장, 용기 및 홍보물 등에 성능인증 표지를 사용할 수 있다.[42] 그리고 식품의약품안전처장이

---

41 제33조(디지털의료·건강지원기기 제조·수입신고 등) ① 디지털의료·건강지원기기를 제조 또는 수입하여 판매하려는 자는 총리령으로 정하는 바에 따라 판매하려는 디지털의료·건강지원기기에 대하여 식품의약품안전처장에게 신고할 수 있다.

42 제34조(디지털의료·건강지원기기의 성능인증) ① 제33조제1항에 따라 신고한 디지털의료·건강지원기기를 제조 또는 수입하여 판매하려는 자는 식품의약품안전처장에게 성능인증을 신청하여 판매하려는 제품에 대한 성능인증을 받을 수 있다. 이 경우 성능인증 신청은 제33조제1항에 따른 신고와 동시에 할 수 있다.
② 식품의약품안전처장은 제1항에 따라 성능인증 신청을 받으면 제품의 성능을 검사하고, 식품의약품안전처장이 정하는 성능인증 기준에 적합하면 성능인증을 하여야 한다.
③ 식품의약품안전처장은 제2항에 따라 성능인증을 받은 제품의 포장·용기 및 홍보물 등에

제품의 유통관리계획을 수립 · 시행할 수 있다는 규정도 있다.[43]

바. 기타

그 외에도 이 법은 디지털 의료기기에 관련하여 전자적 침해행위로부터의 보호조치 등 보안지침 마련 및 준수의무(제14조), 우수 관리체계 인증제도(제16-제19조), 디지털 의료기기 소프트웨어 품질관리 기준 적합판정(제24조, 제25조), 독립형 디지털 의료기기 소프트웨어 판매에 관한 특례(제27조), 디지털 의료제품의 구성요소에 대한 성능평가(제40조), 전문인력의 양성(제43조), 환자 맞춤형 디지털 의료제품의 사용 지원(제46조) 등과 같은 관리체계를 마련하고 있다.

2. 디지털의료제품법의 법적 개선 방향

가. 법령의 미비와 법체계 정비

의료기기법은 의료기기의 사용목적과 사용 시 인체에 미치는 잠재적 위해성 등의 차이에 따라서 의료기기의 등급분류와 지정하도록 하고 있다.[44] 이에 따라서 의료기기의 등급을 1~4등급으로 분류하고 잠재적 위해성에 대한 판단기준을 규정하였다.[45]

식품의약품안전처장이 정하는 표지를 사용하게 할 수 있다.

43 제35조(디지털의료·건강지원기기의 유통관리) ① 식품의약품안전처장은 유통 중인 디지털의료·건강지원기기의 안전성과 품질, 성능을 확인하기 위하여 총리령으로 정하는 바에 따라 디지털의료·건강지원기기 유통관리 계획을 수립·시행할 수 있다.
② 식품의약품안전처장은 디지털의료·건강지원기기의 유통관리를 위하여 필요하다고 인정할 때에는 유통 중인 디지털의료·건강지원기기를 수집하여 검사할 수 있다.

44 의료기기법 제3조(등급분류와 지정) ① 식품의약품안전처장은 의료기기의 사용목적과 사용 시 인체에 미치는 잠재적 위해성(危害性) 등의 차이에 따라 체계적·합리적 안전관리를 할 수 있도록 의료기기의 등급을 분류하여 지정하여야 한다.
② 제1항에 따른 의료기기의 등급분류 및 지정에 관한 기준과 절차 등에 관하여 필요한 사항은 총리령으로 정한다.

45 의료기기법 시행규칙 제2조(등급분류 및 지정에 관한 기준 등) 「의료기기법」(이하 "법"이라 한다) 제3조 제2항에 따른 의료기기의 등급분류 및 지정에 관한 기준과 절차는 별표 1과 같다.
의료기기의 등급분류 및 지정에 관한 기준과 절차(제2조 관련) 1. 의료기기의 등급분류 기준
가. 식품의약품안전처장은 의료기기를 사용 목적과 사용 시 인체에 미치는 잠재적 위해성의 정도에 따라 의료기기위원회의 심의를 거쳐 다음 4개의 등급으로 분류한다. 이 경우 두 가지 이상의 등급에 해당되는 경우에는 가장 높은 위해도에 따른 등급으로 분류한다.
1) 1등급: 잠재적 위해성이 거의 없는 의료기기

이것과 비교해서, 디지털의료제품법도 식품의약품안전처장이 디지털 의료제품의 사용목적, 기능 및 사용 시 인체에 미치는 잠재적 위해성 등의 차이에 따라 디지털 의료제품을 분류하고 등급을 지정하도록 규정했다.[46] 그러나 아직 디지털 의료제품의 분류 및 등급지정에 필요한 사항들을 규정하고 있지 않아서 구체적인 기준을 마련하지 못하고 있다.

한편, 디지털 의료기기 관련 법령과 개별 가이드라인이 산재해 있어서 체계적으로 규율해야 할 필요가 있다. 예를 들어 '디지털의료제품법', '의료기기법', '의료기기 산업육성 및 혁신의료기기지원법'과 같은 법률 이외에도, '혁신의료기술 고시', '디지털치료기기 허가·심사 가이드라인', '디지털치료기기 임상시험 설계 가이드라인', '생성형 인공지능 의료기기 허가·심사 가이드라인', '혁신의료기기 가이드라인' 등 다양하다.

가이드라인이나 고시는 급변하는 기술의 발달을 비교적 쉽고 빠르게 반영할 수 있다는 장점이 있으나, 법령체계상 고시 또는 가이드라인은 적용상의 한계가 있고, 지금처럼 너무 세분화되면 새롭게 제정된 디지털의료제품법 등의 적용과 해석에 혼란을 가져올 수도 있다.[47] 앞으로도 새로운 디지털 의료기기의 개발과 이러한 기기들이 실제로 활용될 가능성을 더욱 확대될 것으로 예상된다. 이에 디지털의료제품법 등 관련 법률을 중심으로 해당 내용의 정의, 유형 등에 대해서 체계적으로 규정하고, 과거에 제정된 고시 또는 가이드라인에 산재된 중요한 내용을 법령에 반영하는 것이

---

2) 2등급: 잠재적 위해성이 낮은 의료기기
3) 3등급: 중증도의 잠재적 위해성을 가진 의료기기
4) 4등급: 고도의 위해성을 가진 의료기기
나. 가목의 잠재적 위해성에 대한 판단기준은 다음과 같다.
1) 인체와 접촉하고 있는 기간
2) 침습의 정도
3) 약품이나 에너지를 환자에게 전달하는지 여부
4) 환자에게 생물학적 영향을 미치는지 여부

46 디지털의료제품법 제3조(제품의 분류 및 등급 지정) ① 식품의약품안전처장은 디지털의료제품의 사용목적, 기능 및 사용 시 인체에 미치는 잠재적 위해성(危害性) 등의 차이에 따라 체계적·합리적 안전관리를 할 수 있도록 디지털의료제품을 분류하고 등급을 지정할 수 있으며, 필요한 경우에는 한시적으로 분류 및 등급을 지정할 수 있다.
② 제1항에 따른 디지털의료제품의 분류 및 등급 지정에 필요한 사항은 총리령으로 정한다.

47 유성희·이상욱, "디지털 치료기기 규제 현황 분석 및 규제정책 개선방향", 「과학기술법연구」 제30권 제2호, 한남대학교 과학기술법연구원, 2024, 147쪽.

바람직하다.[48]

나. 게임의 성격을 지닌 디지털 의료기기에 대한 규율

모든 디지털 의료기기가 게임물의 성격을 가진 것은 아니라 하더라도 게임물의 성격을 갖고 있는 디지털 의료기기도 존재한다. 예를 들어 기존 게임물에서 효과가 있는 것이 입증되어 PTSD(외상 후 스트레스장애)를 치료하기 위한 디지털 의료기기로 활용되거나, 기존의 게임물 형식을 활용하여 ADHD(주의력결핍 과다 행동장애) 등을 개선하는 효과가 있는 디지털 의료기기를 개발할 수도 있다. 그리고 VR(가상현실)·AR(증강현실) 기술 또는 상호작용을 하는 인터렉티브(interactive) 기술이 활용된 콘텐츠는 게임물로 분류될 가능성이 높은 상황에서 디지털 의료기기를 규율할 때 게임물에 관한 것도 함께 논의할 필요가 있다.

그러나 앞에서 언급한 '의료기기법', '디지털의료제품법' 이외에 '의료기기산업 육성 및 혁신의료기기 지원법' 등 디지털 의료기기와 관련된 법률을 살펴보더라도, 게임물 등과 관련된 규정은 없다. 따라서 이후에 게임의 성격을 갖는 디지털 의료기기가 개발된다면 해당 의료기기의 지위나 성격이 명확하지 않을 수 있다.[49] 물론 디지털 의료제품법은 디지털 의료기기에 관해 우선 적용한다고 규정되어 있으나,[50] 그것만으로 문제가 완전히 해결되는 것은 아니다.

---

48 이기호·김계현, "디지털 치료기기 관련 법제 동향과 시사점", 「의생명과학과 법」 제29권, 원광대학교 법학연구소, 2023, 134쪽.

49 유성희·이상욱, 앞의 논문, 160-161쪽; 유인근·홍선기, "디지털 의료기기의 등장에 따른 법적 문제와 법제 개선에 관한 연구", 「의생명과학과 법」 제31호, 원광대학교 법학연구소, 2024, 223-224쪽 - 예컨대, 게임물 성격이 있는 디지털 의료기기 제조를 위해서 디지털의료제품법 제8조의 디지털 의료기기 제조업 허가를 받고, 동시에 게임산업법 제25조의 게임제조업 등록을 하는 등의 이중적인 법의 적용이 이루어질 수 있다.

50 디지털의료제품법 제5조(다른 법률과의 관계) ① 디지털의료기기에 관하여 이 법에 규정된 것을 제외하고는 「의료기기법」과 「체외진단의료기기법」을 준용하고, 디지털융합의약품에 관하여 이 법에 규정된 것을 제외하고는 「약사법」과 「첨단재생의료 및 첨단바이오의약품 안전 및 지원에 관한 법률」을 준용한다.
② 디지털의료·건강지원기기에 관하여 다른 법률에 특별한 규정이 있는 경우를 제외하고는 이 법에서 정하는 바에 따른다.

다. 환자에게 발생한 손해에 대한 책임

디지털 의료기기는 의학적 장애 또는 질병을 예방, 관리, 치료하기 위해 환자에게 근거 기반의 치료적 개입을 다양한 형태로 제공하는데, 환자의 정보를 활용하여 맞춤형 치료를 할 수 있다는 점에서 부작용이 발생할 가능성이 작지만, 다른 한편으로 소프트웨어를 기반으로 작동하게 되면 오류 또는 오작동이 발생할 수 있다. 그런 점에서 환자의 상태를 잘못 판단하여 의료인에게 제대로 된 정보를 제공하지 못하거나 질병 발생 여부를 잘못 예측하여 환자에게 손해를 끼치게 되는 경우도 생길 수 있다.

이 경우에 의사가 피해 환자에 대한 책임을 부담하도록 하는 것은 바람직하지 않다고 생각된다. 과거에 정보의 재물성을 부정하는[51] 등 소프트웨어의 결함에 대한 제조물 책임을 인정하지 않았고, 인공지능을 활용하여 진단할 때 손해에 대한 책임을 의사가 부담해야 한다고 하기도 했다.[52] 물론 디지털 의료기기는 환자의 정보를 확인하고 진단, 처방, 관리하는 의사와 사용자인 환자뿐만 아니라, 디지털 의료기기의 제조업자도 안전한 디지털 의료기기를 만들어야 할 책임을 일정 부분 부담해야 한다. 디지털의료제품법은 식품의약품안전처장이 디지털 의료기기 소프트웨어의 결함이나 오류, 오작동 등으로 인하여 발생할 수 있는 사고를 예방하기 위하여 품질관리기준을 정하고 디지털 의료기기 제조업자 등이 미리 적합 판정을 받게 되어 있다.[53] 그

---

51 대법원 2002. 7. 12. 선고 2002도745 판결 참고.

52 이중기·이재현, "의료 AI에 대한 규제체제와 책임의 귀속: 진단 AI와 수술로봇을 중심으로", 「홍익법학」 제21권 제4호, 홍익대학교 법학연구소, 2020, 273-274쪽.

53 디지털의료제품법 제24조(디지털의료기기소프트웨어 품질관리기준 적합판정)

① 식품의약품안전처장은 전자적 침해행위가 없는 상태에서 디지털의료기기소프트웨어의 결함이나 오류, 오작동 등으로 인하여 발생할 수 있는 사고를 예방하기 위하여 디지털의료기기소프트웨어 품질관리기준(이하 "품질관리기준"이라 한다)을 정할 수 있다.

② 디지털의료기기제조업자등은 제조 또는 수입하여 판매하려는 디지털의료기기소프트웨어에 대하여 품질관리기준에 적합하다는 식품의약품안전처장의 판정(이하 "적합판정"이라 한다)을 받아야 한다.

③ 디지털의료기기제조업자등이 적합판정 받은 사항을 변경하려는 경우에는 변경적합판정을 받아야 한다. 다만, 총리령으로 정하는 경미한 사항을 변경하려는 경우에는 그러하지 아니하다.

④ 제2항 또는 제3항에 따라 적합판정 또는 변경적합판정을 받으려는 디지털의료기기제조업자등은 총리령으로 정하는 바에 따라 품질관리에 관한 자료를 제출하여야 한다.

⑤ 적합판정의 유효기간은 적합판정을 받은 날로부터 3년으로 한다.

리고 이 규정을 위반하여 적합 판정 또는 변경 적합판정을 받지 아니한 경우에는 1년 이내에 업무 정지를 명할 수 있도록만 규정하고 있다(같은 법 제50조 제1항 제13호). 따라서 이 규정은 사전 예방적 측면으로서, 사후적인 피해가 발생했을 때의 대책이 되지 못하고, 이에 대한 실질적인 보완책을 마련해야 할 것이다.[54]

라. 스마트기기의 보급과 정부의 지원

앞에서 언급한 것처럼, 국가는 국민이 지역적·경제적·연령적 차이가 있더라도 일정 수준 이상의 원활한 의료 서비스 혜택을 받을 수 있도록 노력해야 한다. 특히 국가는 저소득층 또는 고령층과 같이 소외될 가능성이 큰 국민에 대한 특별한 배려와 지원이 필요하다. 예를 들어 디지털 의료기기는 대체로 모바일 앱을 기반으로 하므로 스마트폰을 구입하거나, 구입한 스마트폰을 적절하게 활용하기 위해서 필요한 데이터 사용에 경제적인 부담을 갖게 된 경우, 또는 스마트폰을 익숙하게 활용하지 못하는 노년층은 디지털 의료기기로 처방을 받더라도 이를 제대로 활용하지 못하게 될 경우에, 이들에게 동등한 의료 혜택을 부여한다고 하기 어려울 수도 있다.

물론 '보건의료기본법', '국민건강증진법', '사회보장기본법' 등을 통해서 국가는 보건의료 취약 계층에 대하여 필요한 시책을 수립하고, 건강 증진을 위한 지원방안 등을 제공하고 있는데, 위와 같이 디지털 의료기기 활용이 어려운 대상에 대한 지원도 함께 이뤄져야 할 것이다.[55]

그리고 정부와 의료기관, 또는 정부와 디지털 의료기기 제조업자 간의 협조와 지원도 필요하다. 의료의 공공성 강화를 위해서 법적·제도적 개선 방안을 마련하기 위해서 우선 생명과 건강을 고려해야 하고, 디지털 의료기기를 활용하는 의료기관 또는 의사에 대해 신뢰해야 하며, 디지털 의료기기 제조업자도 환자의 안전을 위해 최선을 다해야 하고, 이에 대해 충분한 보상을 받을 수 있도록 해야 할 것이다.

---

54 유성희·이상욱, 앞의 논문, 164-165쪽.

55 예를 들어, 디지털 의료기기에 건강보험이 적용되더라도 환자의 본인 부담 비용이 큰 경우와, 디지털 의료기기 제조사가 처방받는 소프트웨어 등이 급여 대상이 아닌 것으로 결정되는 경우에 지원이 필요한 계층에게 어떤 지원을 할 것인지에 대한 고려도 해야 할 것이다. - 유성희·이상욱, 앞의 논문, 165-166쪽.

V 결론

오늘날 빠른 속도로 디지털 헬스케어의 혁신과 기술 발전이 이루어지고 있다. 앞으로 관련 시장의 규모가 폭발적으로 성장할 것으로 예상된다. 특히 코로나19 팬데믹 이후에 비대면 의료의 필요성에 대해서 공감대가 형성되면서 이에 대한 중요한 구성요소로서 디지털 헬스케어에 대한 일반 대중의 관심이 더 커지게 되었다. 그런 과정에서 전통적인 의사-환자 중심의 의료시스템에 대한 변화가 필요한 것으로 판단하였고, 디지털 헬스케어를 통한 해결 방안을 제시해 보려 했다.

특히 2024년 1월 제정된 디지털의료제품법의 헌법상 근거로 국민의 보건권과 안전권, 그리고 국가의 기본권 보호의무에 대해서 살펴보았다. 대한민국 국민이라면 누구나 헌법상 보장되는 보건권과 안전권을 누릴 수 있으므로, 자신의 생명과 건강 유지를 위해서 적절한 의료 서비스를 받을 권리를 가진다. 다른 한편으로, 국가는 국민이라면 누구나 일정 수준 이상의 원활한 의료 서비스 혜택을 받을 수 있도록 노력해야 한다. 이런 점에서 디지털의료제품법은 환자가 디지털 의료제품을 통해서 안전하게 생명과 건강을 유지할 새로운 방안을 마련할 수 있게 되었고, 디지털 의료제품에 대한 신뢰성과 행정의 효율성을 높이고 디지털 의료제품을 개발하는 기업이 예측할 수 있는 규제 환경에서 디지털 의료제품을 자유롭게 개발할 수 있는 제도적 환경을 마련하려 한다는 점에서 긍정적으로 평가를 할 수 있다.

그러나 현재의 법령체계로는 인공지능 등의 정보통신기술을 활용한 디지털 헬스케어의 빠른 발전과 대응에 한계가 있다. 게다가 디지털 헬스케어의 특성상 해킹이나 바이러스, 오류 등 정보 보안에 취약할 수 있어서 이에 대한 보완과 감독도 필요하다. 앞에서 지적한 것처럼, 기존의 법체계와의 균형 유지, 게임의 성격을 지닌 디지털 의료기기에 대한 규율, 손해가 발생한 환자에 대한 책임, 취약 계층에 대한 지원 등의 다양한 문제가 나타날 수 있고, 이런 문제를 해결하는 것이 앞으로 중요한 과제가 될 것이다.

4장

기본소득에 관한 헌법적 고찰
- 개념과 기능을 중심으로 -

I 서론

2024년 8월 2일 일명 '25만원 지원법'(민생회복지원금 지급 위한 특별조치법 제정안)이 거야인 민주당 주도로 국회를 통과하면서 '기본소득'의 현실화에 대한 관심이 높아졌다.[1] 최근에는 미국에서 기본소득에 대한 실험 결과가 발표되기도 했다.[57] 실

---

1 동월 13일 국무회의에서 국회 재의요구를 의결하여 실현될지는 미지수이다. 한덕수 총리는 모두발언에서 "그동안 정부가 수 차례 문제점을 설명했음에도 불구하고 야당이 막대한 국가재정이 소요되고 우리 경제에 상당한 부담을 지우는 법안들을 충분한 협의와 사회적 공감대도 없이 일방적으로 처리한 것에 대해 매우 유감스럽게 생각한다"라고 말했다. 구체적으로 지적한 문제점으로 우선 전 국민에게 1인당 25만 원에서 35만 원의 지원금을 지역사랑상품권으로 지급하는 내용의 '민생회복지원금 지급 특별법'과 관련해 삼권분립 원칙과 민생고 가중, 실현 불가능성 등을 문제삼았다.
삼권분립 원칙과 관련해서는 "이 법률안은 정부가 법안 공포 후 3개월 안에 지원금 지급을 위한 추가경정예산을 편성해야 하며, 지원금 지급대상과 액수, 지급시기까지도 세세하게 규정하고 있다. 재정상황과 지급효과 등을 고려해 예산을 편성하고 집행하는 것은 행정부의 고유 권한인데, 그런 재량을 박탈하고 입법부가 행정의 세부영역까지 일일이 강제하며 권한을 침해해 우리 헌법의 토대인 삼권분립의 원칙을 무너뜨릴 소지가 매우 크다."
민생고 가중과 관련해서는, "전 국민 대상 지원금 지급은 소비 촉진 효과는 불확실한 반면, 과도한 재정부담과 함께 민생경제에 부작용을 초래할 우려가 크다. 국가재정이 여의치 않은 상황에서 지원금 지급에 필요한 13조 원 이상의 재원을 조달하려면 대규모 국채를 발행할 수밖에 없는데 이를 강행할 경우 결국 막대한 나라 빚이 되어 재정건전성을 저해하고, 미래세대에게 큰 부담을 전가하게 된다. 아울러 지금의 경제 상황에서 대규모 국채 발행은 오히려 물가와 금리를 상승시켜 민생의 어려움을 더욱 가중시킬 수 있다."
실현 불가능성과 관련해서는, "이 법률안과 같이 전 국민을 대상으로 3개월 안에 지역사랑상

험 결과를 보면 관념적인 논쟁만 있던 것이 실증적으로 입증된 것도 있지만(예컨대 현금 지급시 탕진할 것이라는 우려에 대해 그렇지 않다는 것이 증명되었다), 확실히 증명되지 못한 부분도 있다. 특히 기본소득이 추구하는 바가 실현되었는지는 아직 확실히 입증되지 못한 채 불분명하다. 그런 점에서 기본소득에 관한 논의는 아직 필요하다.

품권이라는 단일 수단으로 지원금을 일괄 지급하는 것은 사실상 불가능하다. 집행력이 담보되지 않는 법은 국민들의 혼란과 불편만 초래할 뿐이다."

이 법안의 근본적 방향인 민생 안정과 관련한 정부 대책도 강조했다. 한 총리는 "정부는 '약자복지'를 국정운영의 핵심 기조로 삼고, 기준 중위소득 3년 연속 역대 최대폭 인상, 4인 가구 생계급여를 올해 255만 원 인상한 데 이어 내년에도 141만 원 추가 인상, 25조 원 규모의 소상공인·자영업자 대책 시행 등 사회적 약자 보호와 민생 안정을 위해 최선을 다하고 있다"라고 했다. 또 "민생의 어려움은 처하신 사정에 따라 다른 만큼, 정부는 국민의 혈세를 최대한 아껴가며, 어려운 분들에게 꼭 필요한 맞춤형 지원을 더욱 두텁게 할 수 있도록 힘써 나갈 것"이라고 말했다(정부, '25만원 지원법·노란봉투법안' 재의요구, 아이뉴스24, 2024.8.13.(https://v.daum.net/v/20240813142539499)).

이에 따라 윤석열 대통령은 2024.8.16. 재의요구권을 행사했다. 정혜전 대통령실 대변인은 "민생회복 지원금 지급 특별법은 13조 원의 재원을 마련하기 위해 대규모 국채를 발행해야 하고 예산 편성권이 행정부에 있다는 헌법 조항을 위반해 위헌적 소지가 크다는 의견이 다수"라며 "윤석열 정부는 무분별하게 현금을 살포하는 포퓰리즘적 복지, 지속 가능하지 않은 일회성 현금 지급이 아니라 사회적 약자에게 꼭 필요한 맞춤형 복지를 지속적으로 추진하겠다"고 했다(尹대통령, '25만원법' '노란봉투법' 재의요구안 재가, 조선 비즈, 2024.6.16.(https://biz.chosun.com/policy/politics/president_office/2024/08/16/S6QOJBWWGRD35FZXSV523NH53A/?utm_source=naver&utm_medium=original&utm_campaign=biz)).

2 비영리 연구기관인 오픈리서치는 미국 텍사스와 일리노이에 거주하는 21~40세의 미국인 3000명 중 1000명에게 매달 1000달러(약 138만 원)를 조건 없이 현금으로 지급했고(실험군), 나머지 2000명엔 매달 50달러(약 7만 원)를 나누어 주었다(대조군). 그렇게 3년(2020년 11월~2023년 10월) 동안 실험이 진행됐고, 그 결과가 이달부터 차례대로 발표된다. 실험군의 경우 식료품과 교통비에 쓰는 돈을 늘리고(월간 지출 총액이 평균 310달러 증가), 더 나은 지역으로 이사를 가는 경우가 많았다. 부모님이나 친구 같은 다른 사람에게 돈을 지원해 주는 비율이 크게 늘어났다. 근로시간의 경우 실험군이 대조군과 비교해 근로시간이 주당 약 1.3시간 줄었다(1년에 약 8일 적게 일하는 것이다). 덜 일하는 걸 택하면서 실험참가자들의 근로소득 역시 월 125달러 줄었으나 기본소득을 더하면 전체 소득은 늘었다. 일을 덜 하는 효과는 20대 청년층과 한부모 가정에서 특히 뚜렷했는데, 청년은 일 대신 대학 교육에, 한부모 가정은 일 대신 육아에 더 많은 시간을 보냈다. 그 외에 대체로 줄어든 근로시간을 여가(돌봄+휴식)에 썼다. 3년 동안 1000명에 월 1000달러를 주는 이 연구에 총 6000만 달러(약 829억 원)의 연구비가 들었다(월 138만원 기본소득을 줬다…미국에서 3년 실험해보니[딥다이브], 동아일보, 2024. 7. 31.(https://v.daum.net/v/20240731100015545)).

기본소득은 일차적으로 모든 개인에게 현금을 지급함으로써 생활에 필요한 재화와 서비스를 구입할 수 있도록 한다. 모든 개인이 자유를 실질적으로 행사하고, 인간다운 생활을 할 수 있도록 물질적 토대를 제공한다는 점에서는 기존의 여러 복지제도와 유사하다.[3] 그런데도 기본소득이 구상된 이유는 종래 사회보장제도의 전제였던 노동과 가족의 구조, 즉 완전고용하에서 남성이 정규직으로 노동하여 임금을 받고, 전업주부인 여성이 가정에서 무상노동을 한다는 구조가 붕괴되고 있어서 사회보장제도가 제대로 기능하지 못하고 있다는 점에 있다.[4] 특히 노동과 소득의 연결성을 차단한다는 기본소득의 특징[5]을 통해 현재 복지제도의 비효율성과 불완전성을 보완하는 수단으로 주장되었다. 여기에 급속히 진행되는 정보화, 하이테크에 의한 시장 경제 고용의 감소가 소득과 노동의 전통적인 관계를 파괴하여 왔다는 점,[6] 다시 말해, 자동화, 로봇, 인공지능(AI) 등으로 인해 발생하는 구조적인 일자리 감소에 대한 위기감이 작용하면서 기본소득 논의가 최근 들어 활발해지고 있다.[7] 인공지능의 발달과 함께 다가올 미래사회에 대한 불안 및 대응 필요성에 대한 인식의 차원에서 거론되고 있는 것이다. 이러한 맥락에서 기본소득은 복지와 관련한 패러다임의 전환 및 첨단과학기술의 발전과 그에 따른 사회적 변화 속에서도 공동체의 지속가능성을 확보하고 인간중심의 질서를 구축하기 위한 개혁의 표지로 이해될 수 있다.[8]

이처럼 기본소득 옹호론자들은 대개 기본소득을 현재 복지제도의 비효율성과 불완전성을 보완하는 수단이라는 점, 인공지능 등 첨단과학기술의 적용으로 실업자가 양산되며 이들을 구제하기 위한 대안이라는 점 두 가지 차원에서 주장하고 있는데,[9] 과연 그러한 주장이 타당한지 살펴보고자 한다. 이를 위해 먼저 기본소득의 개념을

---

3 홍석한, 사회통합의 관점에서 본 기본소득의 가능성과 한계, 헌법학연구 제27권 제1호, 한국헌법학회, 2021. 3., 431면.

4 박홍규, 기본소득 연구, 민주법학 제36호, 민주주의법학연구회, 2008. 3., 125면.

5 홍석한, 4차 산업혁명과 복지국가 실현을 위한 공법적 과제, 공법연구 제49집 제3호, 한국공법학회, 2021. 2., 42면.

6 박홍규, 앞의 글, 130-131면.

7 김은표, 기본소득 도입 논의 및 시사점, 이슈와논점 제1148호, 국회입법조사처, 2016. 4. 8.

8 홍석한, 기본소득에 대한 헌법적 고찰 - 사회국가원리의 관점을 중심으로, 성균관법학 제29권 제4호, 성균관대학교 법학연구원, 2017. 12., 178-179면.

9 김광수, 인공지능 발전에 대응한 국민의 안전과 생존권 확보 방안, 법과 기업 연구 제9권 제3호, 서강대학교 법학연구소, 2019. 12., 204면.

정확하게 분석하여 기본소득의 개념이 우리 헌법상 수용 가능한가에 관하여 검토하여 받아들일 수 있다는 것이 전제되어야 비로소 기본소득의 기능에 대하여 논의를 진행할 수 있을 것이다. 그러므로 기본소득의 개념에 관한 논의를 정리하고(Ⅱ), 기본소득의 특성에 관한 헌법적 쟁점들을 살펴봄으로써 우리 헌법상 기본소득이 수용가능한지 검토해야 한다(Ⅲ). 이러한 바탕 위에 기본소득의 기능, 즉 현재 복지제도를 대체할 수 있는지(Ⅳ)와 AI시대에 대안이 될 수 있는지(Ⅴ)에 대해 차례로 논하겠다.

Ⅱ 기본소득의 개념

1. 기본소득의 개념 정의에 관한 기존의 논의

기본소득의 개념 정의에는 조금씩 차이가 있다. 개별 국가의 구체적 상황이 기본소득의 개념을 이해하는 방식, 기본소득 보장을 통해 추구하는 바에 대한 서로 다른 견해들이 반영되어 있기 때문이다.[10] 몇 가지 개념 정의들을 소개하자면, "국가 또는 지방자치체(정치공동체)가 모든 구성원 개개인에게 아무 조건 없이 정기적으로 지급하는 소득",[11] "모든 사회 구성원에게, 유급고용에 참여하고자 하는 의지 여부와 관계없이, 가난하든 부유하든 따지지 않고(개인의 다른 수입원과는 독립적으로), 가정이라는 동거 형태와 무관하게 국가에 의해 주어지는 것",[12] "모든 시민이 빈곤선 이상의 생활수준을 유지할 수 있도록 충분히 많은 현금급여를 매달 지급하는 것"[13] 혹은 "모든 개인들에게 소득심사나 재산심사는 물론 노동의무나 요구 등의 조건 없이 월단위로 무조건 지급되는 소득",[14] "자산, 소득, 노동활동 여부에 관계없이 모든 국민에게 정기적으로 일정액의 소득을 지급하는 것",[15] "자산조사, 노동조건 부과 등의 조건 없이

---

10 이재희, 기본소득에 대한 헌법적 검토, 헌법재판연구원, 2018, 10면.

11 기본소득지구네트워크(https://basicincomekorea.org/all-about-bi_definition/).

12 Daniel Raventós(이한주 · 이재명 역), 기본소득이란 무엇인가, 책담, 2016, 28면.

13 Bruce Ackerman · Anne Alstott · Philippe van Parijs 외(너른복지연구모임 옮김), 분배의 재구성 : 기본소득과 사회적 지분 급여, 나눔의 집, 2010, 8면.

14 Bruce Ackerman · Anne Alstott · Philippe van Parijs 외(너른복지연구모임 옮김), 위의 책, 11면.

15 김은표, 앞의 글.

개인을 단위로 하여 공동체의 모든 구성원에게 보편적으로 보장되는 소득이며, 공동체 구성원 자격으로부터 비롯되는 기본적인 소득을 보장받을 권리에 근거한 것이고, 원칙적으로 사회 내에서 독립적인 삶을 유지하기에 충분한 금액을 정기적으로 현금으로 보장받는 것이며 지속적으로 보장받는 것"[16] 등이 있다.

기본소득의 의미를 파악하기 위해 여러 개념 정의들로부터 기본소득의 개념을 구성하는 필수요소를 추출할 필요가 있는데, 이 역시 통일되어 있지는 않다. 보편성, 무조건성, 개별성, 현금지원, 충분성을 필수요소로 보는 견해,[17] 보편성, 무조건성, 개별성, 현금지원, 정기성을 필수요소로 보는 견해,[18] 보편성, 무조건성, 개별성, 현금성, 충분성, 정기성을 필수요소로 보는 견해[19]등이 있다. 각 요소들의 내용을 조금 더 자세히 설명하면 다음과 같다.

우선 공통적으로 제시된 요소들부터 보자면, 보편성, 무조건성, 개별성, 현금성이 있다. ① 보편성은 한 사회에 속한 구성원이라면 누구나 기본소득을 수령할 권리를 갖는다는 것인데, 자산심사를 하지 않고 지급한다는 것이다. 이는 기본소득을 사회구성원이라면 모두 사회적 부를 창출하는 데 기여했다고 보고, 공동체의 공동의 자산에 대하여 그 구성원들이 당연히 갖는 기본적으로 동등한 지분으로부터 비롯된 권리라고 보기 때문이다.[20] ② 무조건성은 노동이나 노동 의사를 요구하지 않는다는 것이다. 즉, 앞서 서술한 노동과 소득의 연결성 차단을 의미한다. ③ 개별성 또는 개인성은 기본소득의 수급단위는 개인이라는 것인데, 이는 공동체의 구성원 자격으로 개인이 보장받는 권리라는 본질에 부합하는 것이다. 가구별 기준액은 가구 구성원 수에 정비례하는 것이 아니라 공동주거사정 등을 감안하여 일정비율만큼 차감하여 증가하는데 비해 기본소득은 가구원수에 비례하여 일정하게 증가하게 된다는 점에서 차이가 있다.[21] ④ 현금성은 기본소득으로 지급하는 것은 현금이어야 한다는 의미이

---

16 이재희, 앞의 책, 18면.

17 최한수, 각국의 기본소득 실험이 한국에 주는 정책적 시사점, 한국조세재정연구원, 2017. 12., 14-15면.

18 강남훈, 권리로서의 기본소득: 쟁점과 이해, 기본소득의 도입가능성 및 한계에 대한 쟁점토론, 화우공익재단 제3회 공익세미나, 2017, 9면; 홍석한, 주8의 글, 181면.

19 김병록, 기본소득은 사회보장의 대안인가?, 국가법연구 제19권 제3호, 한국국가법학회, 2023. 8., 69면.

20 이재희, 앞의 책, 24면.

21 최한수, 앞의 글, 17면.

다. 기본소득에서 소득은 제한적으로 사용할 수 있는 특수통화 또는 상품권과 같은 것이 아니며, 투자나 저축을 할 수 없고 소비만 할 수 있도록 제한되는 형태가 아니고, 소비의 용처·기간·사용방식 등에 있어서 어떠한 제한이 없이 지급되는 현금이어야 한다는 것이다.[22] 이에 대해서는 현물로 제공되는 서비스 중에서도 보편성, 개별성, 무조건성의 특징을 가진 것이 있으므로 현물도 기본소득의 범주에 속한다고 보는 것이 바람직하다는 주장도 있다.[23] '모든'과 '자산 심사나 조건없이 지급'이라는 두 요건을 갖추면 기본소득에 해당하므로 방식에 있어서 현금과 현물 모두 가능하다는 주장[24]도 유사한 견해로 보인다.

다음으로는 공통적이지는 않지만 필수요소로 언급되는 내용들인 충분성과 정기성에 대해 살펴보겠다. ⑤ 충분성은 지급 수준이 최저생계비가 아닌 인간다운 삶 혹은 실질적 자유를 누릴 수 있는 수준이어야 한다는 의미이다.[25] 이에 대해서는 각국의 기본소득네트워크마다 입장 차이가 있으므로 기초생활 보장이 안 되는 낮은 수준의 소득도 기본소득의 정의에 포함될 수 있다(부분기본소득(partial basic income))는 주장이 있다. 이에 따르면, 모두에게 동일한 금액이어야 한다는 조건은 없으므로 자산심사가 없고, 개인적으로 지급되고, 대가로 무엇인가를 요구하지 않는다면 연령별로 금액이 달라진다고 해도 기본소득에 포함된다. 또한 모든 사람에게 지급되는 기본소득은 대부분의 나라에서 한꺼번에 도입되기 힘들다는 점에서 모든 연령대의 사람이 아니라 일정한 연령대의 사람들부터 단계적으로 지급되는 경우가 현실적일 수 있다고 보아 완전한 기본소득이나 부분적 기본소득의 도입에 이르기 위한 전환기적 조치로 지급되는 전환기 기본소득(Transitional Basic Income)도 인정한다. 이렇게 볼 경우 일정한 연령대에 한정해서 지급되는 소득도 그 연령대 내에서 보편성, 무조건성, 개별성 세 가지 조건이 충족된다면 기본소득에 포함시키는 것이 타당할 것이고, 보편적인 아동수당, 보편적인 노인기초연금은 상당히 많은 나라에서 기본소득의 범주에 속한다고 할 수 있다고 본다.[26] ⑥ 정기성은 일시급이 아닌 정기적으로 지급

---

22 Philippe van Parijs, Basic Income: A Simple and Powerful Idea for Twenty-first Century, Politics & Society Vol. 32. No. 1 (2004), pp. 8-9(이재희, 앞의 책, 11면에서 재인용).

23 강남훈, 앞의 글, 10면.

24 노호창, 기본소득에 관한 개관과 입법 사례의 검토, 노동법연구 제36호, 서울대학교 노동법연구회, 2014. 3., 407면.

25 최한수, 앞의 글, 14-15면.

26 강남훈, 앞의 글, 9면.

해야 한다는 의미이다. 기본소득은 정기적으로 제공되는 구매력이 있어야 하기 때문이다. ⑦ 이외에 일정한 소득을 보장함으로써 경제적 불평등의 문제를 해결하려는 기본소득의 목적에 비추어 볼 때 정기성뿐만 아니라 지속성도 기본소득의 필수적 요소로 포함될 필요가 있다는 견해도 있다.[27]

2. 구별개념

(1) 사회주의

자원의 공유라는 관점에서는 기본소득과 사회주의 양자가 유사하다고도 볼 수 있다. 그러나 사유재산제를 부정하는 사회주의와는 달리 기존의 사유재산권을 인정하고 대신에 그 대가로 기본소득을 지급하기 위한 재정지원의무를 부과한다는 점에서 구별된다.[28]

(2) 사회보장

기본소득은 조건을 고려하지 않고 보장하는 것이기 때문에 사회적 위험이 실현된 요부조자에 대해 급부를 지급하여 최소한의 생계를 유지할 수 있도록 하겠다는 사회국가의 사회보장 목적과 구별된다. 이에 따라 보장 수준과 지급 근거에도 차이가 있다. 최저생계수준 보장을 기본 목표로 하고 재정 사정이 가능한 한 보장수준을 높일 수 있다는 사회국가의 보장 목표 수준과 비교하여, 기본소득은 공동체구성원권(membership)에서 기인한 것으로서 구성원으로서 받아야 할 정당한 몫에 해당하는 수준의 보장이 추구되는 것이므로 보장 목표 수준도 다르다. 또한 기본소득은 단순히 요부조자를 구제하는 것에 그치지 않고, 공유재의 관념에 기초하여 공동체 구성원으로서 요구할 수 있는 자기 몫에 대한 권리를 돌려주는 것으로 주장되었던 것이라는 점에서 사회적 위험 실현에 의한 생활에서의 어려움을 개선하는 것과 동시에 분배에서의 정의를 함께 추구한다는 평가[29]가 있다.

---

27 이준일, 기본소득과 헌법 : 기본소득의 핵심적 특성에 따른 헌법적 쟁점을 중심으로, 법과사회 70호, 법과사회이론학회, 2022. 6., 194면.

28 이재희, 앞의 책, 9면.

29 이재희, 앞의 책, 8-9면.

(3) 워크페어(Workfare)

노동력의 질을 높이고 노동력의 이동을 지원하며, 복지급부를 노동에 연동시키면서 노동의 인센티브를 높이기 위해 취로(work)와 복지(welfare)를 결합하는 정책으로서 등장한 워크페어(Workfare)와 기본소득은 "완전고용" 정책이 파탄하는 가운데 고용의 유연화에 대응한다는 공통성을 갖는다. 그러나 복지와 노동을 결합시킬 것인가 단절시킬 것인가라는 점에서 워크페어와 기본소득은 다르다.[30]

3. 기본소득의 목적을 고려한 개념 요소 검토

공통적인 요소로 꼽히는 보편성, 무조건성, 개별성, 현금성 외에 충분성, 정기성, 지속성도 기본소득의 필수요소에 포함할 것인지에 대해 검토할 필요가 있다.

기본소득이라는 표현은 여러 함의를 갖는다. 기본소득은 보장되는 소득의 전부가 아니라 기본적 수당이 되는 것이고 그 외에 다른 소득이 추가될 수 있다는 의미가 있고, 인간의 기본적 욕구를 충족시키는 소득원이라는 의미도 있으며, 인간의 기본적 권리로부터 유래한다고 설명되기도 한다.[31] 기본이란 그 보장금액이 어디까지나 기본 내지 기초이고, 그 위에 임금노동 등의 다른 방법을 통해 돈을 버는 것을 방해하지 않는다는 의미이기도 하다.[32] 그런데 여기서 다른 방법을 통해 돈을 버는 것을 방해하지 않는다는 의미를 조금 더 명확히 할 필요가 있다. 기본소득으로도 충분한데 보너스처럼 추가로 더 돈을 번다는 의미로 이해하여야지 기본소득이 충분하지 않아서 돈을 더 벌어야만 하는 것을 포함해서는 안 된다. 이것은 기본소득의 목적과 연결해 보면 명확하다. 기본소득을 통해 추구하는 목적은 단순히 구빈, 최저생계 보장, 최소한의 인간다운 생활을 할 권리 보장에 그치는 것이 아니라, 공동체 구성원에게 구성원으로서 갖는 지분에 부합하는 정당한 몫을 그의 권리에 기초하여서 돌려주고, 분배정의를 실현하며, 자유를 실질적으로 실현하기 위한 수단을 확보해 주고, 구성원의 사회참여를 고양하고자 한다는 것이다. 이러한 기본소득 보장의 목적을 고려할 때 사회 내에서 독립적인 삶을 영위하면서 자유를 실현할 수 있는 정도의 액수가

30 박홍규, 앞의 글, 141-142면.

31 도루 야마모리, 하나인 다중(UNA SOLA MOLTITUDINE): 기본소득을 위한 투쟁 그리고 이탈리아, 영국 및 일본에서 도출된 공통 논리, 도시인문학연구 제3권 1호, 서울시립대학교 도시인문학연구소, 2011. 4., 122면.

32 박홍규, 앞의 글, 143면.

소위 충분한 액수로서 보장되어야 하며, 구체적으로 기본적 의식주가 보장되는 것 외에 교육을 받거나 가족관계를 형성하거나 직업을 선택하기 위한 여건이 보장되고, 정치활동에 참여하는 것이 가능한 수준으로 보장되어야 한다.[33]

이러한 기본소득의 목적을 고려할 때, 만약 기본소득의 충분성을 필수요소로 보지 않는다면 일반적인 보편적 복지와 다를 바 없어 굳이 기본소득이라는 별도의 개념을 사용할 필요가 없다. 여기서 보편적 복지란 "원칙적으로 전체 국민을 대상으로 하는 복지" 또는 "급여나 서비스를 국민의 일부에 국한하더라도 그 국한하는 기준이 경제적 필요검사, 즉 자산조사에 의한 것이 아닌 복지"를 의미한다. 앞서 언급된 보편적인 아동수당, 보편적인 노인기초연금이 대표적인 예이다.[34] 따라서 충분성은 기본소득의 필수요소로 보아야 하고, 충분성을 충족시키지 못하는 부분기본소득은 기본소득의 개념에서 제외하고, 생활에 필요한 기본수요를 충족하는 금액을 무조건 지급하는 완전한 기본소득(Full Basic Income)을 기본소득의 개념으로 보아야 한다.

기본금을 일시금으로 받더라도 이를 투자하여 수급자가 사망할 때까지 배당이나 이자 등 일정한 소득을 창출할 수도 있는데, 이는 정기적인 기본소득에 상당하는 소득이 될 수도 있으므로 정기성에 큰 의미를 부여할 것은 아니라는 견해도 있다.[35] 그러나 화폐가치 변화 등으로 인해 정기적으로 수령하는 금액과 차이가 있을 수 있고, 투자에 실패할 경우 기본소득 전액을 상실하게 되어 기본소득을 보장하는 취지에 반한다는 문제가 있을 수 있다는 지적이 있다.[36] 기본소득의 취지를 고려하면 정기성도 기본소득의 개념의 필수요소로 보는 것이 타당하다.

기본소득의 취지 중 하나가 기본소득을 통해 기본생활을 유지하게 하여 생활고

---

33 이재희, 앞의 책, 16-17면. 이에 대해 이재희는 "다만 기본소득은 기본적수당이 되는 것이고 그 외 다른 소득이 추가될 수 있고, 기본소득과 별개로 종래의 조건부 사회보장급여제도가 여전히 유지되고 있는 것이라면, 최종적으로 이러한 점을 고려하여서 기본소득의 충분한 액수를 산정할 수 있을 것"이라는 서술을 덧붙였는데, 이는 앞의 서술과 모순된다고 볼 수 있다. 기본소득만으로도 충분한데 별개로 최저생계를 목적으로 하는 종래의 조건부 사회보장급여제도를 병존시킬 이유가 없기 때문이다.

34 Rothstein, Bo, 1998, Just Institutions Matter: The Moral and Political Logic of the Universal Welfare State, Cambridge University Press(유근춘 · 서문희 · 임완섭, 보편적 복지와 선별적 복지의 조화적 발전방안에 관한 연구, 한국보건사회연구원, 2011, 19-22면에서 재인용).

35 Bruce Ackerman · Anne Alstott · Philippe van Parijs 외(너른복지연구모임 옮김), 앞의 책, 24면.

36 이재희, 앞의 책, 17면.

에 시달리지 않게 하는 것이라는 점에서 기본소득은 생활에 필요한 기본지출을 감당하는 기능을 수행해야 한다. 따라서 기본소득은 일정부분 소비를 유지 또는 촉진하는 효과도 기대할 수 있다. 그런데 만약 기본소득이 지속적이지 않을 것이라는 생각을 한다면 수령한 기본소득을 소비하지 않고 최대한 비축하려고 할 것이고 이는 생활에 필요한 소비를 기본소득으로 해결해 준다는 기본소득의 취지와도 맞지 않게 된다. 따라서 지속성도 기본소득 개념의 필수요소에 포함해야 할 것이다.

III 기본소득의 특성과 헌법상 수용가능성

1. 기본소득의 보편성

(1) 공화주의 이념 또는 민주주의 원리

기본소득의 보편성, 즉 모든 공동체 구성원에게 기본소득을 수령할 권리를 인정하는 사상적 배경을 공화주의에서 찾을 경우 기본소득은 다음과 같은 이유에서 헌법 제1조 제1항의 민주공화국원리에 반하지는 않는다고 볼 수 있다.[37] 공화국은 공동선과 공공복리(공익) 등 공적 가치를 중시하는 시민공동체로서 공화적 공존이 중요한 가치가 된다. 공화적 공존이 가능하기 위해서는 공화적 자유와 평등이 보장되어야 한다. 공화적 자유는 보다 구체적으로 자의적 지배의 부재를 의미한다.[38] 오늘날 자본 권력에 대한 사회적 저항력의 물질적 토대를 형성하는 것이 그 무엇보다 절실히 요구되고 이에 부응하는 것이 기본소득이라고 볼 수 있다. 이를 통해 공동체의 구성원들이 자본 권력에 대한 굴종에서 벗어나 독립적 시민으로 살아감으로써 공동체가 공익이 실현되는 '공공의 것'으로서 공화국이 될 수 있다.[39] 공화적 평등은 누구에게도 사회·경제적 이유로 종속되지 않고 독립적 존재로 살아갈 수 있는 조건으로서 평등을 의미한다.[40] 기본소득은 공동의 자산에 대한 균등한 자격을 인정하는 가운데 공동체 전체의 구성원들이 공적 의사결정에 자유롭고 평등하게 참여할 수 있는 실질적

37 이춘희, 기본소득에 대한 헌법적 검토, 성균관법학 제29권 제3호, 성균관대학교 법학연구소, 2017. 9., 260면.

38 김병록, 앞의 글, 67면.

39 김병록, 앞의 글, 68면.

40 이춘희, 앞의 글, 252면.

조건이 될 수 있다. 이러한 측면에서 본다면 기본소득은 공화주의 이념 또는 민주주의 원리로부터도 그 헌법적 정당성을 도출할 수 있다.[41]

(2) 평등권

기본소득은 공동체 구성원이라면 누구나 사회적 부를 창출하는 데 기여한 것으로 인정하고 그렇게 창출된 사회적 부가 동등하게 배분되도록 하는 데 초점이 있다. 국가공동체 내부에서 구성원인 모든 개인이 획득하는 부와 성과는 공동체와 무관하게 완전한 자기책임 및 그 결과로 귀결될 수 없다는 점, 그러한 부와 성과는 국가에 의해 구축된 체계와 조건에서만 가능한 것이며, 개인적 행위의 의미와 효과도 공동체의 다른 구성원과 직·간접적인 상호연관성을 통해 비로소 확정된다는 점을 강조한다. 공동체 구성원이라면 누구나 국가 또는 다른 사회구성원들과 상호작용하는 가운데 사회 전체의 부를 창출하는 데 기여하는 것으로 인정할 수 있다는 것이다. 이처럼 모든 개인은 공동체 구성원이라는 지위 자체만으로도 동등한 몫의 분배를 받을 자격 내지 지분권을 갖는다는 점을 기본소득의 근거로 이해하는 경우에는 모든 구성원 개인에게 일정한 금액을 지급하는 기본소득이 평등권에 반한다고 보기는 어려울 것이다.[42]

2. 기본소득의 무조건성

(1) 근로의 권리 및 인간의 존엄성

근로의 권리란 인간이 생활에 필요한 기본적 수요를 충족시키기 위한 육체적·정신적 활동을 할 수 있는 권리로서,[43] '근로의 권리'는 '일'을 통한 개성신장의 기본적인 조건을 뜻하기 때문에 우리 헌법이 바탕으로 하고 있는 '자주적인 인간'의 불가피한 생활수단으로서의 의의를 갖는다.[44] 그러므로 근로의 권리의 보장은 생활의 기본적인 수요를 충족시킬 수 있는 생활수단을 확보해 주며, 나아가 인격의 자유로운 발

---

41 홍석한, 주6의 글, 433면.

42 홍석한, 주7의 글, 46면.

43 성낙인, 헌법학, 법문사, 2023, 1547면.

44 허영, 한국헌법론, 박영사, 2023, 585면.

현과 인간의 존엄성을 보장해 주는 의의를 지닌다.[45]

근로의 권리는 개인이 일반적으로 고용에 의한 노동을 수행하여 그 대가로 임금을 지급받고 이를 기초로 경제생활을 하는 산업화에 대한 헌법적 대응이다. 소득활동기간에는 노동의 대가로 취득하는 임금을, 그리고 노령 · 장애 · 실업 등으로 인하여 소득활동을 할 수 없는 상황에서는 공적인 사회보장급여를 경제생활의 기초로 삼는 생활유형이 일반화되었다. 즉, 산업화 이후 오랫동안 고용은 소득을 보장하는 계기였고, 이는 동시에 사회보장의 기반이 되었다. 즉 고용보장과 소득보장, 복지보장이 선순환구조를 이루었다. 그렇기 때문에 만약 근로의 기회를 갖지 못하여 소득이 없는 경우 개인은 현재의 생활을 유지하지 못할 뿐 아니라 소득을 재원으로 하여 운영되는 사회보험에 보험료를 납부할 수 없고, 그 결과 급부청구권을 갖지 못하게 된다. 이에 장래의 생활에 대비할 수 없는 2차적인 위험이 발생한다. 그런데 노동시장의 유연성이 강화되면서 비정규노동이 보편화되었고, 그 결과 고용과 소득, 복지가 모두 불안정한 상황이 나타났다. 또한 고용기회의 상실은 단순히 물질적인 생활에 파급효과를 갖는 데 그치지 않는다. 노동은 인격실현의 매체이기 때문에 고용의 상실은 인격실현의 기회가 박탈되는 심각한 파급효과를 갖는다. 그러므로 실업상태에서는 심리적으로 사회에 참여하는 동기가 저해되고, 그 결과 사회적 소외를 겪는 문제가 발생한다.[46]

그렇기 때문에 근로의 권리는 근로능력을 가진 자가 일을 하려고 하여도 일할 기회를 가질 수 없을 경우에 일할 기회가 제공되도록 국가의 적극적인 개입과 뒷받침이 요구되는 권리이다.[47] 다시 말해 근로의 권리는 사회적 기본권으로서 고용증진을 위한 사회적 · 경제적 정책을 요구할 수 있는 권리이다.[48] 고용증진을 위한 사회적 · 경제적 정책을 요구한다는 것은 상대적 완전고용을 실현하기 위하여 그에 필요한 경제적 · 사회적 조건을 형성해야 할 국가의 의무를 뜻한다.[49] '사회적 · 경제적 방법'이란 고용증진을 위한 공공기관의 고용확대, 미취업자 등에 대한 직업능력 개발훈련, 중소기업에 대한 고용지원, 정부의 행정지원체계 확보, 고용촉진이 될 수 있는

---

45 헌재 2002. 11. 28. 2001헌바50.

46 전광석, 한국헌법론, 집현재, 2023, 456-457면.

47 성낙인, 앞의 책, 1547면.

48 헌재 2002. 11. 28. 2001헌바50.

49 한수웅, 헌법학, 법문사, 2023, 1027-1028면.

사회적 · 경제적 환경 · 여건을 조성하는 등의 방법을 말한다.[50]

이러한 근로의 권리의 의미를 고려하면, 노동과 소득의 연결성을 차단한다는 기본소득에 대해 몇 가지 점에서 문제를 제기할 수 있다. 첫째, 인격실현 기회의 배제 및 사회적 고립 촉발이다. 근로는 단순히 소득을 얻어 생활을 가능하도록 하는 경제적 수단에 그치는 것이 아니라 인격의 발현 및 공동체 구성원으로서 사회적인 삶을 가능하게 한다는 헌법적 의의를 갖고 있는 바, 기본소득은 후자의 측면을 경시하는 것이다. 둘째, 국가의 고용증진 의무와의 상충된다. 국가는 근로자의 고용증진을 위해 노력해야 하는데, 기본소득은 무조건적인 소득 제공을 통해 개인의 근로의욕을 저하시키고 국가의 고용증진 의지를 방해하는 것이어서 이러한 국가의 의무와 상충한다. 셋째, 적정임금 및 합리적인 근로조건 보장에 대해 악영향을 준다. 기본소득이 일종의 콤비임금(Komilohn)으로 기능하여 임금삭감을 조장하게 된다. 콤비임금은 임금보조 정책의 하나로서 국가가 보조금을 지급함으로써 실업자들이 낮은 임금을 제공하는 직장에서도 일을 할 수 있도록 유인하는 효과를 거둘 수 있다. 이로 인해 저임금 일자리를 양산하고 근로자들이 질 낮은 근로조건을 수용하도록 유인하는 원인이 된다.[51]

이에 대해 기본소득을 옹호하는 측에서는 다음과 같이 반론한다. 첫째, 근로를 통한 인격의 실현과 기본소득과 관련해서는, ① 기본소득에 의해 임금소득이 보충되면서 저임금이지만 자신의 관심과 적성에 부합하는 일자리를 선택할 수 있는 여지가 커진다. 따라서 기본소득에 의해 일자리를 확대하고 개인의 일자리 선택의 폭이 넓어질 가능성을 기대할 수 있으므로 근로를 통한 인격실현의 기회가 축소되는 것은 아니다. ② 생계가 보장되지 않는 인격실현을 생각하기 어렵다는 점에서 기본소득은 근로가 진정한 인격실현의 수단이 되기 위한 필요조건이기도 하다. 근로는 기본소득이 전제되는 경우라야 비로소 참된 인격실현의 수단이 될 가능성이 높아진다고 할 수 있다. 오히려 생계의 안정이 없는 행복은 생각할 수 없으며, 일반적 행동의 자유나 개성의 자유로운 발현도 최소한의 복지를 전제로 가능하다는 측면에서 기본소득은 인간의 존엄과 가치 및 행복추구권을 규정한 헌법 제10조를 헌법적 근거로 삼

---

50 정재황, 헌법학, 박영사, 2021, 1382면.

51 홍석한, 헌법상 근로의 권리와 기본소득의 관계에 관한 고찰, 경희법학 제54권 제4호, 경희법학연구소, 2019. 12., 237-241면.

을 수 있다거나,[52] 헌법재판소는 사회보장의 수준을 결정함에 있어서 "최소한의 기본적 사회보장을 하지 않아 인간으로서의 인격이나 본질적 가치를 훼손할 정도"에 이르면 헌법 제10조를 침해하는 것으로 보고 있으므로,[53] 모든 사람에게 자신의 인격을 펼칠 수 있는 기본적인 토대를 확보하기 위한 목적하에 설계된 기본소득 제도는 이러한 헌법적 가치에 어렵지 않게 수용될 수 있을 것이라고 주장한다.[54] ③ 인격실현은 반드시 공식경제의 임금노동에 의해서만 달성되는 것은 아니다. 기본소득이 주어짐으로써 대가가 주어지지 않는 가사와 돌봄, 학문과 예술, 봉사, 정치 등에 대해 개인이 보다 관심을 갖고 참여할 수 있을 것으로 기대된다. 둘째, 국가의 고용증진의무와 관련해서는, ① 생활수준을 향상시키기 위해 근로를 계속함으로써 총소득을 최대화하고자 하는 동기가 사라진다고 단정할 수 없다. ② 일자리를 나눔으로써 고용증진에 기여할 개연성이 있다. 즉, 근로시간 단축만 할 경우 임금 축소가 초래될 수 있는데 이를 기본소득으로 완화시킨다는 것이다. ③ 급여나 서비스를 자산조사에 의해 국민의 일부에 국한하는 선별적 복지가 수급자가 보조금에 의존하여 계속해서 일자리를 찾지 않는 '실업함정' 내지 '복지함정'을 초래하여 근로유인을 감소시킬 수 있는데 비해 기본소득은 아무런 조건이 없기 때문에 이런 문제가 발생하지 않는다. 여기서 '실업함정' 내지 '복지함정'이란 "소득에 대한 평가를 통해 복지급여를 지급하기 때문에 근로를 통한 소득증대가 복지급여의 철회나 삭감을 초래할 수 있고, 이에 수급자가 근로소득보다는 복지급여를 선택하는 것"을 의미한다. 도덕적 해이와 근로유인 체계의 왜곡을 유발할 수 있는 것이다.[55] 셋째, 적정임금 및 합리적인 근로조건의 보장과 관련해서는, ① 근로자의 협상력을 강화할 수 있다. 기본소득이 보장된 근로자는 저임금의 열악한 일자리를 선택할 이유가 없으므로 근로조건의 향상과 관련한 사용자의 경쟁이 촉발되어 장기적으로 적정임금과 근로조건의 개선을 유도할 수

---

52 홍석한, 주3의 글, 431면.

53 헌재 2012. 2. 23. 2009헌바47.

54 김주영, 기본소득제도의 실행가능성에 관한 소고, 세계헌법연구 제24권 제2호, 세계헌법학회 한국학회, 2018. 8., 52면. 다만 현재 사회보험, 공공부조, 사회서비스라고 하는 사회보장체계가 마련되어 있고 이를 통해서 최저생계의 유지가 제도적으로는 보장되어 있는 상황에서 왜 여기에 더하여 기본소득을 도입해야 하는가라는 당위성을 인간의 존엄과 가치에서 직접 도출하기는 쉽지 않아 보인다는 견해도 있다(노호창, 기본소득의 헌법적 근거에 관한 모색적 연구, 헌법논총 제28집, 헌법재판소, 2017, 165-166면).

55 홍석한, 주3의 글, 440면.

있다. 기본소득이 충분한 수준이라면 생계에 대한 부담이 없어 임금노동의 강제적인 면을 완화할 수 있다. 이를 통해 개인의 선호에 따라 근로를 선택할 수 있으므로 인격 발현에 도움이 되고, 재교육에 참여할 수 있는 시간·비용·에너지를 확보하여 자신의 생산력을 높일 수 있다. 결과적으로 합리적인 근로조건의 보장에도 유리하게 작용할 수 있다. ② 기본소득을 받는 만큼 조합비를 확충하여 근로자 단체의 활동을 용이하게 하여 근로조건의 향상에 기여할 수 있고, 정치참여도 활발하게 하여 근로조건의 향상과 관련된 법률 제·개정에 보다 강한 영향을 미칠 수 있다.[56]

반론에 대해 비판적으로 평가해 보면, 저임금이지만 자신의 관심과 적성에 부합하는 일자리를 선택할 수 있는 여지가 커진다거나 생활수준을 향상시키기 위해 근로를 계속함으로써 총소득을 최대화하고자 하는 동기가 사라진다고 단정할 수 없다거나 재교육에 참여할 수 있는 시간·비용·에너지를 확보하여 자신의 생산력을 높일 수 있다거나 기본소득을 받는 만큼 조합비를 확충하여 근로자 단체의 활동을 용이하게 하여 근로조건의 향상에 기여할 수 있고, 정치참여도 활발하게 한다는 것은 모두 그러한 선택을 할 수도 있다는 가능성일 뿐이다. 즉, 논리적인 필연성 있는 결과가 아니라 개인의 선택에 따라 다른 결과가 가능한 것이다. 결국 기본소득은 일자리 감소라는 사회현상에 대해 소득만 주고 개인의 선택에 맡기는 손쉬운 방식이라고 할 수 있다. 이는 인격을 자유롭게 발현할 장(場)에 대한 문제를 제대로 마주하지 않는 것이므로 인간의 존엄성과도 연결되는 문제이다. 즉, 노동과 소득의 연결성을 차단한다는 기본소득의 특징으로 인하여 인격을 자유롭게 발현할 장(場)이라 할 수 있는 일자리에 관한 문제에 대해 외면 내지는 소극적이어서 "인격을 펼칠 수 있는 기본적인 토대를 확보하기 위한 것이 기본소득"이라는 주장이 무색하게 최종 목적이라 할 수 있는 개성의 자유로운 발현으로 표출되는 인간의 존엄과 가치 자체를 훼손할 수도 있는 논리구조라 할 수 있다.

또한 기본소득은 아무런 조건이 없기 때문에, 근로의욕을 요건으로 하지 않기 때문에 근로유인을 감소시키는 문제는 발생하지 않는다는 주장의 경우, 기본소득의 조건과 기본소득으로 야기되는 결과를 혼동하는 것이다. 기본소득이 지급되는 데 있어 근로유인은 지급을 위한 요건은 아니지만, 기본소득을 지급한 결과 근로유인이 감소될 수 있다는 문제를 제기하는 것이다.

---

56 홍석한, 주51의 글, 241-249면.

(2) 근로의 의무

근로의 의무는 모든 국민으로 하여금 일자리 선택의 실업보험적인 한계를 명백히 인식시키고, 입법권자로 하여금 이같은 내용을 제도화하게 함으로써 누구나 주어진 일자리를 거절하고 그 대신 실업보험금의 지급을 요구하는 일이 없도록, 그리고 근로능력을 갖추고 근로의 기회도 주어지는 경우에는 사회보장적인 국가의 급부를 요구할 수 없게 하려는 데 그 근본취지가 있다고 보아야 한다.[57] 즉, 근로의 능력과 기회가 있음에도 불구하고 근로를 하지 않는 자에게는 생계비지급청구권과 같은 사회보장수급권을 법률로 제한할 수 있다.[58] 사회보험의 기능유지의 관점에서 근로의 능력이 있으면서 일하고자 하지 않는 자에 대하여 국가가 사회보험적 급부를 제공하는 조건으로서 근로를 강제할 수 있는 것이다.[59] 국민기초생활보장법과 고용보험법은 이러한 취지를 담은 조문들을 두고 있다.[60] 결론적으로 헌법 제32조 제2항에서 규정하는 "근로의 의무"는 기본소득에서 말하는 "무조건 지급"이라는 점에 대해 일정한 수정을 요하는 근거로 볼 수도 있다.[61]

이에 대해 인간다운 생활을 보장해야 할 국가의 의무가 근로의 능력과 의지가 있는 국민에 대해서만 유효한 것은 아니라며 비판하는 견해가 있다.[62] 그러나 이는 사회국가원리의 보충성의 원리의 표현이라고 보아야 한다. 즉, 경제활동에 대해 스스로 자유롭게 형성해 나갈 것을 전제하는 것이다. 이에 대해서는 다음에서 자세히 다루도록 하겠다.

---

57 허영, 앞의 책, 711면.

58 양건, 헌법강의, 법문사, 2023, 1116면.

59 한수웅, 앞의 책, 1113면.

60 국민기초생활보장법 제3조(급여의 기본원칙) ① 이 법에 따른 급여는 수급자가 자신의 생활의 유지·향상을 위하여 그의 소득, 재산, 근로능력 등을 활용하여 최대한 노력하는 것을 전제로 이를 보충·발전시키는 것을 기본원칙으로 한다.

국국민기초생활보장법 제9조(생계급여의 방법) ⑤ 보장기관은 대통령령으로 정하는 바에 따라 근로능력이 있는 수급자에게 자활에 필요한 사업에 참가할 것을 조건으로 하여 생계급여를 실시할 수 있다.

국고용보험법 제60조(훈련 거부 등에 따른 급여의 지급 제한) ① 수급자격자가 직업안정기관의 장이 소개하는 직업에 취직하는 것을 거부하거나 직업안정기관의 장이 지시한 직업능력개발 훈련 등을 거부하면 대통령령으로 정하는 바에 따라 구직급여의 지급을 정지한다.

61 박홍규, 앞의 글, 143면.

62 홍석한, 주51의 글, 50-56면.

(3) 보충성의 원리

기본소득은 사회적 기본권의 한 유형으로 이해할 수 있고,[63] 헌법 제34조가 규정하는 "인간적인 생활을 할 권리"가 기본소득제도의 가장 직접적인 근거로 언급될 수 있을 것이다.[64] 기본소득의 의미 중 하나가 "인간다운 생활"을 가능하게 하는 "기본적 필요"를 충족하게 한다는 것이고, 그런 점에서 그것은 "기본적 인권"의 불가결한 요소이기도 때문이다.[65] 또한 기본소득은 공동체의 모든 구성원에게 보편적이고 일정한 소득보장을 제공한다는 점에서 "적정한 소득분배 및 경제주체 간의 조화를 통한 경제의 민주화"를 규정한 헌법 제119조 제2항에 충분히 부합한다.[66]

다만 여기서 짚어봐야 할 것은 보충성의 원리이다. 보충성의 원리란 "인간다운 생활의 보장과 사회 정의의 실현을 위해서는 일차적으로 개인과 사회의 자율적 노력이 우선하여야 하며, 개인과 사회의 자주적이고 자조적인 노력이 기능하지 않을 때 부차적으로 국가가 관여한다"라는 것이다.[67] 보충성의 원리는 크게 두 가지 의미를 갖는다고 할 수 있다. 우선, 보충성의 원리는 대규모의 사회적 기능단위로 하여금 개인 기타 소규모 단위의 자율성을 존중하도록 하고 간섭을 금지한다. 다만, 보충성 원리의 개념으로부터 소규모 단위가 자신의 과제를 수행하는 데 제대로 그 기능을 발휘하지 못하는 경우에는 대규모 단위가 적극적으로 개입할 것을 명령한다. 즉, 대규모 단위는 보다 작은 소규모 단위가 자신의 과제를 수행할 수 없을 때 보충적으로만 개입해야 한다는 소극적 의미와 소규모 단위의 정상적인 기능에 장애가 있는 경우 대규모 단위는 소규모 단위를 보조함으로써 그 기능을 발휘하도록 하기 위한 전제조건을 충족시켜야 한다는 적극적 의미를 모두 내포하는 양면성을 갖는다. 그래서 보충성의 원리는 국가와 사회 사이에 역할을 배분하는 원리로서 기본적으로 사회적 자율성을 보장하기 위하여 국가에 의한 사회에의 개입 또는 규제에 대해 한계를 설정함과 동시에 일정한 경우에는 국가에 의한 개입을 요구하고 정당화하는 원리로 기능한다. 다시 말해 소규모 단위가 충분히 특정한 기능을 수행할 수 있는 능력을 보유하고 있다면 그러한 기능을 수행하는 데 대규모 단위보다는 우선권이 있다는 것이다.

---

63 이준일, 앞의 글, 174면.

64 김주영, 앞의 글, 56면.

65 박홍규, 앞의 글, 143면.

66 김주영, 앞의 글, 52면.

67 양건, 앞의 책, 219면; 정종섭, 헌법학원론, 박영사, 2018, 242면.

이를 통하여 소규모 단위는 대규모 단위에 대한 자율성을 확보할 수 있게 된다. 이는 곧 국가와 개인을 비롯한 국가 안의 다양한 사회적 조직의 관계에서 국가는 원칙적으로 개인 기타 사회적 조직의 자율성을 최대한 보장해야 하며 공익의 실현을 위하여 반드시 필요한 경우에만 이들에 의해 조직되는 사적 영역에 개입할 수 있음을 의미한다.[68]

보충성의 원리는 "… 정치·경제·사회·문화의 모든 영역에 있어서 각인의 기회를 균등히 하고 능력을 최고도로 발휘하게 하며…"라고 규정된 헌법 전문, "대한민국의 경제질서는 개인과 기업의 경제상의 자유와 창의를 존중함을 기본으로 한다."라고 규정한 제119조 제1항과 "국방상 또는 국민경제상 긴절한 필요로 인하여…"라고 규정한 제126조를 근거로 한다. 헌법 제119조 제1항과 제126조를 근거로 경제분야에서의 보충성의 원리가 강조되고 있다고 하여[69] 보충성 원리가 헌법 전문의 일반적 근거와 함께 경제질서에 관한 규정에서 경제 영역과 관련한 특수한 근거를 갖는 것으로 보기도 한다. 헌법재판소 역시 "자유민주주의국가에서는 각 개인의 인격을 존중하고 그 자유와 창의를 최대한으로 존중해 주는 것을 그 이상으로 하고 있는 만큼 기본권주체의 활동은 일차적으로 그들의 자결권과 자율성에 입각하여 보장되어야 하고 국가는 예외적으로 꼭 필요한 경우에 한하여 이를 보충하는 정도로만 개입할 수 있고, 이러한 헌법상의 보충성의 원리가 국민의 경제생활영역에도 적용됨은 물론이므로 사적자치의 존중이 자유민주주의국가에서 극히 존중되어야 할 대원칙임은 부인할 수 없다"라고 판시하였다.[70] 이는 인간의 존엄성과 우리 헌법상의 인간상과도 연결되는 문제이다.

인간의 존엄성은 자기 자신에 대한 자율적이고 이성적 지배에 근거한다는 사고에 기반한다.[71] 인간은 이성을 근거로 자신을 윤리적으로 인식하고 스스로 결정하며 자신과 외부환경을 자율적으로 형성하는 능력을 부여받은 이성적 존재이다. '이성적 존재'라는 인간의 특성이 이미 인간을 그 자체로서 목적으로 만든다. '그 자체로서

---

68 홍석한, 보충성의 원리에 대한 헌법적 고찰, 법학논문집 제43집 제1호, 중앙대학교 법학연구원, 2019, 13면.

69 홍완식, 헌법과 사회보장법에 있어서의 보충성의 원리, 공법연구 제28집 제4호 제2권, 한국공법학회, 2000, 181면.

70 헌재 1989. 12. 22. 88헌가13.

71 한수웅, 앞의 책, 537면.

스스로 목적일 수 있는 것'은 내적인 고유한 가치를 가지며, 이것이 바로 '존엄성'이다. 인간은 이성에 바탕을 둔 자율적이고 윤리적인 인격의 주체인 것이며, 인간의 본질은 자율적이고 윤리적인 인격의 주체성이라 할 수 있다. 바로 여기에 인간존엄성의 근거가 있는 것이다. 그러므로 '인간의 존엄과 가치'란 인간이면 누구나가 독자적 인격체로서 그의 인격을 근거로 지니는 고유한 가치라 할 수 있고, 헌법적 의미에서 '인간의 존엄성'이란 공동체 내에서의 자율적 인격체로서 인간의 독자적 가치의 보장 또는 인격체로서 사회적으로 존중받을 개인의 권리를 말한다.

또한 인간은 '개인적 인격체'로서 대체·교환될 수 없는 일회적 정체성과 개성을 가지고 자신의 삶을 스스로 결정하고 형성하면서, 다른 한편으로는 '사회적 인격체'로서 공동체 내에서 생활하면서 타인과의 접촉과 교류를 통한 상호영향하에서 자신의 외부세계를 형성한다.[72] 헌법재판소도 "우리 헌법질서가 예정하는 인간상은 "자신이 스스로 선택한 인생관·사회관을 바탕으로 사회공동체 안에서 각자의 생활을 자신의 책임 아래 스스로 결정하고 형성하는 성숙한 민주시민"인바, 이는 사회와 고립된 주관적 개인이나 공동체의 단순한 구성분자가 아니라, 공동체에 관련되고 공동체에 구속되어 있기는 하지만 그로 인하여 자신의 고유가치를 훼손당하지 아니하고 개인과 공동체의 상호연관 속에서 균형을 잡고 있는 인격체라 할 것이다"[73]라고 하여 자주적 인간상임을 분명히 하고 있다. 경제활동이야말로 개인이 사회와 연결되는 대표적인 행위이다. 따라서 경제활동에서 중요한 비중을 차지하는 일자리에 대한 논의를 배제하는 기본소득은 보충성의 원리에 반하여 자율성을 침해한다고 할 수 있다.

IV 기본소득의 기능 - 현재 복지제도를 대체할 수 있는가

1. 선별적 복지의 문제점

우리나라에서 소득보조를 목적으로 하는 사회보장제도는 사회보험과 공공부조를 중심으로 하고 있다. 사회보험은 강제가입된 국민의 노동에 기초한 보험료로 운영되고, 공공부조는 수급요건 구비여부를 확인하기 위해 국가의 행정조사가 필수적

---

72 한수웅, 앞의 책, 541-542면.

73 헌재 2003. 10. 30. 2002헌마518.

이다.[74] 공공부조의 경우 보충성의 원리에 기인하여 일정한 빈곤선 아래에 있는 자에 대한 최저한의 생활을 보장한다는 취지로 인해 보호가 필요한지 여부를 조사하는 과정에서 수혜자의 자존감 상실, 대상자에 대한 낙인효과, 수혜자 선정 과정에서 개인정보를 드러내야 하므로 거기에서 유발되는 프라이버시 문제가 발생한다. 그리고 평가와 선별에 소요되는 행정비용이 발생한다. 또한 수급요건 제약 및 절차의 복잡성에 따른 복지의 공백과 사각지대가 발생하는 한편 선별적 복지에서 완벽한 선별이 어려워서 부적격자가 허점을 파고들어 부정수령하는 도덕적 해이가 나타나기도 한다.[75] 사회보험은 공식고용이라는 전제하에 보험 가입 사업장에서 임금노동으로 공식적인 가치 평가를 받은 것을 의미하는데, 비공식 고용의 영역에 남아 있는 노동자(예컨대 무허가 사업장에서 근로하거나 사업주가 노동자를 피보험자로 신고하지 않는 경우)의 경우 자신의 노동을 공식적으로 평가받지 못하기 때문에 사회보험의 사각지대에 놓이게 된다.[76]

2. 기본소득의 기대효과

① 기본소득은 아무런 조건을 요구하지 않고 그저 시민이기만 하면 되기 때문에 기존 사회보장제도의 문제점을 해소할 수 있다. 즉, 복지 사각지대 해소, 복지함정 배제, 복지 관리비용 절감, 낙인효과 방지가 가능하고 비윤리성[77]을 해결할 수 있다. 부당수령의 문제도 애초부터 발생하지 않는다. ② 재원을 소득세, 자본 이득세 등 부유층에 대한 세금 부과를 통해 마련할 경우 소득 재분배 효과가 나올 수 있다. 분배정의를 실현하는 것이다. ③ 굳이 오랜 시간 일하지 않아도 되므로 더 많은 시간을 다른 활동, 예를 들면 문화 활동, 돌봄 노동, 정치 활동 같은 활동에 쓸 수 있게 되어 이른바 사회 전체적으로 여유롭고 창조적인 문화가 발전할 수 있는 풍토가 조성되는데 이바지할 수도 있고,[78] 종래 가치평가를 받지 못했던 비임금노동(예컨대 가사, 육아, 봉사활동, 사회운동 등 임금이 지급되지는 않지만 사회적으로 임금노동에 비해 결코 가

---

74 노호창, 주24의 글, 404면.

75 김병록, 앞의 글, 75면; 김주영, 앞의 글, 47면; 홍석한, 주5의 글, 41면.

76 노호창, 주24의 글, 409면.

77 사회보장급여의 수급조건을 갖추기 위해 부양의무자가 없거나 있어도 그가 부양할 능력이 없거나 그로부터 부양 받을 수 없다는 점을 소명해야 하는 문제(노호창, 주24의 글, 422면).

78 홍석한, 주3의 글, 445-446면.

치가 낮지 않은 노동)에 대해 사회적 가치 부여한다.[79] 또한 개인이 공적인 일에 관심을 갖고 참여할 수 있는 기반을 제공함으로써 근로자들이 근로조건의 향상을 위해 다양한 형태로 정치에 참여하는 기회를 확대할 수 있고,[80] 민주주의도 더욱 확장될 수 있다. ④ 사회적 약자의 경제적 자립도가 상승하여 빈곤 인구가 감소될 수 있다. ⑤ 일정 수준의 소비를 유지한다(취약 계층이 경제 위기 속에서 삶을 영위할 수 있는 수준의 필수적 소비를 유지하기 위한 안전장치 역할).[81] 기본소득이 모든 사회구성원에게 지급된다면 최소한의 삶을 재량껏 누릴 수 있는 물질적 조건이 마련되는 셈이다. 그러면 당연히 소비가 어느 정도 늘어 경제가 좀 더 원활하게 돌아갈 수 있을 것이다. ⑥ 임금이 적거나 위험한 일을 거부할 수 있는 여지가 생긴다. 이에 따라 임금 및 근로조건에 관한 근로자 개인의 협상력이 강화된다. 당장 생계를 위해 전문성을 키울 수 없는 일을 할 필요가 사라지므로 노력하는 사람에게는 전문성을 키울 수 있고,[82] 근로자의 재교육에 유리하게 작용할 수 있기 때문에 기술발달에 따른 새로운 근로환경에 대한 적응 및 생산성 향상, 이를 통한 임금 및 근로조건 향상을 촉진할 수도 있다. 또한 창업활성화로도 이어질 수 있다.[83] 기본소득이라는 사회안전망은 개인의 창의력과 도전정신을 자극함으로써 새로운 기술개발과 창업을 촉진하여 일자리 창출에 기여할 여지도 있다는 것이다.[84] ⑦ 4차 산업혁명에 따른 비자발적 실업에 대한 대책이 될 수 있다. ⑧ 공동체 의식 및 문화의 발진을 위한 동력이 될 것으로 기대된다.[85]

3. 기본소득의 한계 내지 문제점

① 기본소득은 국가가 일자리를 확대하고 임금 기타 합리적인 근로조건을 보장하는 것이 아니라 직접 현금을 지급하는 것이기 때문에 무임승차의 정당화, 근로의욕의 저하를 유도하고 실업자를 양산할 가능성을 완전히 배제하기도 어렵다. 이 경우

---

79 이춘희, 앞의 글, 247-248면.

80 홍석한, 주5의 글, 43-44면.

81 Daniel Raventós(이한주 · 이재명 역), 앞의 책, 9-10면.

82 김병록, 앞의 글, 77면.

83 김은표, 앞의 글.

84 홍석한, 주5의 글, 43면.

85 김주영, 앞의 글, 47면.

기본소득은 사회 전체의 생산능력을 저하시키고, 일하는 사람의 희생을 통해 게으른 사람을 지원하는 상황을 일반화함으로써 사회적 갈등을 심화시킬 수 있다.[86][87] 즉, 노동윤리를 파괴하고 시민으로서의 지위와 자격에 상응하는 개인의 책임 내지 사회적 공헌의 필요성을 무시하게 된다는 비판과[88] 노동과 생산에 따른 소득획득이라는 윤리적 가치 및 경제적 합리성에 상충한다는 비판이 가능하다.[89] 또한 기본소득의 기대효과 중 하나가 임금이 적거나 위험한 일을 거부할 수 있는 여지가 생긴다는 것인데, 안타깝지만 임금이 적거나 위험해도 사회에서 반드시 누군가를 해야 하는 일들도 있다. 물론 임금을 올리고 안전을 강화하는 해결책도 병행되어야 할 것이지만 그렇다고 해서 모든 직업의 임금과 위험성을 똑같이 맞출 수는 없다. 그럼 그 일은 누가 할 것인가에 대해서 기본소득을 주장하는 측에서는 이에 관한 논의조차 없다. 현재의 추세로는 이는 외국인 근로자에게 떠맡기게 될 수 있고, 임금이 올라가고 안전이 강화되지 않은 상태에서 그렇게 된다면 이는 외국인 근로자의 인권 문제와도

86 홍석한, 주5의 글, 50면.

87 통계청에 따르면 지난 7월 청년층(15세-29세) 가운데 '쉬었음' 인구는 44만 3천 명으로 집계되었다고 한다('그냥 쉬는' 청년 44만 역대 최대…75%는 "일할 생각 없다", 연합뉴스, 2024.8.18.(https://www.yna.co.kr/view/AKR20240817038800002?input=1195m)). '쉬었음'은 취업자나 실업자가 아닌 비경제활동인구 중 중대한 질병이나 장애는 없지만 막연히 쉬고 싶은 상태에 있는 이들을 말한다. 이는 다른 연령대와 비교해도 많은 수준이고, 지속적으로 증가하는 추세이다. 44만 3천 명의 쉬었음 청년 가운데 일하기를 원했느냐는 질문에 '아니다'라고 답한 이들은 33만 5천 명에 달했다. 즉, 75.6%가 구직 의사가 없다고 답한 것이다. 이들에게 기본소득을 주면 무엇인가를 할 것인지 의문이다. 즉, 이 통계가 기본소득 때문에 근로의욕이 없어진다는 의미는 아니지만 이러한 상황에서 기본소득을 준다면 이들의 무기력함을 고착화시킬 수 있지 않을까 우려된다. 더구나 이들은 젊기 때문에 이들에게 지급할 기본소득의 총액(기본소득 액수×기대수명)은 많아질 수밖에 없으므로 이들에게 평생 기본소득을 줄 재원을 어떻게 마련할 것인지 해결책을 찾는 것도 어려운 과제이다. 다른 한편, 취업을 원했던 쉬었음 청년 가운데 42.9%는 구직활동을 하지 않은 이유로 '원하는 임금 수준이나 근로조건이 맞는 일거리가 없을 것 같아서'를 꼽았다. 이어 '이전에 찾아보았지만 일거리가 없었기 때문에'(18.7%), '교육·기술 경험이 부족해서'(13.4%), '근처에 일거리가 없을 것 같아서'(11.1%) 순이었다. 양질의 일자리가 있다면 그리고 양질의 일자리에 맞는 교육·기술 경험이 있다면 이들 중 상당수는 고용을 통해 사회에 함께 할 수 있다는 방증으로 이해할 수 있다. 이 경우 만약 근로의욕 있는 젊은이들이 모두 양질의 일자리를 얻는다면 양질의 일자리에서 일하는 10만 8천 명과 일하지 않는 33만 5천 명의 갈등도 사회의 불안 요소가 될 것이다.

88 김주영, 앞의 글, 47면.

89 김병록, 앞의 글, 86면.

연결될 수 있다. ② 기존 사회보장과의 관계에서 효과에 대한 의문이다. 현재보다 못한 처우의 가능성으로 실효성의 문제이다. 기본소득 액수가 적절치 않아서 기본소득제가 기존 극빈층의 최저생계비를 커버하지 못하는 수준일 경우 빈곤층은 보호 수준이 더 열악해질 수 있다.[90] 오히려 사회복지제도의 본질적 목적을 훼손할 수도 있다는 것이다. 따라서 이 문제를 해결하려면 기본소득제를 실시하면서도 극빈층의 생존권을 지키려면 기본소득제가 지급하는 금액이 최저생계비를 넘거나, 기존 복지예산 중 일부로 극빈층 복지를 유지하면서 기본소득제 실시를 위한 재원을 추가로 확보해야 한다.[91] 그런데 만약 기본소득 외에 사회복지를 병존하여 실시할 경우 기본소득을 통해 달성하고자 했던 선별적 복지의 문제점들 중 상당수는 여전히 해결되지 못한 채 남게 된다. 그러므로 앞서 개념에서 논하였듯이 기본소득이 나름의 의미를 가지려면 충분성 요건을 충족하여 다른 복지제도를 대신하는 것을 전제로 하여야 한다.[92] ③ 이에 따라 재원마련의 문제가 나타난다.[93] 기본소득 실현에 필요한 막대한 재원을 어디서 조달할 것인지 의문이 따른다. 새로운 세원을 만드는 방법, 세원 창출 없이 현재의 사회복지를 기본소득제로 통합하는 방법, 사회복지 제도의 일부를 기본소득의 방법으로 지출하면서 점차 확대하는 방법 등 다양한 실현 가능성이 논의되고 있으나,[94] 투기소득·불로소득 또는 부동산 관련 소득에 대한 중과세, 법인세, 환경세나 생태세, 로봇세 도입과 같은 조세제도의 개선, 천연자원을 포함한 공유자원 이용 수익을 통한 기금조성 등이 유력하게 제기된다.[95] 그런데 기본소득을 실시하면 현재의 재정으로는 기타의 복지만이 아니고 국토개발, 국방, 교육, 공무원 보수지급 등에 사용할 수 있는 재원이 남지 않는다.[96] 더구나 천연자원이 많지 않은 우리나라의 경우 결국 부자증세나 기업으로부터 더 많은 세금을 거둔다는 의미가 된다.[97] 증

---

90 노호창, 주24의 글, 420면.

91 김병록, 앞의 글, 78면.

92 김병록, 앞의 글, 76면.

93 이춘희, 앞의 글, 248면

94 김광수, 앞의 글, 202면.

95 홍석한, 주5의 글, 47면.

96 김광수, 앞의 글, 205면.

97 천연 자원의 부족함에 대해 "현대 사회의 가장 중요한 공유 자원 가운데 하나는 전파이다. 이를 사적 소유나 배타적 이용으로 할 것이 아니라 만인의 것으로 하고, 거기서 나오는 수익금의 일부를 기본소득 재원으로 삼을 수 있다"라는 주장도 있으나(기본소득지구네트워크

세에 대한 반발로 기업이 해외이전을 하고 부자들이 재산을 해외로 빼돌리거나 이민을 가는 등 자본은 국경이 없다는 점을 감안해야 한다. 만약 재원조달 방안에 대한 적절하고 장기적인 구상이 없이 기본소득을 도입한다면 재정건전성과 제도의 지속가능성에 심각한 문제를 가져온다. 한 번 도입하면 중단하거나 축소하기 어렵다는 복지의 특성을 고려하면, 이는 차세대의 부담을 증대시키고 세대 간 갈등의 요인이 될 수 있다.[98]

V 기본소득의 기능 - AI 시대에 대책이 될 수 있는가

1. AI 시대 일자리는 감소에 관한 예측

인공지능 및 로봇기술의 발달과 함께 지능정보사회로의 진전이 계속되면서 근로의 기회와 관련해서는 점점 더 많은 사람들이 불확실성에 빠지게 되는 현상이 가속화되고 있다. 빈곤은 더 이상 게으름이 아닌 구조적 차원의 문제라는 점이 점점 더 분명하게 드러나고 있는 것이다.[99]

AI와 일자리에 대해서는 엇갈린 전망이 나오고 있는데, 다음과 같은 비관적인 전망이 있다. 예컨대 국제통화기금(IMF)은 AI로 인해 전 세계 일자리의 40%가 영향을 받을 것이라고 발표했고, 회계법인 PwC의 설문 조사에서도 4702명의 글로벌 기업 CEO 중 4분의 1은 올해 생성 AI로 인해 최소 5%의 일자리가 없어질 것으로 예상했다.[100] 이러한 전망은 산업과 업종과 관계없이 모든 사람이 직접적인 영향을 받는다는 점에서 비관적인 예측을 낳기도 했다.[101]

그러나 이와 다른 전망도 있다. 우선 자동화할 수 없는 지식이나 기능이 존재한다는 주장이 있다. 자동화가 적용되기 어려운 분야로는 문제해결, 직관, 창의적, 설득

(https://basicincomekorea.org/all-about-bi_definition/)), 이 역시 방송사나 통신사의 수익과 연결된다는 점에서 기업에게 추가 부담을 주게 될 것이다.

98 홍석한, 주3의 글, 448면.

99 홍석한, 주51의 글, 59-60면.

100 일자리를 빼앗는다는 AI…“문제는 AI가 아니라 우리”, AI타임스, 2024.01.27.(https://www.aitimes.com).

101 ETRI Webzine VOL.126 March 2019.

이 필요한 분야 등 추상적 영역과 상황적용, 시각/언어적 상호작용과 같은 수작업이 필요한 영역이 있다는 것이다.[102] 예컨대 기계가 사람을 대체하는 시대가 와도 세 가지 범주의 직업은 살아남을 것으로 본다. 첫째는 중요한 사회적 판단을 하는 공무원, 단체장, 판사나 의원들이다. 둘째는 인간의 심리를 읽고 감정을 판단하는 직업이다. 셋째는 데이터로 가공할 수 없는 새로운 가치를 창출하는 분야이다.[103]

또한 비관론적 관점은 인류의 기술 도약 능력을 과소평가한다는 의견도 제시되고 있다. 4차 산업혁명은 앞으로 수많은 신산업을 만들어 낼 것이고, 현존하지 않는 다양한 직업군을 창출할 수 있다는 점을 간과했다는 점이다. 미래학자 토머스 프레이(Thomas Frey)는 미래 일자리 중 60%는 아직 만들어지지 않았다고 주장한다. '일자리의 미래' 보고서에서도 "2016년 초등학교에 입학하는 아이들의 약 65%는 현존하지 않는 새로운 직업을 가지게 될 것이다"라고 내다봤다.[104] 새로운 직업의 창출은 인간의 장점과 기계의 단점을 비교해 보면 가능성을 찾을 수 있다. 소멸 위기인 직업들은 대부분의 직무 영역이 인공지능과 겹치는 직업군이다. 나의 일의 대부분이 단순작업을 생성하는 것(예를 들면 웹툰의 주변 그림, 게임 화면의 배경 그림 만들기, 단순 번역, 판례 수집, 마케팅 카피 만들기, 단순 고객 응대 등)일 경우 인공지능의 대체 가능성이 크다. 이것은 내가 일하는 시간의 대부분을 창의적이지 않은 것에 쏟고 있다면 분명히 걱정할 필요가 있다는 의미다.

빌 게이츠 마이크로소프트(MS) 창립자나 샘 알트먼 오픈AI CEO는 AI가 직업을 없애는 것이 아니라 직업을 바꾸는 것이라고 강조한다. 역사상 새 기술이 등장할 때마다 같은 현상이 되풀이된다는 점을 예로 들었다. 19세기 초반 산업혁명이 초래한 변화에 저항했던 러다이트(The Luddites)의 오류를 들며, 자동화와 기계화가 끌어올린 생산성에도 불구하고 인간의 노동력에 대한 전체 수요가 줄어들지 않았으며, '사회적 진화'의 한 형태로서 오히려 새로운 일자리와 새로운 산업 분야, 그리고 새로운 기회를 만들었음을 강조하는 견해[105]를 들 수 있다.[106] 이처럼 과거의 경험에 따르면

---

102 김광수, 앞의 글, 190면.

103 김대식, 인간 vs 기계 : 인공지능이란 무엇인가, 동아시아, 2016, 283-284면.

104 ETRI Webzine VOL.126 March 2019.

105 Federico Pistono(박영준 역), 로봇에게 일자리를 빼앗겨도 걱정 말아요, 영림카디널, 2016, 30-36면.

106 김주영, 앞의 글, 42면.

새로운 기술이 대체한 인간의 직업군보다는 새롭게 창출한 고용이 많았지만 이러한 현상이 금번에도 계속되리라는 보장은 없다. 특히 산업혁명을 포함한 지금까지의 기술 발전은 물리적인 노동력에 국한되었지만 새롭게 개발되는 인공지능과 인텔리전트 로봇은 노동력과 사고력을 동시에 구현하고 있기 때문이다. 그런 점에서 인공지능의 발전과 보급으로 인한 일자리 소멸은 전문직도 예외가 아니다.[107]

그럼에도 불구하고 자동화, 로봇화에 따라 고용이 줄어들 수도 있지만 새로운 환경에 요구되는 새로운 직무에 대한 수요가 증가할 수 있고, 추상적인 고부가가치 업무 등 새로운 일자리가 창출될 가능성도 있기 때문에 일자리 감소를 필연적으로 수용하거나 그 범위를 과도하게 받아들이는 것은 신중해야 한다.[108] 기술과 고용에 관한 예측이 벗어나는 가장 큰 요인은 인간의 미래 예측이 현실에 바탕을 두고 있어, 현재 존재하지 않는 새로 만들어지는 현상의 상호작용을 예상하기 힘들다는 데 있다. 이것은 마차가 자동차로 대체되었을 때 인간 예측의 한계는 현재 관찰할 수 있는 마부와 말똥을 치우는 인부가 없어지리라는 것에 국한되었지, 거대한 철강산업의 부상과 그에 따른 인프라 산업의 부흥 그리고 기존 공간에 대한 개념 파괴로 인한 도시 공간의 확대에 따른 고용 창출에 대해서는 상상조차 하지 못하였다는 데에 있다.[109]

인공지능과 미래의 일자리에 대한 좀 더 진취적 시각은 인공지능을 적극적으로 받아들여 새로운 가치 창출에 앞장서야 한다는 것이다. 생성형 인공지능과 인간의 지능에 대한 차이를 이해하고, 창의적으로 인공지능을 활용할 아이디어와 통찰력을 가질 수 있도록 훈련해야 한다는 점이다.[110] 예컨대 과학기술을 활용해 인간이 지금보다 더 스마트하고 더 빠르게 일할 수 있는 "증강(augmentation)"[111]을 통해 기계와 함

---

107 이준기의 빅데이터, AI가 일자리 뺏어도…'창의적 협업'으로 새 일자리 창출해야, 중앙선데이, 2024.03.16.(https://www.joongang.co.kr/article/25235581).

108 홍석한, 주5의 글, 48면.

109 이준기의 빅데이터, 앞의 글.

110 이준기의 빅데이터, 앞의 글.

111 증강은 인간의 약점이나 한계를 찾아내 보완하고, 인간의 상대적인 강점을 찾아내 더욱 증폭하거나 잘 활용할 수 있는 것을 의미한다. 위로 올라서기, 옆으로 비켜서기, 안으로 파고들기, 틈새로 움직이기, 앞으로 나아가기 5가지를 제시한다. 위로 올라서기는 자동화 시스템보다 더 높은 곳으로 올라간다는 의미로, 너무 복잡하고 광범위해서 컴퓨터나 로봇이 감당하기에는 벅찬 '큰 그림' 시야와 판단력을 개발하는 것이다. 옆으로 비켜서기는 의사결정이 필요 없는 직업군으로 옮겨간다는 의미이다. 판매하거나 컴퓨터가 이미 내린 결정을 쉬운 말로 풀어 설명하는 일을 예로 든다. 안으로 파고들기는 컴퓨터 시스템의 자동 의사결정에 관여해

께 다음 시대의 문제를 해결해 나갈 수 있다는 주장도 있다.

AI가 아니라 인간이 문제의 중심이다. 그 중심에는 '교육'이 있다. 기술을 익히는 대신 많은 전문가들은 인간의 판단력과 공감 능력 같은 기본적인 교육을 강조한다. AI는 도구에 불과하다. 결국 이런 기술을 악용하지 않고 올바르게 사용하는 것은 물론, AI의 결정이 옳은지 틀리는지를 판단하는 능력이 중요하다.[112]

2. 기본소득의 일자리 감소에 대한 대책으로서의 가능성

AI의 발달로 인해 일자리가 줄어들지 줄어든다면 어느 정도 규모인지를 가늠하기 어렵기 때문에 또 다른 대안도 고민해야 한다. 인공지능과 로봇이 주도하는 4차 산업혁명의 혁신적 변화는 경제발전이 고용 확대로 연결되지 않고, 일자리의 감소와 실업이 더욱 구조적인 문제로 정착되는 현상을 고착화할 가능성이 있다.[113] 또한 고부가가치 산업이 소수의 숙련된 엘리트들만을 필요로 하고, 향상된 생산성에 따른 이득은 이 계층에 집중된다는 점에서[114] 인공지능과 로봇에 의해 쉽게 대체될 수 있는 비숙련 단순 노무직과 상대적으로 대체가 어려운 고숙련 전문 기술직 사이에 간극이 심화되는데, 이는 고용안정성과 임금 두 가지의 격차로 나타나고, 이러한 '고기술 고임금'과 '저기술 저임금' 직종 사이에 고용과 소득의 격차는 기술 실업 및 일자리 양극화의 증대는 소득 불평등과 빈곤층 증가의 위험으로 이어진다.[115] 이와 같은 4차 산업혁명에 따라 증대될 수 있는 복지국가의 위기에 대한 대안으로 기본소득제가 제시되고 있다. 안정된 일자리가 사라지면서 사회관계의 기본이 되었던 계약이 소득이나 생계를 보장해 주지 못하게 되는 상황에서 기본소득은 '계약 관계에 들어

시스템을 이해하고 감시하고 개선하는 것을 의미한다. 이것을 증강의 핵심이 되는 전략으로 꼽는다. 틈새로 움직이기는 현재의 직업 분야에서 전문 영역을 찾는 것을 의미한다. 자동화를 시도하지 않는 영역이나 자동화로 인한 경제적 실익이 전혀 없을 것 같은 영역을 제시한다. 앞으로 나아가기는 특정 영역에서 기계의 결정과 행동을 지원하는 새로운 시스템과 과학기술을 개발하는 것을 의미한다(Thomas H. Davenport · Julia Kirby(강미경 역), AI시대 인간과 일, 김영사, 2017, 100-101, 121-122면).

112 일자리를 빼앗는다는 AI…"문제는 AI가 아니라 우리", 앞의 글.

113 홍석한, 주5의 글, 36면.

114 김병록, 앞의 글, 73면.

115 홍석한, 주5의 글, 37-38면.

갈 수 없는 사람들'을 위한 최소한의 사회보장이라는 것이다.[116]

그러나 기본소득이 궁극의 대안이라고 보기는 어렵다. 기본소득의 도입은 이에 필요한 재원의 확보를 전제로 하여서만 가능한데, 앞서 검토하였듯이 증세만으로는 한계가 뚜렷하다. 따라서 그 재원을 생산성의 향상에서 찾아야 한다.[117] 생산성 향상이라는 과제는 결국 교육과 노동을 통해서 해결해 나갈 수밖에 없다. 그런 점에서 고용증진의 동력을 활성화하는 것이 중요하다. 일차적으로 사회구성원이 새로운 환경에 적응할 수 있도록 지원하고, 혁신을 통해 새롭게 부를 창출할 수 있는 동력을 자극하는 것이어야 한다. 기술의 변화에 적응하고, 사회적 부를 창출하기 위한 새로운 방안을 찾아내며, 혁신과 고도의 직무능력을 갖춘 인력을 양성하려는 노력이 우선되어야 한다. 다만, "근로조건의 보장은 기본적으로 근로자의 생활보장 및 인간의 존엄성을 보장해주는 기초적인 근로의 권리의 내용이지만, 이는 일방적으로 근로자를 두텁게 보호하는 것만으로 달성되는 것이 아니라, 사용자의 효율적인 기업경영 및 기업의 생산성이라는 측면과 조화를 이룰 때 달성이 가능"[118]하다는 점에 유의해야 한다.[119] 대안적 소득보장은 기존의 근로자들이 변화에 적응하는 과정을 지원하는 한도에서 제한적으로 적용되어야 한다. 미국에서도 2016년 대통령령을 발령하여 자동화와 인공지능 발전에 따르는 대처방안으로 다음의 세 가지를 제시한 바 있다. 첫째로 인공지능의 장점을 활용하기 위하여 투자를 촉진하고 더욱 발전시킨다. 둘째로 미래의 일자리를 위하여 미국민들을 교육·훈련시킨다. 셋째로 노동자들의 전직을 돕고 성장을 공유할 수 있도록 보장한다.[120] 결국 일자리를 위한 교육과 훈련, 전직 지원이 대처방안의 핵심이다.

기술 발전에 따른 노동 시장의 변화에 대응하기 위하여 위와 같은 직업훈련, 직업창출을 위한 투자 외에 노동 시간 단축을 통한 일자리 나누기,[121] 사회기반투자와 근

---

116 김광수, 앞의 글, 208-209면.

117 김광수, 앞의 글, 192면.

118 헌재 2021. 11. 25. 2015헌바334등.

119 홍석한, 디지털 전환에 따른 근로의 권리 실현 방안, 법학논총 제43권 제4호, 전남대학교 법학연구소, 2023. 11., 67면.

120 Ryan Abbott & Bret Bogenschneider, Should Robots Pay Taxes? Tax Policy in the Age of Automation, 12 HARVARD LAW & POLICY REVIEW 145, 2018, p.148(김광수, 앞의 글, 199면에서 재인용).

121 Cynthia Estland, What Should We Do after Work?, Yale Law Journal November 2018,

로 장려금 제도도 제시된다.[122]

VI 결론

지금까지의 패러다임을 흔들 만한 AI의 발전으로 변화의 폭은 점점 더 넓어지고 속도는 점점 더 빨라진다. 이로 인해 사회보장제도의 근간이 흔들리는 것도 사실이다. 그런 점에서 기본소득이라는 대안은 순간 눈이 번쩍 뜨이게 하는 매력적인 제안이다. 그러나 기본소득이 추구하고자 하는 목적을 달성하기 위해서는 기본소득의 개념 자체를 완전한 기본소득에 한정하여 인정할 때나 새로운 논의로서 의미가 있다. 그렇지 않다면 현재의 사회보장과는 별도로 기본소득을 도입할 이유가 없다. 오히려 애매한 액수의 기본소득은 경제적으로 인플레이션에 대한 압박만 높일 위험이 있다. 그런데 완전한 기본소득이라면 그 정도의 액수를 지속적으로 지급하기 위해서는 확실한 재원 방안이 확보되어야 하는데, 그 부분에서 지금까지 기본소득에서 주장되는 내용의 한계는 분명하다. 이러한 기본소득의 난점은 AI시대 일자리 감소의 대안으로서의 역할을 수행하는 경우에도 그대로 문제가 된다. 그러므로 기술의 발전에 따른 사회구조의 변화 속에서 현행 사회보장의 비효율성과 불완전함이나 불안한 고용이라는 문제를 해결함에 있어 기본소득은 지속가능한 궁극적인 대안이 되기에는 부족하다.

우리 헌법의 핵심이라 할 수 있는 인간의 존엄성이라는 목표를 이루기 위해 인간이 노동에 예속되어서도 안 되지만, 노동을 통한 자율성의 실현이라는 점도 무시되어서는 안 된다. 그런 점에서 특히 미래의 불안한 고용의 문제에 대해 국가는 근본적인 문제 해결은 외면한 채 국민의 세금으로 형성된 국가재정으로 덮으려는 쉬운 길을 해결책으로 제시하기보다는 적극적으로 양질의 일자리를 만들도록 노력하고 개인이 자율성을 통해 새로운 변화에 적응할 수 있도록 교육하는 등 노동의 가치를 유지하는 지속 가능한 해결책을 제시하기 위해 적극적인 역할을 수행하여야 한다. 물론 양질의 일자리를 주기 위해 노력한다고 해서 일시적인 현금지급을 절대로 하면 안 된다는 것은 아니다. 전환의 시기에 이를 맞이할 준비를 할 수 있는 시간과 기회를 제공해야 하기 때문에 그 과정에서 당장 시급한 생활의 문제를 해결하는 것도 필

---

p.322(김광수, 앞의 글, 200면에서 재인용).

122 Andy Stern · Lee Kravitz(박영준 역), 노동의 미래와 기본소득 : 21세기 빈곤 없는 사회를 위하여, 갈마바람, 2019, 248면.

요하다. 다만 이러한 어떠한 목표를 가진 제한적인 범위의 기본소득은 앞서 언급했듯이 완전한 기본소득이 아니므로 여기서 논하는 기본소득에는 포함될 수 없다. 결국 완전한 기본소득의 도입은 부작용이 우려되기 때문에 그러한 부작용을 극복할 수 있을 만한 어떠한 상황 변화가 있기 전에는 중독성이 강한 기본소득 도입은 신중을 기해야 한다.

5장

인공지능 활용 디지털 치료제의 지식재산권 문제: 인공지능 생성 음악의 저작권 문제를 중심으로

I 들어가며

디지털 치료제(digital therapeutics: DTx)는 전통적인 치료제 개념을 최근 논의·발전 중인 디지털 기술과 접목한 것이다. 여기서 디지털 기술이란 웨어러블, VR/AR 등 최신 기술은 물론, 모바일 애플리케이션, 전자의무기록 등 비교적 오랜 기간 이용된 기술을 포괄하는 광의의 개념이다.[1] 이와 같은 다양성으로 인해 디지털 치료제에 대한 정의는 개별 치료제가 가진 성격에 따라 가변적일 수밖에 없다. 그럼에도 불구하고 가장 보편적인 정의는 Digital Therapeutics Alliance에 의한 것인데, "의학적 장애 또는 질병을 예방, 관리 또는 치료하기 위해 고품질 소프트웨어 프로그램에 의해 구동되는 근거 기반(evidence-based) 치료 중재를 제공하는 것"[2]으로 되어 있다. 다만 이는 어떤 요소가 반드시 포함되어야 한다거나 포함되어서는 안 된다는 것을 나타내지 않는다는 점에서 학술적 정의라기보다 산업적 정의로 파악해야 할 것이다.[3] 따라서 현재로서 디지털 치료제란 치료제가 디지털화된 형태라는 개

1 이상욱·전성태, "디지털 치료제의 지식재산권법적 보호: 특허법적 보호 강화 방안을 중심으로", 『법학논총』(전남대학교) 제42권 제2호(2022. 5.), 140면.

2 Digital Therapeutics Alliance, "Digital Therapeutics Definition and Core Principles", Fact Sheets, November 2019, 〈https://dtxalliance.org/wp-content/uploads/2021/01/DTA_DTx-Definition-and-Core-Principles.pdf〉; 번역은 이상욱·전성태, 앞의 논문, 140면에 의한 것임.

3 Nicholas C. Jacobson, Tobias Kowatsch & Lisa A. Marsch, Digital Therapeutics for Mental Health and Addiction: The State of the Science and Vision for the Future, Academic Press, 2022, p. 167. 무엇보다 '고품질' 등의 술어는 학술적 개념 정의에 어울리지 않는다.

념화를 뛰어넘기는 어려운 것으로 보이는데, 첨단 디지털 기술이 등장하고 개량됨에 따라-자연스럽게-치료제가 진화하고 발전하는 과정으로 이해하는 것이 최선이라 생각된다.[4] 특히 인공지능은 디지털 치료제의 개발은 물론이고, 이를 적용하며, 환자의 니즈와 현재 사회적 필요에 적응시키는 데도 핵심적인 역할을 수행하고 있거나 향후 할 것이라 평가된다.[5] 무엇보다 디지털 치료제는 의료 서비스에 대한 접근성과 효과성을 높인다는 측면에서 스마트폰 등 일상에서 사용되는 기기에서 적용될 가능성이 크고, 기존 의료행위를 대체한다기보다 효과성을 증대하고 약점을 보완하는 데 더욱 적합한 방법으로 여겨진다.[6]

기존 의약품과 마찬가지로 디지털 치료제, 치료제를 활용한 치료방법, 치료제 개발과정에서 수집된 데이터 또는 관련 기술에 대한 보호가 필요하고, 치료제를 정당하게 거래할 수 있는 라이선스 시장이 형성되도록 할 필요도 있다. 우리는 특허제도가 의약품에서의 혁신에 이바지했다는 사실을 확인해 가고 있는데,[7] 이런 보호와 거래가 가능하도록 하는 것이 곧 지식재산권법질서라고 할 수 있다. 같은 맥락에서 기존 개별 지식재산권법이 디지털 치료제에 대해서도 그대로 적용되는 것은 어떻게 보면 당연한 일이다. 그러나 이미 오래전부터 회자되던 이른바 4차산업혁명과, 동 개념과 함께 논의되던 여러 기술 분야에 대한 (지식재산권)법적 대응이 현재까지 난제로 남아 있는 상황이다. 이에 반해 디지털 치료제 등 기술은 발전하고, 융합되며, 법 패러다임의 변화마저 촉구하는 단계까지 왔다. 규범과 기술의 간극을 줄이는 것이 중

---

4 Adam Palanica, Michael J. Docktor, Michael Lieberman & Yan Fossat, "The Need for Artificial Intelligence in Digital Therapeutics". Digital Biomarkers, Vol. 4 No. 1 (2020), doi: 10.1159/000506861.

5 S. Kyriazakos, A. Pnevmatikakis, H. op den Akker & K. Kostopoulou, "The Role of Big Data and Artificial Intelligence in Clinical Research and Digital Therapeutics. In: A. Cesario, M. D'Oria, C. Auffray & G. Scambia (eds.), Personalized Medicine Meets Artificial Intelligence. Springer, 2023, doi.org/10.1007/978-3-031-32614-1_6.

6 C. Wang, C. Lee. & H. Shin, "Digital Therapeutics From Bench to Bedside", npj Digital Medicine, Vol. 6 No. 38 (2023), doi: 10.1038/s41746-023-00777-z. 해당 논문에서 디지털 치료제의 유형화는 결국 규제당국의 분류 문제로서 국제적으로 통용되는 분류 방법은 정립되지 않았다고 한다.

7 Bronwyn H. Hall & Dietmar Harhoff, "Recent Research on the Economics of Patents", Annual Review of Economics, Vol. 4 No. 1 (2012), doi: 10.1146/annurev-economics-080511-111008.

요한 문제가 될 것이지만, 섣불리 지식재산권의 지형을 바꿔버린다는 것은 매우 위험하다. 즉, 지식재산권법은 어떤 지식재산을 누구에게 귀속할 것인지, 또 무엇을 자유롭게 이용할 수 있는 영역으로 남길 것인지를 정하고, 이를 규범언어로 표현하는 과업을 수행해야 하는데, 이 질서에 변화를 가하는 것은 매우 중요한, 때때로 치명적인 결정이 될 수 있다.

디지털 치료제 자체도 생소한 개념으로 여전히 진화 중인 상황이고,[8] 디지털 기술 역시 발전을 거듭하고 있다는 점에서 이들에 대한 지식재산권법의 대응은 더욱 어려워질 수밖에 없고, 또 신중을 기할 필요도 있다. 그럼에도 불구하고 규율을 위한 논의는 필요하고, 방향 설정을 위한 여러 논거를 제시할 필요성 역시 제기된다. 따라서 하나의 글에서 디지털 치료제와 지식재산권의 관계에 관한 모든 쟁점을 망라적으로 조망할 수 없지만, 이 글에서는 디지털 치료제에서 인공지능의 활용 시 제기될 수 있는 지식재산권 문제를 저작권을 중심으로 살펴보고자 한다. 최근 음악을 매개로 하는 디지털 치료제가 활발하게 논의되고 있다는 점에서 음악 기반 디지털 치료제를 둘러싼 기술 발전과 논의에 집중하고자 한다.

II 논의를 위한 전제

1. 음악 기반 디지털 치료제의 현재와 과제

음악치료(music therapy)는 이미 상당히 오랜 기간 현실적 치료방법으로 활용되어오고 있다. 실증적 연구에 의하면, 음악치료를 받은 치매 환자의 불안과 폭력성이 완화된 것으로 나타났고, 사회적 활동이 증가하는 효과도 보여 주었다고 한다.[9] 물론 연구가 충분한 임상적 결과를 통해 나온 것인지, 누구에게나 동등한 효과를 기대할 수 있는지에 대해서는 의문이 남지만,[10] 적어도 경한 정도나 중간 정도의 치매 환자

---

8 Wang, Lee & Shin, op. cit.

9 R. Dahms, C. Eicher, M. Haesner & U. Mueller-Werdan, "Influence of Music Therapy and Music-based Interventions on Dementia: A Ailot Study". Journal of Music Theraphy, Vol. 58 No. 3 (2021), doi: 10.1093/jmt/thab005.

10 대부분 음악치료 관련 논문은 실험을 기반으로 하지만, 피험자의 수나 여타 변수의 통제라는 측면에서 연구의 신뢰성이 보편성이라는 측면에서 다소 한계를 보여 주기는 한다. 예를 들어

에게 음악치료의 효과가 나타난다는 사실은 확고한 것으로 보인다.[11]

이러한 음악치료에 있어 개인화(personalization)는 매우 중요한 요소인 것으로 보고되고 있다. 즉, 위와 같은 효과를 극대화하기 위해서는 개인 맞춤형 음악을 개인의 상황에 맞게 준비해야 한다. 여기서 개인화란 일차적으로 익숙하거나 선호하는 음악을 치료에 활용하는 것이라고 할 수 있다.[12] '음악 기반 디지털 치료제'는 이러한 음악 개인화 또는 음악치료의 합리적 관리에 조력할 것으로 기대된다. 물론 디지털 치료제가 당장 기존 음악치료사의 역할이나 개인/집단 치료를 대체할 것으로 기대하기는 어려울 것이지만, 돌봄을 제공하는 이나 치료사가 보호나 치료를 제공할 때 시너지를 기대할 수 있다고 생각된다. 정리하자면, 음악 기반 디지털 치료제는 음악치료의 보조 수단으로서 치료효과를 높이는 데 기여한다.

최근 음악치료 분야에도 인공지능을 활용하기 위한 노력이 이어지고 있다. LUCID사의 음악 기반 디지털 치료제를 예로 들자면, 해당 시스템은 Affective Music Recommendation System(AMRS)이라는 인공지능 모델을 활용한다. VIBE라고 명명된 서비스에서 환자는 각성과 원자가 차원(arousal and valence dimensions)을 나타내는 2차원 그리드로 자신의 기분을 입력하도록 요청받는다. 만약 현재의 기분을 평온한 상태로 변화시키고자 한다면 시스템은 적합한 트랙으로 구성된 음악을 재생해주는데, 이는 일종의 인공지능 강화학습의 결과로 도출된 데이터를 기반으로 학습된 모델에 근거한다.[13]

Ayelet Dassa, "Meeting Through Music: Online Music-therapy Sessions for People with Dementia and Their Spouses", GeroPsych - Journal of Gerontopsychology and Geriatric Psychiatry, Vol. 37 No. 1 (2024), doi: 10.1024/1662-9647/a000320에서 피험자는 단 14쌍의 부부 내지 커플이었으며, 총 아홉 세션으로 구성된 실험셋에서 한 세션은 1시간으로만 구성되어 있었다.

11 Celia Moreno-Morales, Raul Calero, Pedro Moreno-Morales & Cristina Pintado, "Music Therapy in the Treatment of Dementia: A Systematic Review and Meta-Analysis", Frontiers in Medicine, Vol. 7 (2020), doi: 10.3389/fmed.2020.00160.

12 M. Leggieri, M.H. Thaut, L. Fornazzari, T.A. Schweizer, J. Barfett et al., "Music Intervention Approaches for Alzheimer's Disease: A Review of the Literature. Frontiers in Neuroscience, Vol. 13 No. 1-8 (2019). doi: 10.3389/fnins.2019.00132; C.M. Tomaino, Music on Their Minds: A Qualitative Study of the Effects of Using Familiar Music to Stimulate Preserved Memory Function in Persons with Dementia. New York University Dissertation (1998).

13 이상 Frank A. Russo, Adiel Mallik, Zoe Thomson, Alexander de Raadt St. James, Kate

여타의 인공지능 모델이 그러하듯 디지털 치료제를 위한 모델에서도 양질의 데이터를 다량 학습하는 것이 중요하다. 다만 여기서 활용되는 학습 데이터는 보편성에 근거한다기보다 연령이나 인지 정도를 반영하여 수집되어야 하는 것으로 보이고, 비슷한 범주에 속한 이들에게서 추출한 데이터의 양과 질에 따라 디지털 치료제의 효과가 좌우될 것으로 예측된다. 물론 아직 관련 연구는 초기 단계에 머물러 있다는 점에서 학습 데이터 및 학습 방식이 치료효과에 미치는 영향에 대한 평가는 없지만, 관련 연구와 관련 치료방법의 활용은 더욱 활성화될 것으로 보인다.

앞서 본 학습 데이터가 환자 특성과 활용 가능한 음악을 매칭하는 것이었다면, 어떤 음악을 활용할 것인지도 중요한 문제가 된다. 기존 음악 중에서도 치료에 적합한 것을 찾아낼 수 있겠지만, 당연히 음악'치료'를 위한 음악은 기존 음악 외에, 치료 목적에 부합하도록 새롭게 작성될 필요가 있다. 이는 위에서 본 개인화와 관련하여 치료의 효과를 높이는 데 이바지할 것으로 기대되고, 이를 뒷받침하는 연구들도 등장하고 있다.[14] 해당 연구에서도 지적하듯 문제는 양질의 음악 데이터셋을 확보하는 것이고, 훈련과 검증을 통해 시스템을 고도화하는 것이라 말할 수 있다.[15] 다만 개인화된 음악의 작곡과 적용에는 많은 비용이 소요되는데, 이른바 생성형 인공지능이 이러한 기능을 수행해 줄 수 있다면 그 비용과 함께 시간의 절감이 가능해질 것이란 기대도 있다.[16] 결국 음악 기반 디지털 치료제에서 개인화, 즉 기존 음악의 개인화된 제공, 더 나아가 개인화된 음악의 생성까지 데이터가 상당히 중요하다는 점을 확인할

Dupuis et al., "Developing a Music-based Digital Therapeutic to Help Manage the Neuropsychiatric Symptoms of Dementia", Frontiers in Digital Health, Vol. 5 (Jan. 20, 2023), doi: 10.3389/fdgth.2023.1064115.

14 Y. Hou, "AI Music Therapist: A Study on Generating Specific Therapeutic Music based on Deep Generative Adversarial Network Approach", 2022 IEEE 2nd International Conference on Electronic Technology, Communication and Information (ICETCI), Changchun, China, 2022, doi: 10.1109/ICETCI55101.2022.9832398.

15 Id.

16 Chaoguang Wang & Lusha Huang. "Personalized Music Therapy Information System Based on Algorithmic Composition in the Treatment of Autism Spectrum Disorder". In: 2023 Universal Access in Human-Computer Interaction: 17th International Conference (UAHCI), Held as Part of the 25th HCI International Conference, HCII 2023, Copenhagen, Denmark, 2023, Proceedings, Part I. Springer, 2023, doi: 10.1007/978-3-031-35681-0_44.

수 있다. 특히 기존 음악으로 구성된 데이터셋은 개인 맞춤형 음악을 생성하는 데까지 활용되고, 임상 데이터와 결합을 통해 보통 결과지향적 모델을 만들 수 있다는 점에서 음악 기반 디지털 치료제에 있어 핵심이 된다.

2. 음악 분야 인공지능의 현재

여기서 음악 생성과 관련된 인공지능을 전반적으로 개관할 수는 없다. 다만 논의의 전제가 되는 몇몇 발전상과 관련 논의에 주목해 보고자 한다. 음악을 생성하는 인공지능을 주된 주제로 다루는 연구는 흔하지 않다. 도리어 업계에서 출시되거나 시범운영 중인 시스템을 통해 그 기능과 가능성을 가늠해 보는 것이 최선이라 생각된다.

인공지능에 의해 음악이 작성되는 것은 이제 매우 자연스러운 현상이 되었다. 음악창작을 위한 여러 인공지능 모델과 서비스가 등장했고, 이미 다양한 분야에서 활용되고 있다. 최근에는 프롬프트에 입력하는 간단한 텍스트나-프롬프트 입력 없이-코드 프로그레스나 파라미터 입력에만 의존하여 단순한 음악만 만들어 내는 것이 아니라, 보다 복잡한 음악 생성, 예를 들어 입력된 가사에 맞는 음악이나 악기 구성에 관한 것, 장르 혹은 화성까지 구체적으로 지정하여 완성된 음원을 생성할 수 있는 인공지능 서비스까지 등장했다(예를 들어 suno.ai). 즉, 초거대 언어 모델과의 결합을 통해 프롬프트에 입력되는 다양한 정보를 반영한 음악 생성도 가능해진 상황이다. 앞서 본 바 있지만, 더 좋은 생성물을 도출하기 위해서는 더 다양하고, 더욱 좋은 품질의 음악 데이터가 필요할 것이고, 이를 모델 내 가중치로 바꾸는 모델링 절차도 중요하다. 전자에 대한 문제로 어떤 데이터셋을 인공지능 학습에 활용하는지가 중요한 논의 거리가 될 수 있고, 후자에 관한 논의로 어떤 신경망 설계나 학습 방법론이 음악 생성에 적합한지에 관한 연구가 필요한데, 실제로 관련 연구가 전개되고 있기도 하다.[17]

특히 신경과학과 인공지능의 발전은 이들의 상호의존성으로 인해 시너지를 내면서 인공지능에 의한 음악 생성, 특히 용도와 목적이 특정된 음악 생성 영역에도 긍정

---

17 M. Mansoori & R. Murali, “A Systematic Survey on Music Composition Using Artificial Intelligence”, 2022 International Conference for Advancement in Technology (ICONAT), Goa, India, 2022, doi: 10.1109/ICONAT53423.2022.9726088.

적 영향을 미칠 것으로 예측되고 있다.[18] 물론 인간의 뇌와 인공지능의 뉴럴 네트워크를 일대일로 대응할 수 없지만,[19] 인간의 정신과 정서에 영향을 주는 과정이 인공지능을 통해 규명되고, 그 경계가 확장될 수 있다는 점은 비교적 분명해 보인다. 앞에서는 음악치료를 중심으로 인공지능의 활용성을 타진했는데, 인공지능 연구에서도 인간의 심리와 능력에 미치는 영향은 중요하게 다뤄진다.[20] 결국 목적지향적인 성격이 강한 디지털 치료제로서 음악이 인공지능과 결부되어 시너지를 낼 수 있다는 점은 매우 자명한 것이라 할 수 있다.

물론 데이터와 모델링 중 무엇이 더 중요하다고 단언할 수 없지만, 적어도 모델링 단계 이전에 양질/다량의 음악 데이터셋을 확보하는 것은 관련 인공지능의 개발과 활용에 있어, 또 음악치료의 효과성을 높이는 데 있어 전제가 된다. 앞서 본 바와 같이 기존 음악/치료용 음악과 사람들의 피드백(임상 데이터)이 결부된 데이터의 중요성이 매우 커질 것으로 예상된다. 관련 데이터의 확보는 디지털 치료제의 개발과 활용에 있어 핵심적 역할을 할 것이다.

3. 쟁점

최근 인공지능 개발사 혹은 서비스 제공업체와 대량의 창작물에 관한 권리, 즉 저작권을 보유한 회사나 집단 사이에서 분쟁이 빈번하게 발생하는 것으로 확인된다. 다량의 이미지에 대한 이용허락을 제공해 주는 Getty Images와 이미지 생성 인공지능 서비스인 Stability AI 사이의 분쟁도 현재 진행 중이고,[21] New York Times를

----

18 D. Cope, "Music, Artificial Intelligence and Neuroscience". In: E.R. Miranda (ed.), Handbook of Artificial Intelligence for Music. Springer, 2021, https://doi: 10.1007/978-3-030-72116-9_7.

19 정진근, "미국 법원은 인공지능 머신러닝을 위한 TDM을 공정이용으로 판단할 것인가?", 『계간 저작권』, 통권 제144호(2023. 12.), 220면.

20 Catherine K Ettman & Sandro Galea, "The Potential Influence of AI on Population Mental Health", JMIR Mental Health, Vol. 10 (2023), doi: 10.2196/49936.

21 Mark Nichols, "Getty Images Launches Litigation Against Stability AI Over Alleged Misuse of Images", Potter Clarkson's Insights, Feb. 6, 2023, 〈https://www.potterclarkson.com/insights/getty-images-launches-litigation-against-stability-ai-over-alleged-misuse-of-images/〉.

비롯한 언론사와 인공지능 회사 사이 갈등도 법적 분쟁으로 비화된 바 있다.[22] 음악과 관련해서도 글로벌 음반제작자들이 suno.ai를 상대로 저작권 침해소송을 제기한 바 있다.[23]

이러한 갈등과 법적 리스크에도 불구하고, 딥러닝이 기계학습의 보편적 방법론으로 자리매김하면서 학습 데이터의 중요성은 매우 커진 상황이다.[24] 그 결과로 인공지능 모델의 크기, 즉 가중치의 양은 상당히 증가했고,[25] 이는 생성 결과의 품질과 정확도에도 큰 영향을 미치는 것으로 평가된다.[26] 따라서 인공지능 사업자 입장에서 데이터의 수집은 매우 핵심적인 전략이 될 수밖에 없다.[27]

그러나 이들이 수집하고자 하는 데이터 중에는 재산적 가치가 있는 것이 포함되어 있고, 더 나아가 개인정보와 같이 달리 법적 보호를 향유하는 것들 역시 있다. 이들의 수집 및 활용 자체가 문제될 수 있는데, 이에 더해 '생성형' 인공지능은 생성결과에도 데이터로 유입된 저작물이나 개인정보가 포함될 수 있다는 점에서 추가적인 문제가 제기될 수 있다.[28] 마찬가지의 문제는 음악 기반 디지털 치료제에 대해서도

22 본 논문 IV 2 참조.

23 Kate Knipbbs, "US Record Labels Sue AI Music Generators Suno and Unio for Copyright Infringement", WIRED, Jun. 24, 2024, 〈https://www.wired.com/story/ai-music-generators-suno-and-udio-sued-for-copyright-infringement/〉.

24 류시원, "인공지능 시대 저작권 정책 형성절차에 관한 제언", 『법제』, 통권 제704호(2024. 3.), 111면 참조.

25 GPT-4 모델의 매개변수는 1.5~1.8조 개에 이른다. Matthias Bastian, "GPT-4 Has More Than a Trillion Parameters: Report", The Decoder, Mar. 25, 2023, 〈https://the-decoder.com/gpt-4-has-a-trillion-parameters/〉.

26 이철남, "생성 AI의 데이터 학습에 관한 쟁점과 TDM 관련 저작권법 개정 방향" 『과학기술법연구』, 제29권 제3호(2023. 10.), 40면 참조.

27 데이터 자체가 인공지능 사업자의 경쟁수단이라는 점은 자명하다. New York Times의 보도에 의하면, OpenAI는 유튜브 영상에 대한 음성인식을 통해서도 학습 데이터를 추출한 것으로 알려져 있다. Cade Metz, Cecilia Kang, Sheera Frenkel, Stuart A. Thompson & Nico Grant, "How Tech Giants Cut Corners to Harvest Data for A.I.", NYT, Apr. 6, 2024.

28 일반적으로 인공지능 모델 학습에서 데이터는 토큰화되고 벡터화된다고 알려져 있고, 원본 데이터로의 복구가 불가능한 것으로도 알려져 있다. 같은 맥락에서 모델 학습은 저작권법상 복제에 해당하지 않고, 당연히 침해 문제도 발생하지 않을 것이라고 주장된다. 정진근, 앞의 논문, 222~223면. 그런데도 인공지능에서 학습한 데이터를 그대로 복원할 수 있는 이른바 기억(memorization) 현상은 -그것이 오류이든 의도적인 것이든- 존재한다. Rachel Metz, "OpenAI Claims New York Times Isn't 'Telling the Full Story' in Suit.", Bloomberg.com,

발생할 수 있는데,[29] 현재까지 관련 문제를 짚는 논의를 쉽게 찾아볼 수 없다. 다만 인공지능을 둘러싼 지식재산권 관련 논의가 디지털 치료제 및 이와 관련된 음악 창작/활용에 적용될 수 있다는 점에서 관련 논의가 인사이트를 줄 수 있다고 생각된다.

이와는 전혀 다른 차원의 문제로 생성형 인공지능의 부산물이라고 할 수 있는 생성물의 보호 필요성 논의에도 주목할 필요가 있다. 특히 디지털 치료제로서의 음악을 생성했다면, 하나하나의 음악이 가치를 지닐 수 있다. 특히 특정 음악이 특별히 높은 수준의 치료 효과를 보인다면, 이들에 대한 보호 필요성은 더욱 강하게 제기될 수 있다.

III (음악) 데이터셋을 둘러싼 법적 논란

1. 도입: 문제제기

디지털 치료제로서 음악이 활용되는 형태는 다양하다고 말할 수 있다. 우선 기존 음악, 즉 인간에 의해 치료와 무관하게 창작된 음악을 목적에 부합하는 방식으로 재생되도록 하면서 치료 효과를 기대하는 방안이 있다. 이와 달리 대상, 질병 및 목적에 부합하는 새로운 음악이 창작될 수도 있다. 여기서는 이 두 가지 방안 모두에 주목하고자 하는데, 두 방식에 대해 각기 다른 지식재산권 쟁점이 도출될 수 있다.

지식재산권은 그 권리자에게 배타적 이용권을 부여하고, 해당 권리를 토대로 산업상 내지 거래상 유의미한 행위를 통제하도록 한다. 예를 들어 저작권법은 저작자에게 복제권과 공중송신권을 인정하는데,[30] 이에 따라 여하한 형태로 저작물의 복제물을 만들 권리와 이를 네트워크를 통해 전달할 권리가 저작자에게 배타적으로 귀속된다. 그 결과 데이터의 수집(다운로드, 크롤링 등)이나 다른 저장공간으로의 재복제,

---

Jan. 9, 2024, 〈https://www.tbsnews.net/tech/openai-claims-nyt-isnt-telling-full-story-lawsuit-772310〉.

29 미국의 음반제작자가 suno.ai를 상대로 제기한 소송에서 원고는 음반에 포함된 프로듀서 태그(producer tag)가 생성물에 포함되어 있다는 점을 지적한 바 있다. UMG, Inc. v. SUNO, Inc., Plaintiff's Complaint, 〈https://www.riaa.com/wp-content/uploads/2024/06/Suno-complaint-file-stamped20.pdf〉, para. 63.

30 저작권법 제16조 및 제18조.

네트워크에서 접근 가능하도록 해두는 것 등만으로 저작권 침해가 성립할 수 있다. 이는 다자조약에 의해 인정된 권리로서 국가별 차이가 거의 존재하지 않는다는 점에서 나름 보편적 규범이라 할 수 있다.[31] 인공지능에서 데이터를 처리하는 과정에서 데이터에 포함된 저작물의 복제나 전송은 빈번하게 일어날 것으로 예상되는데, 이는 저작권 침해에 해당할 수 있다. 각국, 특히 인공지능을 국가전략으로 삼은 곳들은 저작권 침해 가능성을 해소하기 위한 다양한 방안을 모색하고 있다.

물론 인공지능과 저작권 문제는 더욱 넓은 스펙트럼에서 논의될 수 있다. 예를 들어 인공지능 생성물의 보호 방안을 둘러싼 문제가 발생할 수 있다.[32] 아래에서 자세히 보겠지만, 저작물로서 저작권법에 의해 보호받기 위해서는 인간에 의한 창작이어야 하는데,[33] 인공지능 창작은 인간에 의한 것으로 볼 수 없다는 점에서 저작권으로 보호될 가능성이 그만큼 낮아진다.[34] 우리나라에서도 인공지능이 창작한 음악을 저작물로 등록해 문제된 사건이 있었는데,[35] 인간의 창작만을 저작물로 인정하는 저작권법과의 충돌은 불가피한 것이다.

이하에서는 이 두 가지 문제를 중심으로 인공지능과 저작권의 문제를 논의하고자 한다.

2. 인공지능에 의한 기존 음악 활용의 문제

가. 전통적인 접근

위에서 본 바와 같이 인공지능 모델 학습에서 기존 데이터의 활용은 대단히 유용할 수 있다. 같은 맥락에서 가능한 한 다수의, 또 양질의 데이터를 활용할 필요성 역시 제기된다. 그런데 이와 같은 데이터 활용에 대해서는 저작권 침해 문제가 제기되어 왔다. 구체적으로 인공지능에서 (음악)저작물을 활용하는 형태는 다음과 같은 단계로 도식화할 수 있다.

---

31 베른협약(Berne Convention) 제9조 제1항, TRIPS 협정 제9.1조 및 WCT(WIPO Copyright Treaty) 제1조 제4항 참조.

32 예를 들어 김윤명, "생성형 인공지능(AI) 모델의 법률 문제", 『정보법학』, 제27권 제1호(2023. 4.), 96면 이하.

33 저작권법 제2조 제1호 참조.

34 본 논문 III 1 참조.

35 본 논문 III 3 가 참조.

	음악 데이터 수집 및 이용
→	음악 데이터 처리 및 토큰화
→	프롬프트 입력값에 따른 음악 생성·출력
→	생성결과의 활용

위에서 본 바와 같이 위 각 단계 혹은 각 단계 내에서 이루어지는 복제 등 저작물 이용은 원칙적으로 저작자의 배타적 권리에 속하는 행위로서, 이는 저작권 침해라는 결과로 귀결될 수 있다. 모델 학습 시 데이터가 토큰화 및 벡터화된다는 점에서 모델 학습에서부터 결과물 생성 과정까지, 또 그 이후 활용 시에 저작권 침해 여부는 여전히 모호할 수 있다.[36] 그러나 '학습 이전' 단계에서 저작물의 이용이 문제된다는 것은 비교적 명확해 보이며,[37] 이에 따라 현재의 논의는 저작물의 수집과 추출에 집중되어 있는 것처럼 보인다. 그런데 아무리 학습 '이전' 단계의 문제라고 하더라도 그 결과는 모델 전반 또는 인공지능 운영 전반에 미칠 수 있다.[38] 즉, 저자권 침해의 결과는 비단 금전적 배상에 그치지 않고, 사용의 금지 및 예방 조치까지 포괄한다는 점에서[39] 사업자 입장에서 금전적 보상 외에 서비스 제공이 차단되는 치명적인 결과를 초래할 수 있다.

이러한 문제를 해결하기 위해 사업자가 자체적으로 작곡가를 고용하여 용도에 부합하는 음악을 작성하도록 하고, 이에 관한 권리를 애초에 확보하려는 시도 역시 있다.[40] 이는 고용관계에서 나온 저작물에 대한 저작권을 회사 등 사용자에게 귀속시키

36 본 논문 IV 2 참조.

37 앞의 각주 28번 참조. 같은 맥락에서 Matthew Sag, "Fairness and Fair Use in Generative AI", Fordham Law Review, Vol. 92 No. 5 (2024), pp. 1907-1908는 학습 이전에서 복제권 침해가 일어날 수 있다는 점을 전제로 공정이용에 의한 정당화 가능성을 검토한다.

38 일본 문화성이 2024년 내놓은 보고서는 인공지능을 위해 학습된 모델은 저작물을 학습한 것으로 -데이터셋과 달리- 이를 단순 복제한 것이 아니라는 점에서 침해와의 관련성이 높지 않고, 침해를 위해서만 사용되는 경우에도 해당하지 않는다고 본다. 文化審議会著作権分科会法制度小委員会, AI と著作権に関する考え方について, 2024. 3. 15., 〈https://www.bunka.go.jp/seisaku/bunkashingikai/chosakuken/pdf/94037901_01.pdf〉, 30면.

39 저작권법 제123조 참조.

40 최광민, "소니 뮤직, "AI 학습에 음원 허락없이 사용 말라"... 국내 대표 AI 음악 창작 플랫폼 '포자랩스', "해당 사항 없습니다!!"", 인공지능신문, 2024. 6. 14.자 참조.

는 제도를 통해 저작권을 확보하기 위한 것이다.[41] 이와 같은 대안이 가지는 한계는 비교적 분명한데, 보편적인 음악 생성 모델에 있어 필요한 모든 음악 소스를 소수의 인력이 만들어 낸다는 것이 사실상 어렵다는 점에서 이는 당장 실효성 있는 대안으로 여겨지지 않을 수 있다.

나. 새로운 접근

인공지능 산업이 가지는 의미가 강조되는 상황에서, 또 인공지능이 새로운 성장 동력으로 인식됨에 따라 인공지능 산업에 부합하는 방향으로 지식재산권법이 적응해야 한다는 목소리가 커지고 있다. 전통적인 지식재산 패러다임과는 구별되는 이와 같은 접근은 생성형 인공지능이 이슈로 떠오르기 전부터 그 필요성이 제기된 바 있다. 예를 들어 빅데이터(big data)에서 이른바 텍스트/데이터 마이닝을 통해 매우 높은 가치의 정보가 도출될 수 있다는 기술적 발견이 있었다. 이는 위에서 본 바와 같이 데이터 활용을 위한 각 단계를 저작권 침해로부터 배제해 주는 일종의 면책제도를 설계·도입해야 한다는 당위로까지 이어졌다.

학계와 관련 실무계에서 이는 텍스트/데이터 마이닝 예외(text and data mining exception)로 불리고, 이를 TDM 예외로 줄이기도 한다. 동 예외는 데이터에 포함된 저작물의 복제 및 전송 중 일부가 저작권의 범위에서 제외되도록 하는 데 목적이 있는데, 대표적인 사례로서 EU와 일본의 관련 규정이 제시될 수 있다. 먼저 EU의 디지털 단일시장 지침[42]상 관련 규정은 아래와 같다.

---

41 예를 들어 우리 저작권법 제2조 제31호 및 제9조 참조. 각국은 고용관계에 나온 저작물의 권리귀속에 관하여 다양한 입장을 가지고 있다. 다만 사용자가 손쉽게 권리를 확보할 수 있는 방안을 마련해두는 경우가 많다. 예를 들어 미국에서도 works made for hire라는 개념하에서 사용자가 근로자가 업무의 일환으로 만든 저작물에 대한 권리를 '원시적으로' 취득하도록 한다.

42 Directive (EU) 2019/790 of the European Parliament and of the Council of 17 April 2019 on copyright and related rights in the Digital Single Market and amending Directives 96/9/EC and 2001/29/EC. 이하 "EU DSM 지침"으로 줄인다.

DSM Directive (EU) 2019/790 Art. 4 Exception or limitation for text and data mining

1. Member States shall provide for an exception or limitation to the rights provided for in Article 5(a) and Article 7(1) of Directive 96/9/EC, Article 2 of Directive 2001/29/EC, Article 4(1)(a) and (b) of Directive 2009/24/EC and Article 15(1) of this Directive for reproductions and extractions of lawfully accessible works and other subject matter for the purposes of text and data mining.
2. Reproductions and extractions made pursuant to paragraph 1 may be retained for as long as is necessary for the purposes of text and data mining.
3. The exception or limitation provided for in paragraph 1 shall apply on condition that the use of works and other subject matter referred to in that paragraph has not been expressly reserved by their rightholders in an appropriate manner, such as machine-readable means in the case of content made publicly available online.
4. This Article shall not affect the application of Article 3 of this Directive.

위 EU의 규정은 이원화되어 있다. 즉, TDM 예외는 순수한 학술적 연구를 위해서도 인정되지만(지침 제3조), 위에서 제시된 지침 제4조는 학술적 연구뿐 아니라 상업적 이용을 포괄하는 예외이다. 따라서 학술 연구에 대해서 보다 강화된, 다시 말해 엄격한 기준하에서 기존 저작물의 이용을 허락한다.[43] 그러나 이것조차도 상당히 완화된 기준으로 볼 수 있는데, 지침 제4조 제3항은 마이닝 목적을 위해 -그 목적 범위 내에서- 저작물을 복제하거나 추출하는 것이 가능하도록 하면서 이를 회피하고자 하는 권리자는 기계판독이 가능한 형태로 반대 의사를 밝혀야 한다고 정한다. 다시 말해 이와 같은 표시를 하지 않은 저작자는 자신의 저작물이 데이터 마이닝에 활용될 수 있다는 점을 감수해야 한다.[44]

43 물론 DSM 지침 제4조가 인공지능, 그중에서도 생성형 인공지능에 적용되는지에 대해서는 논란이 있다. 예를 들어 DSM 지침은 정보분석을 목적으로 하는 TDM을 허락하는데, 생성은 이를 뛰어넘는 목적이라는 비판이 제기된다. Franz Hofmann, "Retten Schranken Geschäftsmodelle generativer KI-Systeme?", Zeitschrift für Urheber- und Medienrecht, Vol. 68 No. 3 (2024), p. 174.

44 이는 비단 동 지침이 이행일 이후에 창작되는 저작물에 대해서만 적용되는 것이 아니다. 다시 말해 과거에 나온 저작물이 마이닝을 회피하기 위해서는 소급적으로 해당 표시를 해야 한다.

우리 정부(문화체육관광부) 역시 EU의 이런 태도에 상응하여 "생성 인공지능과 저작권"이라는 가이드라인에 다음과 같은 권고를 포함시킨 바 있다.

> 인터넷 등에 게시되어 누구나 접근할 수 있게 공개된 저작물에 대해서는, 사업자들이 크롤링(Crawling) 등을 통해 데이터셋을 구성함으로써 AI 학습에 이용하는 경우가 많음
> - 저작권자는 자신의 저작물이 AI 학습에 이용되는 것을 원하지 않을 시 그에 반대하는 의사를 적절한 방식으로 명시하거나 이를 방지하기 위한 기술적인 조치를 취하는 것이 적절(예: 약관 규정 명시, 로봇배제표준 적용 등)
> - 이미 인터넷 공간에 공개된 저작물이므로, 그와 같은 조치 등을 취하지 않을 경우에는 분쟁 발생 시사안에 따라서 묵시적 이용허락 등이 쟁점화될 수 있음[45]

EU의 위 지침 규정 및 가이드라인은 이후 많은 권리자의 대응을 불러왔다. 즉, 많은 권리자는 이 기준에 따라 자신의 저작물에 직접 혹은 다소 간접적인 방법으로 마이닝 금지에 관하여 표시하고 있다.[46] 어떤 표시가 과연 유효한 표시인지에 관하여는 논란이 제기될 수 있지만, 포괄적으로 인공지능 학습을 거절하는 경우도 있다. 예를 들어 아래 공지는 우리나라 음악저작물 중 상당수를 신탁이라는 형식으로 관리 중인 한국음악저작권협회에서는 인공지능이 기존 저작물을 학습용 데이터로 제한 없이 사용할 수 있게 한 저작권법 개정안에 대해서 2023년 3월에 반대 입장을 내놓은 바 있다.

한편 일본 저작권법의 관련 규정은 다음과 같다.

> **일본 저작권법 제30조의4(저작물에 표현된 사상 또는 감정의 향수를 목적으로 하지 않는 이용)**
> 저작물은 다음의 경우 기타 해당 저작물에 표현된 사상 또는 감정을 스스로 향수하거나 타인에게 향수시킬 것을 목적으로 하지 않는 경우에는 그 필요하다고 인정되는 한도에서 어떠한 방법에 의하든 사용할 수 있다. 다만, 해당 저작물의 종류 및 용도 및 해당 이용 양태에 비추어 저작권자의 이익을 부당하게 침해하는 경우에는 그러하지 아니하다.

---

45 문화체육관광부·한국저작권위원회, 『생성형 AI 저작권 안내서』, 2023, 24면.

46 임대준, "세계 최대 출판사, 종이책에 AI 데이터 학습 거부 최초 표시 ", AI 타임즈, 2024. 10. 21.자.

1. 저작물의 녹음, 녹화 기타 이용에 관한 기술의 개발 또는 실용화를 위한 시험용으로 제공하는 경우
2. 정보해석(다수의 저작물 기타 대량의 정보로부터 해당 정보를구성하는 언어, 소리, 영상 기타 요소에 관한 정보를 추출, 비교, 분류기타 분석을 실시하는 것을 말한다. 제47조의 5 제1항 제2호에서 같다)의 용도로 제공하는 경우
3. 제1호 및 제2호에 정한 경우 외에 저작물의 표현에 대한 사람의 지각에 의한 인식을 수반하지 않고 해당 저작물을 전자계산기에 의한 정보처리 과정에서의 이용 및 기타 이용(프로그램저작물에 있어서는 해당 저작물의 전자계산기의 실행을 제외한다)에 제공하는 경우[47]

이 규정은 EU의 지침보다 한 걸음 더 나아간 것으로, 일본은 아예 향유를 위한 것이 아닌 때, 실질적으로 인공지능 학습을 위한 것일 때, 저작물을 자유롭게 수집하여 이를 토대로 모델을 만드는 것이 권리자의 허락 없이 가능하도록 법을 고쳤다. 만약 EU 지침이나 위 가이드라인에 따른 반대 의사의 표시가 있더라도 일본 저작권법은 이를 무시할 수 있다고 보는 것이다. 이를 통해 일본은 인공지능 사업자에 유리한 환경을 만들고자 한다.

결국 인공지능 기술과 산업 전망에 관한 입장차에 따라 각국의 태도가 가변적일 수 있다는 점도 드러난다고 할 수 있다.

다. 관련 논의

인공지능을 위한 음악 데이터 활용에 관하여는 명백한 의견대립이 있는 것으로 보인다. 특히 창작자와 일부의, 특히 유럽의 지식재산권법 연구자들은 저작물이 인공지능 모델 학습에 활용되는 문제에 저작권법의 준수(최소한 존중)와 투명성을 요구한다. 일례로 2024년 2월 ALAI(International Literary and Artistic Association) 이사회의 저작권에 대한 인공지능의 영향에 관한 결의(Resolution concerning the Impact of Artificial Intelligence on Copyright)에서 학자들과 창작자들은 인공지능이 저작물 데이터를 학습할 때 저작권을 존중해야 한다고 강조한 바 있다.[48] 이에 따

---

47 위 번역은 김경숙, "TDM 관련 저작권법 개정안의 비판적 고찰: 기술적보호조치 관점에서의 비교법적 검토", 『경영법률』, 제31권 제3호(2021. 4.), 125~126면에서 발췌한 것임.

48 Executive Committee of the ALAI, "Resolution Concerning the Impact of Artificial Intelligence on Copyright", ALAI's Resolutions, Feb. 17, 2024, 〈https://www.alai.org/

라 인공지능 사업자는 원칙적으로 저작권자의 허락을 구해야 하고, 예외적으로 저작권자에게 합리적이고 적절한 보상을 해 주어야 한다고 주장한다. 또 인공지능 학습에 있어 어떤 저작물이 활용되는지 밝혀야 한다는 이른바 투명성 원칙이 준수되어야 하고, 이는 인공지능 생성물에 대해서도 마찬가지로 적용되어야 한다고 본다. 즉, 생성물에 기존 저작물이 활용되었는지를 알 수 있도록 해야 한다는 것이다.[49]

이에 반해 인공지능 산업계와 관련 산업발전을 지지하는 학자들은 다른 입장을 가지고 있다. 예를 들어 우리나라 문화체육관광부에서 내놓은 위 가이드라인에 대해 한국소프트웨어산업협회 산하 초거대AI추진협의회는 가이드라인의 내용이 인공지능 산업을 저해할 것이라는 점을 지적하면서 인공지능 친화적 변화를 촉구한 바 있다.[50] 이는 저작권법의 전면적인 개정이나 인공지능에 유리한 해석으로 인공지능의 발전을 법정책적으로 보조해야 한다는 논리로, 저작권 보호의 강조가 자칫 국내 관련 산업의 경쟁력을 저해시킬 수 있다는 우려로 볼 수 있다.

이와 유사한 주장은 학계에서도 나오는데, 일부의, 특히 우리나라 학자들은 인공지능은 일종의 시대적 변화 내지 패러다임의 전환으로 이해되어야 한다는 입장이다.[51] 그중에는 전통 저작권체계, 다시 말해 저작자의 넓은 배타적 권리 대 목적지향적이고 요건이 까다로운 '제한'규정이라는 틀을 벗어나야 한다고 역설하는 이도 있다. 즉, 인공지능 시대에 학습이 단지 TDM 예외를 통해 인정되는 것은 적합하지 않다는 지적이다.[52]

다소 중립적인 견해도 있는데, 인공지능을 위한 학습 데이터를 확보하지 못하는 문제, 더 나아가 데이터 활용에 따른 법적 결과가 명확하지 않은 데 대한 문제제기가 있다. 특히 음악학 분야에서도 인공지능의 활용이 두드러지면서 이른바 음악 데이터 마이닝의 중요성과 현재의 법적 불안정성에 대한 대책이 필요하다는 주장이 나

---

en/assets/files/resolutions/240217-impact-ia-copyright_en.pdf〉.

49 관련 내용은 EU의 인공지능법(Artificial Intelligence Act; Regulation (EU) 2024/1689)에도 일부 반영되어 있다. EU 인공지능법 제53조 참조.

50 남혁우, "초거대AI추진협의회, 생성형AI 저작권 안내서 개정 건의: 실정에 맞지 않는 정책으로 기술개발 축소 우려 전달", ZDNet Korea, 2023. 12. 27.자.

51 예를 들어 김윤명, "데이터 공정이용", 『계간 저작권』, 통권 제141호(2023. 3.), 22~23면.

52 예를 들어 Thomas Margoni & Martin Kretschmer, "A Deeper Look into the EU Text and Data Mining Exceptions: Harmonisation, Data Ownership, and the Future of Technology", GRUR International, Vol. 71 No. 8 (2022), doi: 10.1093/grurint/ikac054.

온다.[53]

이는 인공지능을 고려한 입법이 이루어진 이후에도 보호와 활용 사이에서 여전히 갈등상태가 이어질 수 있음을 의미한다. 다만 저작권자들 중에서도 절대적 보호에서 보상이라는 가능성, 즉 절충의 여지를 열어두는 경우가 있다는 점에서 다소의 변화가 감지되기는 한다. 같은 맥락에서 한국음악저작권협회 역시 -위에서 보듯- 관리 중인 음악의 인공지능 학습을 원칙적으로 허락하지 않으면서도 협상의 여지 내지 보상을 전제로 하는 이용허락의 가능성을 열어두었다는 점은 주목할 만하다.

한편 TDM 예외에 의해 포섭될 수 있는 이용이 생성 이전 단계에 머물러 있다는 비판 역시 가능하다. 다시 말해 EU와 일본에서 도입한 위 규정들로 포섭할 수 있는 것은 기껏해야 수집까지, 다시 말해 토큰화 및 가중치화 또는 이에 준하는 절차 이전 이용행위에 그치는 것이지,[54] 생성물이 다른 이의 저작물과 동일하거나 실질적으로 유사하다면 이는 면책의 대상에서 벗어난 것이 된다. 또 앞서 본 바와 같이 학습부터 생성까지의 과정에서 발생하는 침해 가능성이 완전히 해소된 것이 아닌데, 관련 문제에 대한 논의는 시작 단계에 머물러 있는 것으로 보이고, 더욱이 음악 기반 디지털 치료제가 주는 시사점 역시 현재까지 제한적이다.

3. 인공지능 생성물의 보호 문제

가. 저작권법상 창작자주의

우리 저작권법 제2조 제1호는 저작권법으로 보호되는 저작물을 “인간의 사상 또는 감정을 표현한 창작물”이라 정의한다. 여기서 ‘인간’ 요건을 두고 저작권법상 저작물로 보호를 향유하기 위해서는 반드시 인간 창작활동의 결과여야 한다고 이해하는 것이 매우 일반적이다. 이는 우리나라 저작권법뿐 아니라 다른 저작권법에서도 공통적으로 채택하고 있는 원칙인데, 이에 따라 인간에 의해 만들어지지 않은, 즉 기계나 동물에 의한 것은 저작권법상 보호를 향유할 수 없다. 이를 두고 창작자주의라 표현하기도 한다.[55]

---

53 Fabian Rack & Klaus Frieler, “Music Data Mining”, in: Hans-Christian Gräfe (ed.), Über den Tellerrand (Tagungsband zur Sommerkonferenz 2019), Fachmedien Recht und Wirtschaft, 2020, p. 45.

54 정진근, 앞의 논문, 222면 참조.

55 Johannes Fritz, “The Notion of ‘Authorship’ Under EU Law-Who Can be an Author and

이는 인공지능에 대해서도 마찬가지인데, 인공지능이 생성한 결과가 인간의 창작과 유사하다고 하더라도, 더욱이 이 둘의 구별이 현실적으로 어렵더라도 저작권법에서 인간의 창작만을 보호하는 것이 원칙이라는 점에는 변함이 없다. 아직 음악과 관련하여 제기된 사건은 없지만, 미국 저작권청(U.S. Copyright Office)은 〈Zarya of the Dawn〉이라는 그래픽노블에 대해 저작권 등록을 수리했다가 해당 작품이 인공지능에 의해 생성된 것임을 인지하고 해당 등록을-부분적으로-반려하는 일이 있었다.[56] 동 결정을 향한 이의신청에 대해 검토위원회(Review Board) 역시 저작권청의 결정을 유지함으로써 인공지능 생성물이 가지는 저작권법상 한계가 비교적 명백하게 드러났다.[57]

그림 5-1 Zarya of the Dawn

What Makes One an Author?: An Analysis of the Legislative Framework and Case Law", Journal of Intellectual Property Law & Practice, Vol. 19 No. 7 (2024), p. 553.

56 엄밀히 말해 프롬프트에 입력한 텍스트나 이미지만으로 생성된 결과가 인간의 창작이 될 수는 없고, 인간이 생성된 이미지에 대해 부가한 텍스트와 이미지와 텍스트를 배치/구성한 것은 저작물에 해당한다고 보았다.

57 U.S. Copyright Office, "Re: Zarya of the Dawn (Registration # VAu001480196)", Review Board's Decision, Feb. 21, 2023, 〈https://www.copyright.gov/docs/zarya-of-the-dawn.pdf〉.

위 작품은 Midjourney라는 이미지 생성에 특화된 생성형 인공지능에 의해 만들어진 이미지에 말풍선 텍스트를 입력하여 만든 것으로, 저작권청과 위 검토위원회는 그 텍스트에 대한 창작성을 인정했지만 이미지에 대해서는 저작물성을 인정하지 않았다. 생성된 이미지 역시 프롬프트에 텍스트를 입력한 결과로 도출된 것이기는 하지만,-입력한 텍스트의 저작물성은 별론으로 하고-생성된 이미지 및 그에 대한 다소의 편집/보정만으로는 프롬프트 입력자의 저작물로 볼 수 없다고 보았다. 물론 이는 단지 미국의 사례라는 점에서 이를 전 세계로 일반화할 수 없지만, 적어도 인공지능 생성물이 저작물로 보호되는 것은 어렵고, 단지 텍스트 입력이라는 요소만으로 미술 저작물에서 인간 요건이 충족되지 않는다는 점을 보여 주었다고 볼 수 있다.

나. 생성물 식별·보호에 관한 논의

인공지능 산업계에서는 앞서 본 바와 같이 기존 저작물을 제약 없이 사용할 수 있어야 한다고 주장하는 한편, 인공지능 생성물의 법적 보호를 위해서도 목소리를 내고 있다. 우리나라에서는 음악 생성 인공지능을 개발한 회사에서 인공지능 생성물을 회사 직원 명의로 등록받아 문제 된 사건이 있었다.[58] 이 사실이 알려지면서 '저작권' 사용료의 지급이 중단되는 일이 발생했는데, 국내·외에서 이와 유사한 논쟁은 끊임없이 제기될 것으로 보인다. 이에 대해 다음과 같이 전혀 다른 방향의 두 가지 논의가 이루어지고 있다.

- 인공지능 생성물이 저작물로 오인되지 않도록 하는 표시, 예를 들어 made by AI 등을 하도록 강제
- 관련 산업 및 데이터 보호를 위해 인공지능 생성물에 저작물에 준하는 보호 부여

전자의 문제에 관해서는 EU 차원에서 의무화가 이뤄졌고,[59] 우리 역시 콘텐츠진흥법의 개정을 통해 표시 의무의 도입을 추진 중이다. 이는 인공지능 생성물이 우회로를 통해 저작물로 인식되는 착시를 막고, 딥페이크 등 잘못된 정보가 쉽게 식별될 수 있도록 하는 조치로 이해할 수 있다. 이와 같은 입장이 관철된다면,-앞서 본 창작자주의와 결부되어-인공지능 생성물은 보다 자유롭게 수집되어 제3의 인공지능 회

58 박찬근, "[단독] "AI 창작물, 저작료 못 줘"…국내 AI 저작권 갈등 점화(D리포트)", SBS 뉴스, 2022. 10. 14.자.

59 EU 인공지능법 제50조 참조.

사나 창작자에 의해 이용될 수도 있을 것이다.

이와 반대로 위 사례에서 보는 바와 같이 인공지능 생성물이 다른 회사에 의해 사업화되는 일, 특히 다른 인공지능 개발자에 넘어가면서 인간 저작물과 마찬가지로 학습 데이터로 활용되는 것을 우려하는 산업계의 목소리 역시 있다. 이는 어떻게 보면 모순적인 주장이라 비판받을 만한데, 앞서 본 바와 같이 다른 이의 성과를 자유롭게 활용하고자 하면서도 자신의 성과를 보호해 달라고 요구하는 것은 설득력이 떨어지기 때문이다. 그럼에도 생성물이 가지는 경제적 가치를 인정할 수 있고, 향후 더욱 중요하게 다뤄질 수 있다는 점에서 필요와 원칙의 차원에서 보호가 논의될 수 있다. 관련 입법을 본격적으로 준비하는 국가는 흔하지 않지만, 작은 시도들은 보인다. 우선 중국에서 인공지능에 의해 작성된 기사가 개발자의 저작물로 인정된 판례가 있고(2019),[60] 비교적 최근에 생성형 인공지능(Stability AI의 Stable Diffusion) 프롬프트에 텍스트를 입력한 결과로 나온 이미지(아래 이미지 참조)가 저작물로 보호될 수 있다고 확인한 판례 역시 나온 바 있다(2024; 이른바 Li v. Liu 사건).[61]

그림 5-2 Li v. Liu 사건의 인공지능 생성 이미지

---

60 "Protection of Works Generated by Machine Learning Software", GRUR International, Vol. 69, No. 7 (2020), doi: 10.1093/grurint/ikaa065.

61 판결문의 번역문은 아래 주소 참조: 〈https://english.bjinternetcourt.gov.cn/pdf/BeijingInternetCourtCivilJudgment112792023.pdf〉.

다만 후자의 판례는 프롬프트 입력으로 이미지를 생성한 사용자가 이를 이용한 제3자에게 저작권 침해를 주장한 사건에 관한 것이므로 인공지능 개발자의 기여를 인정했다거나 생성물 자체를 보호한 것이라 할 수 없다. 도리어 프롬프트 입력자, 다시 말해 인공지능 이용자를 보호한 것이라는 점에서 개발자가 추구하는 이익과는 다소 다른 차원이라 이해할 수 있다.[62]

위에서 보는 바와 같이 인공지능 생성물에 관하여 적극적 보호를 강구하는 사례도 있으나, 현재까지 이런 사례는 흔하지 않다. 즉, OpenAI 등 대표적 인공지능 회사들은 인공지능 생성물에 대한 보호를 추구하지 않고, 도리어 이용자가 생성물을 자유롭게 이용할 수 있도록 해 둔다.[63] 관련 내용은 서비스의 약관 등에서 확인할 수 있는데, 약관은 언제든지 변경할 수 있다는 점에서 향후 '계약/약관'을 통해, 특히 상업적 이용에 대해 생성 결과의 자유 이용을 막는 일 역시 상정해 볼 수는 있다. 다시 말해 약관을 바꾸어 생성물의 이용에 대한 허락을 받거나 이익을 공유하도록 한다면-저작권 등에 의한 보호와 무관하게-허락 없이 생성물을 이용한 사람에게 계약위반/채무불이행에 따른 책임을 물을 수도 있다.[64] 다만 이는 어디까지나 가능성에 머물러 있는 것으로, 인공지능 산업이 어떻게 발전할 것인지, 관련 시장이 어떻게 형성될 것인지, 특히 경쟁관계가 어떻게 형성될 것인지에 따라 국가 정책과 회사 정책 모두 가변적일 수 있다.

---

62 김인숙, "중국과 미국 법원의 인공지능 생성 이미지의 저작물성 판단에 관한 고찰", 『계간 저작권』, 통권 제147호(2024. 9.), 12~13면.

63 "OpenAI's Terms of Use", 〈https://openai.com/policies/row-terms-of-use/〉: "Ownership of content. As between you and OpenAI, and to the extent permitted by applicable law, you (a) retain your ownership rights in Input and (b) own the Output. We hereby assign to you all our right, title, and interest, if any, in and to Output."

64 위 약관에서 OpenAI는 생성물 이용에 대한 책임이 전적으로 사용자에게 있다는 점을 강조하고 있다("YOU ACCEPT AND AGREE THAT ANY USE OF OUTPUTS FROM OUR SERVICE IS AT YOUR SOLE RISK AND YOU WILL NOT RELY ON OUTPUT AS A SOLE SOURCE OF TRUTH OR FACTUAL INFORMATION, OR AS A SUBSTITUTE FOR PROFESSIONAL ADVICE.", id.; 강조표시는 원문에 의한 것임). 인공지능 사업자 입장에서 단순히 생성 가능성뿐 아니라 개별 콘텐츠에 관한 권리를 주장하거나 이용허락을 해주는 경우 하자담보책임이라는 문제가 발생할 수 있는데, 이 문제를 피하는 가장 손쉬운 방법은 이에 관한 권리를 주장하지 않는 것이라 생각된다.

4. 정리

현재까지의 논의를 종합적으로 본다면, 데이터의 이용과 이것이 생성에 반영되는 과정에서 저작권 문제가 발생할 수 있다는 점을 확인할 수 있다. 이를 해결하기 위한 노력이 이어지고 있고, 그중 일부는 입법에도 반영되기 시작했다. 그럼에도 관련 논의가 일단락된 것은 아니고, 인공지능에 새로운 국면이 발견될 때마다 새로운 논란이 제기될 가능성이 있다. 다른 한편으로 인공지능 생성물의 법적 보호를 둘러싼 주장이 제기되고 있는데, 논의는 구별과 보호라는 전혀 다른 두 방향에서 제기된다. 해당 문제에 대해서도 인공지능의 발전과 경쟁구도에의 변화, 국가별 이해관계 차이와 그로 인한 정책 변화가 영향을 줄 것으로 보인다.

이를 종합적으로 본다면, 현재의 논의가 가지는 한계는 비교적 분명해 보인다. 다시 말해 인공지능은 법을 염두에 두고 발전하는 것은 아니며, 법과 제도에 의한 대응은 이를 비과학자의 이해 수준에서 추진하고, 이해관계와-창작 산업이든 인공지능 산업이든-산업과 관련 생태계의 지속 가능성을 고려하여 이루어질 수밖에 없다.

IV 음악 기반 디지털 치료제와 인공지능

1. 도입

이제 지금까지의 논의를 음악 기반 디지털 치료제에 적용해 보도록 한다. 위에서 본 바와 같이 음악 기반 디지털 치료제는 기존 음악을 활용하기도 하고, 치료 목적에 부합하는 음악을 새로이 만들어 사용하기도 한다. 무엇보다 음악치료는 목적 지향성이 강하다는 점에서 목적에 부합하는 음악이 작성되는 일이 빈번하게 발생할 것이라 예상된다.

저작권은 자유롭게 양도될 수 있는 권리로서 치료제를 위해 특별히 만든 음악에 대한 권리를 미리 확보해 두는 것, 예를 들어 음악 작곡가에게 권리 일체를 양도받거나[65] 고용관계를 통해 관련 권리를 확보하는 것이 용이할 수 있다.[66] 하지만 치료제의 유형에 따라 필요한 음악은 환자에 익숙한 음악, 기존 음악과 유사한 음악 등 상이할

---

65 저작권법 제45조 참조.

66 앞의 각주 41번 참조.

수 있다는 점에서 필요한 음악의 스펙트럼은 상당히 넓을 것이다. 따라서 단 하나의 해결책을 제시하기는 어렵고, 예상되는 인공지능 활용에 대한 경우의 수를 따져보는 것이 필요하다.

2. 인공지능 디지털 치료제 구축 단계

앞서 지적한 바와 같이 디지털 치료제에 인공지능 생성 음악을 활용하기 위해서는 기존 음악이든 목적에 맞게 특별히 창작된 음악이든 음악을 학습 데이터로 사용해야 한다. 음악이 일종의 가중치로서 인공지능 모델에 반영되기까지 음악 데이터가 활용되는데, 초거대 수준의 모델은 아니더라도 데이터의 활용에 따른 저작물 이용 문제는 발생할 수밖에 없다. 게다가 최근 New York Times가 OpenAI 등을 상대로 제기한 소송에서 프롬프트에 특정 텍스트를 입력할 때 신문 기사가 그대로 출력되는 문제를 지적한 바 있는데,[67] 이는 가중치에의 반영 이후에도 데이터가 '기억'되는 문제가 있다는 사실을 보여 준다. 물론 여기에 대해 OpenAI는 이것이 단지 오류이며 예외적인 사례에 해당한다고 설명하기는 하지만,[68] 가중치라는 개념 아래 데이터가 충분히 파편화되지 않은 상태로 기억될 수 있다는 점과 최소한 기사가 모델 학습에 활용되었을 가능성이 있다는 점만은 확인된다. 이런 측면에서 인공지능에 의한 저작권 침해 문제가 제기될 수 있는 것이다.

물론 앞서 본 EU의 DSM 지침에서 학습 단계에서 데이터 활용은 명시적 표시가 없다면 가능한 것으로 되어 있지만, New York Times를 비롯하여 여러 언론사는 이미 데이터 수집을 금지하는 표시를 하기 시작했고,[69] 더욱이-위에서 보는 바와 같이-지침의 관련 규정은 텍스트/데이터를 '기억'해서 가중치화해 두거나, 그 결과로서 기억된 데이터가 생성물에 포함되는 것까지 정당화한다고 보기 어렵다.[70]

---

67 Michael M. Grynbaum & Ryan Mac, "The Times Sues OpenAI and Microsoft Over A.I. Use of Copyrighted Work", New York Times, Dec. 27, 2023.

68 Emilia David, "OpenAI Claims The New York Times Tricked ChatGPT into Copying its Erticles", The Verge, Jan. 9, 2024, 〈https://www.theverge.com/2024/1/8/24030283/openai-nyt-lawsuit-fair-use-ai-copyright〉.

69 Kate Knibbs, "Most Top News Sites Block AI Bots. Right-Wing Media Welcomes Them", WIRED, Jan. 24, 2024, 〈https://www.wired.com/story/most-news-sites-block-ai-bots-right-wing-media-welcomes-them/〉.

70 앞의 각주 28번 및 37번 참조.

비슷한 문제는 치료제를 위한 음악 생성 인공지능에 대해서도 발생할 수 있다. 학습 과정에서의 음악 이용은 저작권 침해 문제를 야기할 수 있고, 모델이 가진 특성에 따라 가중치 등에 데이터가 기억/저장되는 경우가 있다면, 그것은 학습 단계 이후의 문제로서 EU의 지침에서 허락하는 범위에서도 벗어난 것으로 볼 수 있다.

물론 이를 기술적 한계로 보는 시각도 있는데, 현재의 기술 수준을 고려한다면 학습 과정에서 충분한 파편화를 기대하기 어렵다는 지적도 있다.[71] 이런 점을 고려해 본다면,-적어도 현재 시점에서-디지털 치료제에 적합한 모델 학습의 방법론은 치료제 목적에 부합하도록 특별히 만들어지는 음악을 활용하는 것이다. 향후 인공지능 학습을 위해 기존 음악을 사용할 수 있도록 하는 라이선스 시장이 형성될 가능성도 있으나, 이는 현재 시점에서 확신할 수 없는 부분이다. 이에 따라 음악 기반 디지털 치료제를 위한 인공지능 서비스에 있어 가장 바람직한 접근방식은 직접 창작하여 활용하는 것이다. 다시 말해 인공지능 사업자가 학습과 향후 활용을 위한 음악 데이터를 기존 저작물에 의존하지 않고 직접 만들어 운영할 필요가 있다. 이는 최근 주목받는 SLM(small language model),[72] 즉 초거대 언어모델의 대안으로서 모색되는 인공지능 모델과 접목될 수 있을 것으로 생각되며(폐쇄적 구조의 인공지능 모델), 동 방식은 목적에 부합하는 생성물을 얻는 데도 적합한 방식이라 생각된다.

3. 치료 목적 음악의 생성 단계

학습의 결과, 더 나아가 인공지능 시스템 운영의 결과로 나온 생성물을 보호하는 문제에 대해서도 주목할 필요가 있다. 디지털 치료제 시장이 어떻게 형성될 것인지, 얼마나 많은 이들이 어떻게 경쟁할 것인지에 대해서는 쉽게 예측할 수 없다. 다만 2021년을 기준으로 전 세계 음악치료의 시장 규모가 28억 달러에 이르고, 2028년까지 44억 2천 달러 규모로 성장할 것이라는 전망도 있다. 이들이 보여 주듯 관련 시장의 경쟁은 치열할 것으로 보이고, 더욱이 현재 관련 분야에 많은 신규 사업자들

---

71 James Vincent, "Getty Images Sues AI Art Generator Stable Diffusion in the US for Copyright Infringement", The Verge, Feb. 7, 2023, 〈https://www.theverge.com/2023/2/6/23587393/ai-art-copyright-lawsuit-getty-images-stable-diffusion〉.

72 Bijit Ghosh, "The Rise of Small Language Models: Efficient & Customizable", Medium.com, Nov. 27, 2023, 〈https://medium.com/@bijit211987/the-rise-of-small-language-models-efficient-customizable-cb48ddee2aad〉.

이 진입하고 있다.[73] 이에 따라 향후 음악치료/음악 기반 디지털 치료제 시장에서도 경쟁은 더욱 치열해질 것으로 예상된다.

특히 치료 효과가 특별히 탁월한 치료제가 나와 시장을 선도하는 경우가 아니라면, 먼저 진출한 사업자가 시장을 선점할 가능성이 크다. 당연하게도 이것 때문에 초반에 경쟁이 과열될 여지도 엿보인다. 이러한 상황을 고려해 본다면, 전문화된 음악 데이터셋에 대한 수요와 이를 둘러싼 갈등이 첨예하게 전개될 수 있다.

관련 데이터셋 중 일부, 특히 학습용 음악은 저작물로서 보호될 수 있지만, 관련 모델을 가지고 도출된 생성물 역시 중요 데이터가 된다는 점에 주목할 필요가 있다. 앞서 논의한 바와 같이 현재 중국에서의 일부 사례를 제외하고, 생성물이 저작물이라고 보는 경우는 거의 없었다. 음악 기반 디지털 치료제만을 위한 특별입법이 나올 것으로 보기는 어렵지만, 대안적인 수단에 의한 보호가 모색될 수 있다. 특히 경쟁을 염두에 둔다면, 경쟁 관련 제도에도 주목해야 할 것이다.

즉, 국가에 따라 사업적 성과를 법적으로 보호하고, 특히 경쟁자가 이를 활용하지 못하도록 하는 법제를 가진 곳이 있다. 예를 들어 우리나라 부정경쟁방지 및 영업비밀보호에 관한 법률 제2조 제1호 파목은 사업상 성과를 법적으로 가져다 쓰거나 모방하는 것이 부정경쟁행위에 해당한다고 정한다. 독일에서도 경쟁적으로 유의미한 성과를 보호하기 위한 규정이 마련되어 있다.[74] 논란의 여지에도 불구하고, 생성물 역시 일종의 사업성과로서 보호될 가능성이 있다. 예를 들어 약정된 사용범위를 벗어나 인공지능 시스템에 조직적·체계적으로 입력값을 부여하여 생성물을 만들어 내고 이를 경쟁자의 모델 개발에 활용한다면, 이는 사업적 성과를 모용한 것이라 평가할 수도 있다.

더욱이 최근에 데이터 자체를 보호하기 위한 새로운 보호제도 역시 도입되거나 논의되고 있다. 예를 들어 우리 부정경쟁방지법은 2021년 개정을 통해 데이터를 부당하게 취득하거나 사용하는 것이 부정경쟁행위에 해당한다고 보고 있다.[75] 물론 이

---

73 "Music Therapy Market to Generate Revenue of $4.42 Billion by 2028 | Over 50% Business in Music Therapy are Less than 5 Years Old", GlobalNewswire, Sep. 21, 2022, 〈https://www.globenewswire.com/news-release/2022/09/21/2520318/0/en/Music-Therapy-Market-to-Generate-Revenue-of-4-42-Billion-by-2028-Over-50-Business-in-Music-Therapy-are-Less-than-5-Years-Old-SkyQuest-Technology.html〉.

74 독일 부정경쟁방지법 제4조 제3호 참조.

75 부정경쟁방지 및 영업비밀보호에 관한 법률 제2조 제1호 카목.

와 같은 입법이 생성물에 대한 보호까지 염두에 둔 것으로 보기 다소 어려울 수 있다.[76] 즉, 데이터가 보호되기 위해서는 그것이 특정인들에게만 공개된 것이어야 하고, 경제적으로 중요한 데이터로서 축적 · 관리되어야 하는데,[77] 생성물은 프롬프트 입력값에 따라 그 결과가 달라지고, 특정 집단 내에서만 공유되는 것 역시 아니다. 다만 모델을 내부적으로만 이용하고 선별된 생성물만 소비자에 공급하는 경우, 다량으로 생성해둔 결과물을 보호받는 데이터로 볼 여지도 있다.

4. 전망 및 제안

앞서 본 바와 같이 음악 데이터셋의 법적 보호를 둘러싼 논의는 다양하게 전개될 수 있다. 더욱이 데이터의 중요성이 강조되면서 데이터셋 보호제도가 논의 · 도입된 것과 마찬가지로 앞으로 인공지능 생성물을 위한 새로운 제도가 나올 가능성 역시 있다. 게다가 새로운 지식재산권제도가 나오는 일이 극히 드물었다는 점과 비교해 본다면, 인공지능과 데이터셋에 대한 보호제도는 단기간 내에, 또 상당히 빨리 논의되는 것처럼 느껴진다. 예측하기는 어렵지만, 관련 제도는 상당히 빠른 시간 안에 도입될 수도 있다.

이러한 불확실성에도 불구하고, 보호제도를 설계함에 있어 고려해 보아야 할 현상이 있다. DeepMind는 AlphaGo의 기존 버전을 발전시켜 AlphaGo Zero(이후 AlphaZero)를 개발했는데, 알고리즘은 애초에 '고수'의 기보를 학습하는 방법에서 벗어나 바둑 규칙을 기반으로 자신과의 대결(self-play)을 통해 강화학습을 하는 방식으로 진화했다. 개발자의 주장에 의하면, AlphaGo Zero는 바둑 규칙을 정의해 준 것 외에 알고리즘 사이 상호작용만으로 인간을 뛰어넘는 성취를 이뤄 냈다고 한다.[78]

다만 음악 등의 창작에 있어 "예술", "창작성" 등 개념만으로, 또 음악의 성격과 용도에 대한 지정만으로 인공지능이 알고리즘만을 가지고 창작물을 생성해 낸다는

---

76 생성물의 보호 가능성과는 무관하게 학습용 데이터셋은 위 카목에 의해 보호될 수 있는데, 관련 논의는 이규호, "인공지능 학습용 데이터세트에 대한 저작권법과 부정경쟁방지법상 보호와 그 한계", 『인권과 정의』, 통권 제494호(2020. 12.), 101면 이하 참조.

77 최정열 · 이규호, 『부정경쟁방지법: 영업비밀호보법제 포함』, 제5판, 진원사, 2022, 229면.

78 D. Silver, J. Schrittwieser, K. Simonyan, I. Antonoglou, A. Huang et al., "Mastering the Game of Go Without Human Knowledge". Nature, NO. 550 (2017). doi: 10.1038/nature24270.

것이 가능한지는 의문시된다. 강화학습을 통한 생성결과의 향상에 관한 연구는 이미 나와 있으나,[79] 기존 데이터의 유입 없는, 독립적인 생성 모델이나 알고리즘에 관한 모색적 연구를 찾아볼 수는 없었다. 다만 이른바 데이터 증강 등을 통한 강화학습 모델이 논의·발전 중에 있는데,[80] 이른바 모델 붕괴(models collapse)라는 문제 역시 지적된다. 다시 말해 생성물을 다른 모델의 데이터로 활용하는 것은 결국 새로운 생성물의 품질을 떨어뜨린다는 것이다.[81]

그러나 다른 측면에서 음악 분야에서도 강화학습에 관한 방법론이 연구되고 있고,[82] 앞으로 기존 데이터에 대한 의존도를 낮출 수 있는 방법론이 나올 수 있다.[83] 더욱이 데이터의 유입과 평가까지 인간이 아닌, 기계에 맡겨질 가능성이 점쳐지고 있기도 하다.[84] 논리필연적으로 인간에 의해 만들어지는 데이터보다 인공지능에 의해 생성되는 데이터가 더욱 중요한 가치를 지니는 것으로 판단될 수 있고, 이는 장기적 관점에서 저작권 등 인공지능에 의한 권리침해 문제를 해소하는 방법이 될 가능성 역시 엿보인다.

따라서 인공지능 관련 법적 불안정성을 조기에 해소하는 것도 중요하지만, 아직

---

79 Y. Xiong, Y. Wang, Y. Wang, Chenmei Li, Peng Yusong et al., "Improving Drug Discovery with a Hybrid Deep Generative Model Using Reinforcement Learning Trained on a Bayesian Docking Approximation". Journal of Computer-Aided Molecular Design, No. 37 (2023). doi: 10.1007/s10822-023-00523-3.

80 T. Papagiannis, G. Alexandridis, & A. Stafylopatis. "Boosting Deep Reinforcement Learning Agents with Generative Data Augmentation". Applied Sciences, Vol. 14 No. 1 (2024), doi: 10.3390/app14010330.

81 Ilia Shumailov, Zakhar Shumaylov, Yiren Zhao, Nicolas Papernot, Ross Anderson et al., "AI Models Collapse When Trained on Recursively Generated Data", Nature, No. 631 (2024), doi: 10.1038/s41586-024-07566-y.

82 예를 들어 S. Chen, Y. Zhong & R. Du, "Automatic Composition of Guzheng (Chinese Zither) Music Using Long Short-Term Memory Network (LSTM) and Reinforcement Learning (RL)", Scientific Reports, Vol. 12 No. 15829 (2022). doi: 10.1038/s41598-022-19786-1.

83 Shumailov, Shumaylov, Zhao, Papernot, Anderson et al., op cit.

84 M. Bauer & C. Augenstein, "Can Unlabelled Data Improve AI Applications?: A Comparative Study on Self-Supervised Learning in Computer Vision", 2023 18th Conference on Computer Science and Intelligence Systems (FedCSIS), Warsaw, Poland, 2023, doi: 10.15439/2023F8371.

형성 중인 기술과 개별적인 현상만 보고 제도를 설계하는 것 역시 경계해야 한다. 제도가 가진 필연적 경직성을 고려해 본다면, 균형의 모색과 유연한 대응이 어느 때보다 중요하다고 평가할 수 있다.

V 맺으며

치료제의 디지털화와 치료제 영역에서의 인공지능 활용은 필연적인 것으로 보인다. 당연하게도 인공지능을 활용한 디지털 치료제에 대해서도 현재 전개되고 있는 인공지능과 디지털 치료제에 관한 법적 논의가 어느 정도 유효할 것이라고 생각된다. 그럼에도 불구하고 디지털 치료제는 치료제로서 고도의 목적지향성을 지니며, 환자의 건강을 담보해야 한다는 점에서 안정성과 검증 가능성이 추가로 요구된다고 할 수 있다. 따라서 디지털 치료제와 인공지능에 관한 논의는 일반성과 특수성 사이에서 종합적 접근이 필요한 융합연구의 성격을 가져야 할 것으로 본다.

이 점을 염두에 두고 음악 기반 디지털 치료제에서 인공지능 활용 문제에 대해 본다면, 치료제로서 음악의 활용과 보호 문제에 있어 기존 논의는 여러 시사점을 제공한다. 즉, 음악 인공지능에는 필연적으로 기존 음악이 활용된다는 점에서 저작권 문제를 피할 수 없는데, 모델 구축에 필요한 음악 활용이 용이하도록 하는 여러 방안이 모색되고 있다. 그러나 이른바 TDM 예외가 가진 활용성에 한계가 있다는 점을 고려해 본다면, 치료 목적에 적합한 음악 데이터를 일정 수준 이상 직접 창작할 필요성이 있어 보인다. 더욱이 이렇게 만들어진 모델에서 나오는 생성물의 보호 필요성을 모순 없이 주장하기 위해서라도 이와 같은 접근은 필요할 것이라고 할 수 있다.[85]

음악 치료제를 위한 인공지능 모델이 나오고 시장성을 인정받는다면, 이를 통해 만들어지는 음악 데이터/생성물을 보호할 필요성 역시 제기될 수 있다. 현재의 논의만을 보았을 때, 당장 인공지능 생성물에 대한 보호가 실현될 것으로 보기는 어렵다. 그러나 그 필요성이 줄곧 주장되고, 생성물이 가지는 경제적 가치가 인정되며, 생성물이 다시 학습 데이터로 활용되는 구조가 만들어지면서 경쟁 수단이 될 가능성 역시 엿보인다.

---

85 본 장 III. 3. 나 참조.

다만 AlphaZero라는 사례에서 보는 바와 같이 생성물 데이터가 다시금 학습 데이터로 편입되지 않더라도 강화학습이 일어나는 인공지능이 등장할 수 있다는 점에서 기존에 논의되던 것을 뛰어넘는 기술 발전의 가능성 역시 있다. AlphaZero와 같이 내부적 선순환 구조를 갖춘 인공지능 모델은 다른 인공지능과 격차를 벌리면서, 기존 활용·보호 방안에 관한 논의를 무색하게 만들 수도 있다. 다만 이는 어디까지나 가능성에 머물러 있는 일이므로 인공지능의 발전상을 면밀히 보면서 사업자 사이에서 유효한 경쟁이 이루어질 수 있도록 관련 논의를 해 나가야 한다.

무엇보다 음악 기반 디지털 치료제가 형성하는 시장은 극히 전문화되고, 초기부터 과점 형태의 시장이 만들어질 가능성이 커 보인다. 더욱이 치료제의 효과성에 관한 임상실험 결과가 인공지능 모델에 반영되는 과정이 데이터의 활용과 생성에 큰 영향을 줄 것이다. 음악 데이터든 인공지능 생성물이든 임상 데이터든 관련 데이터의 보호와 활용이 여타의 인공지능 논의와 어떻게 같고, 또 어떻게 차별화되어야 하는지를 논의해야 할 것이고, 또 관련 논의가 특수한 인공지능을 둘러싼 논의에 어떤 영향을 미칠지에도 주목해 보아야 할 것이다.

3부

사회 속의 스마트 치료

6장

과학 커뮤니케이션에 있어 전문가의 역할과 기능, 대중 참여에 대한 탐색적 연구: 뇌과학자들의 인터뷰 중심 분석

1 서론 및 문제제기

미국의 뇌신경과학 스타트업 뉴럴링크는 2023년 5월 23일, 자사의 보유 매체 엑스(X)를 통해 인간의 뇌에 컴퓨터 칩을 이식하기 위한 임상 시험 승인을 받았다고 밝혔다. 뉴럴링크는 일론 머스크가 2016년 설립한 뇌-컴퓨터 연결 기술(brain-computer Interface: BCI(뇌-컴퓨터 인터페이스 기술)) 회사로 인간의 두 개 골에 구멍을 뚫어 컴퓨터와 연결한 칩을 삽입해 생각만으로 각종 기기를 제어할 수 있는 시스템 구축을 위해 임상실험을 한다. 뉴럴링크의 발표는 실험이 성공하여 현실에 적용이 된다면 신체 마비나 뇌 질환 극복이 시작될 것이라는 희망적인 메시지를 주지만 뇌과학자들은 뇌-컴퓨터 연결 기술 실험에 대한 이슈와 뇌-컴퓨터 연결 기술의 현실적 적용이 가져올 수 있는 난해한 이슈에 대해 숙고할 필요가 있음을 제안한다(Drew, 2024).

고령화 시대에 접어들면서 오래 사는 만큼 질병과 더불어 사는 기간도 길어졌다. 통계청에 따르면 2020년 815만명으로 전체 인구 중 15.7%를 차지했던 국내 65세 이상 고령인구는 오는 2025년 1059만명으로 전체 인구의 20.6%를 차지해 초고령 사회로 진입하게 된다(통계청, 2023). 이러한 상황에서 뇌-컴퓨터 연결 기술을 통해 질환을 극복하고 인간 삶을 향상시킬 수 있다는 뉴럴링크의 소식은 이 시대를 사는 누구라도 관심을 가질 만한 이슈이다. 문제는 기술의 적용이 늘 순기능으로 나타나지 않는다는 것이다. 뇌와 컴퓨터를 연결시키는 뉴럴링크의 시도가 성공을 거두고, 질병 치료에 대한 역사적인 순간이 탄생할 수도 있다. 뉴럴링크발 뉴스에 따르면 '뉴

렐레이스'라 부르는 멤브레인을 이용하여 인간의 뇌에서 발생하는 전기신호를 수집할 수 있다. 즉 수집한 전기신호를 데이터로 만들어 컴퓨터에 업로드하여 그 사람이 아닌 다른 기계에 다운로드할 수 있고, 따라서 그 사람이 사망한 후에도 다른 방식으로 살아서 존재하는 것처럼 느낄 수 있다는 것이다(류영준, 2021).

뇌연구와 관련된 이러한 뉴스들은 진기함과 희망, 기대를 줌과 동시에 두려움과 불안을 주기도 한다. 뇌과학에 기반하여 개인과 사회적 행위를 설명하고자 하는 관심은 신경윤리(neuroethics), 신경신화(neuromyths), 신경현실주의(neurorealism), 뉴로마케팅(neuromarketing) 등 뇌과학과 사회의 접점에서 발생하는 엄청난 수의 신조어를 탄생시키기도 했다(Illes et al., 2010). 김동광(2021)은 우리나라 대중매체에서 '신경과학'이라는 말보다 '뇌과학'이라는 말이 더 많이 사용되는 이유는 지능과 의식을 비롯한 인간의 정신활동이 오롯이 뇌에서만 일어난다는 뇌환원주의가 신경신화(neuromyths)의 일부로 폭넓게 받아들여지고 있기 때문이라고 설명했다. 이는 뇌과학 연구결과의 수용에 있어 과학적 사실에 대한 이해와 오해를 넘나드는 현실을 나타낸다.

새로운 지식을 해석하고 전파하는 것은 모든 과학자의 기본적인 책임이지만, 뇌과학은 특히 잘못된 정보와 부정확한 보도가 발생하기 쉬운 과학 분야 중 하나이다. 예를 들어, 건강한 사람을 위한 기억력 강화제, 감각 및 운동 장애에 대한 기적의 치료법 등을 연상시키는 언론보도의 헤드라인에 정확하고 충분한 맥락적 설명이 없다면, 치명적인 뇌 질환에 대한 메시지는 아무런 비판이나 과학적 여과 없이 받아들여질 수 있고, 이에 따르는 부작용 또한 알 수 없다. 자기공명(MRI)과 같은 뇌 영상 기법은 이러한 문제를 더욱 심화시킨다. 뇌스캔 이미지가 실험실, 진료실, 법정에서까지 신념과 편견을 불러일으키며 더 많은 문제를 자아낼 수 있다(Illes, Racine, & Kirschen, 2006; McCabe & Castel, 2008).

뇌연구의 시작과 과정 그리고 그 결과물이 사회에 적용되기까지는 상당한 시간이 걸린다. 또한 뇌과학자들은 그들의 연구에 집중하지만, 결과물이 어떻게 사용되고 어떤 효과를 가져올지 온전히 예측하기 어렵다. 일례로, 뇌연구의 주요한 이슈로서 제기되는 인간 증강 기술은 군인들의 전투력을 향상하는 국가 안보 분야에도 활용된다(엄주희·심지원, 2021). 미국, 독일, 호주, 캐나다, 중국, 러시아, 영국, 인도, 이스라엘 등 많은 나라에서 신경과학기술을 국가 안보 분야에 적용하는 연구개발을 진행 중이다. 군사적 목적의 인간 증강은 인간의 근육을 증강시키는 육체적 능력 증강 기술, 집중력과 기억력 등의 인지 능력향상 기술, 외골격 웨어러블 로봇을 통하여 장비 운반과 전투력 향상에 도움을 주는 증강 기술을 포함한다. 이처럼, 인간의 뇌와 기계를 연결하여 군사적 무기에 활용하는 기술은 군인의 전투력 향상이라는 미명으로 인간 행위의 자율성의 문제라는 법적 문제 뿐만 아니라 인지적 자유에 대한 권리, 정신적 프라이버시의 권리, 정신적 완전성의 권리, 심리적 연속성의 권리라는 기존 인권의 영역에서 보호하지 못했던 새로운 인권으로 보호되어야 할 필요성을 제기하고 있다(엄주희, 2022).

본 장에서는 이 점에서 문제를 제기한다. 과학과 기술이 이 사회에 던져진 후에 일어날 수 있는 영향에 대해서 예측하고 준비하는 것이 필요하며, 특히 뇌연구결과로 나타나는 뇌과학기술과 관련하여 좀 더 면밀하게 검토할 필요가 있다는 것이다. 뇌연구는 '신경계를 대상으로 하는 연구'[1]로 뇌과학, 뇌의약학, 뇌공학 및 이와 관련된 모든 분야로 규정하고 있다. 뇌연구의 범위와 복잡성은 뇌과학기술의 탄생과 적용에 더 많은 문제를 수반한다. 뇌과학기술은 인간의 본성과 정체성에 대한 근본적인 성찰과 인간과 기계의 결합으로 나타난 독자적인 영역으로서 논의가 필요한 이슈가 많다(Greely, 2004). 또한 기존 인간의 자유의지와 정체성에 대해 회의론을 제기하고, 인간의 마음과 정신, 자유의지를 이론적 토대로 삼고 있는 기존의 법체계에 딜레마까지 발생시키고 있다는 점에서 더욱 심각한 다학제적 검토와 사회적 대응을 필요로 한다(엄주희, 2018; Levy, 2015). 뇌과학기술의 개발, 적용과 관련한 윤리적, 법적, 사회적 차원에서 발생할 수 있는 다양한 이슈에 대한 대중 참여를 위한 커뮤니케이션이 시급하다.

근래에 들어 과학 커뮤니케이션은 새로운 과학적 발견에 대한 정확한 메시지를 대중에게 전달하려는 일방향적 노력을 넘어서는 부단한 노력으로 확장되었다. 과학으로 인해 발생하는 윤리적, 사회적 이슈에 대한 의미 있는 참여와 대화에 대한 대중의 기대가 높아지면서 보다 쌍방향적이고 다각적인 커뮤니케이션 접근 방식이 도입되기도 했다(Nisbet, 2009). 과학자들과 언론인 및 대중과의 직접적인 상호작용을 늘려야 한다는 목소리도 높아졌다(Bubela et al., 2009; Friedman, 2008; Russell, 2009). 그러나 과학자 개개인이 성공적인 과학 커뮤니케이션을 위해 노력하는 데는

---

1 '뇌연구' 정의는 「뇌연구촉진법」에 따른다. 뇌연구촉진법은 2013년 3월 23일, 법률 제14839호로 제정된 것으로 뇌과학, 뇌의약학, 뇌공학 및 이와 관련된 모든 분야가 뇌연구에 속한다. 본 연구에서는 이에 따라 neuroscientist를 뇌과학자로 통칭하고자 한다.

상당한 시간이 소요된다. 특히, 뇌과학에 대한 정확한 설명을 일반인에게 전달하는 것과 토론과 대화를 위한 쌍방향 포럼, 대중 참여 활동을 포함하는 커뮤니케이션을 하고자 할 경우 더욱 그렇다. 오늘날 과학기술적 사안으로 인한 사회적 갈등의 상당 부분들이 '커뮤니케이션의 실패'에 기인하고 있고, 구성원 간 커뮤니케이션의 실패로 인한 사회적 비용이 갈수록 증가하고 있음을 생각할 때, 사안의 불확실성을 극복하기 위한 사회 구성원 간의 커뮤니케이션의 개념은 매우 중요하게 고려되어야 한다(송해룡, 2005).

발전을 거듭하고 있는 과학기술과 이에 수반되는 위험을 공중에게 전달하고 사회적 동의와 합의를 이루어 가는 과정은 인간의 삶을 위해 매우 필요하고 중요한 부분이다. 과학기술의 혜택과 위험을 전달하고자 하는 위험과 과학 커뮤니케이션의 차원에서도 공중 접점 마련을 위한 다양한 노력이 있었지만, 영역 특화적이고 전문적인 내용을 지닌 이슈 특성상 최적화된 커뮤니케이션 효과를 기대하기 어렵다는 한계가 있다. 전문가로서 뇌과학자들은 연구결과로 나타난 선의의 결과물에 수반되는 위험을 예측하고 이를 대중과 소통함으로써 사회적 동의와 합의를 이루어 나가는 선도적 입장이 되어야 한다는 것이 매우 어려운 일일 것이다. 이와 관련하여 본 연구에서는 뇌과학 연구결과로 나타나는 과학기술의 소통에 대해 뇌과학자들은 어떤 고민을 하고 있는지 검토하고자 한다. 구체적으로, 뇌과학자가 경험한 커뮤니케이션의 문제에 대해 검토하고, 이들이 생각하는 뇌과학 기술에 대한 커뮤니케이션은 어떻게 이루어지고 있는지 검토하고자 한다. 이를 통해 현실에서 실질적으로 이루어질 수 있는 위험과 과학 커뮤니케이션에 있어 전문가 역할과 기능에 대한 논의를 정립하고, 뇌과학 소통에 대한 전문가(뇌과학자)의 인식과 경험을 바탕으로 실질적인 대중 참여를 위한 방법론적 함의를 도출해 보고자 한다. 정리하면, 뇌과학자라는 전문가의 경험을 통해 이들이 인지한 다양한 의제를 커뮤니케이션 관점에서 고찰하고, 이를 토대로 실제 사회에서 과학 커뮤니케이션에 대한 대중의 참여가 어떻게 이루어질 수 있는 가를 관련지어 검토하고자 한다. 이 연구는 뇌과학기술과 관련한 과학 커뮤니케이션의 다양한 측면에 대한 논의의 필요성을 제시하는 탐색적 연구로서 본 연구에서는 관련 분야에서 이야기가 연결되어 나올 수 있는 FGI의 장점에 근거해 뇌과학자를 대상으로 한 인터뷰를 진행하여 논의를 전개하고자 한다.

2 이론적 배경과 선행 연구

1) 과학 커뮤니케이션의 정의와 패러다임 변화

과학 커뮤니케이션은 과학과 과학기술에 대한 소통이다. 폭넓은 정의로서 과학은 생물학, 생명, 자연과학뿐만 아니라, 사회, 행동과학 그리고 의학, 환경과학, 기술, 공학 등의 응용된 영역을 포함한다. 그리고 '과학적 저작물'은 이러한 과학의 영역과 연관되는 과학의 정치적, 경제적, 사회적 측면까지 포괄한다(Friedman, Dunwoody, & Rogers, 1986). 번즈와 동료들은 과학 커뮤니케이션은 인지제고, 즐거움, 흥미, 의견 형성과 이해라는 5가지 차원을 지닌다고 설명했다(Burns et al., 2003). 과학 커뮤니케이션의 정의를 커뮤니케이션 목표 차원에서 설명한 학자도 있다. 산체스 모라는 과학이 존재한다는 것, 과학은 매력적이고, 흥미로우며, 자신의 정체성의 일부라는 것을 인식하는 것이 과학 커뮤니케이션의 목표라고 했다(Sánchez-Mora, 2016). 미국의 과학, 공학 및 의학 아카데미의 최근 보고서는 5가지의 과학 커뮤니케이션의 목표를 기술했다. 이 보고서에서는 과학에 대한 최신 발견과 흥미를 공유함으로써 과학에 대한 대중의 인식을 높이고, 과학에 대한 지식과 이해를 높임으로써 사람들의 의견, 정책 선호도 또는 행동에 영향을 미치게 된다는 것을 보여 준다. 사회문제에 대한 해결책을 추구할 때 다양한 집단이 보유한 과학에 대한 다양한 관점을 고려하는 것 또한 궁극적인 과학 커뮤니케이션의 목표로 서술하고 있다(국립 과학, 공학 및 의학 아카데미, 2017).

과학 커뮤니케이션의 정의와 목표에 대한 설명을 보면 과학 커뮤니케이션은 과학 이슈에 대한 관심과 집중에서 인지와 태도 형성, 나아가 사회문제 해결에 대한 참여라는 보편적인 커뮤니케이션 효과에 기반하고 있음을 알 수 있다. 번즈와 동료들은 과학 커뮤니케이션이 포괄하는 대중 인식, 리터러시, 이해와 같은 용어들이 커뮤니케이션 영역에서 추구하는 목적은 다르지만 공통 영역을 지니고 있다고 보았는데, 기술, 미디어, 대화와 참여를 이용해 과학에 대한 다양한 반응을 이끌어 내는 것이 과학 커뮤니케이션이라고 설명했다(Burns et al., 2003).

이러한 차원에서 볼 때, 과학에 대한 반응을 이끌어 내는 주요한 방법 중 하나가 미디어 활용을 통해 이루어짐을 알 수 있다. 과학적 연구결과 또는 신기술 개발에 대한 언론보도는 사람들이 이해할 수 있도록 정보전달이라는 일방향적인 커뮤니케이션에 집중되어 왔는데, 이는 과학의 대중화라 불리는 전통적 소통 방식에 해당하며, 과학 커뮤니케이션의 발전에서 말하는 '게시(deficit model)'의 접근 방식이다(김동광, 2021). 결핍모형은 대중이 과학지식을 많이 알지 못하는 것을 인지적 결핍 상태로 보고, 과학에 대해 우려하는 원인을 모두 인지적 결핍에서 찾으려 하는 접근이다. 과학 커뮤니케이션은 '과학 리터러시', '과학의 대중적 이해' 그리고 '사회 속 과학'의 순으로 발전해 왔는데, 결핍모델은 과학 리터러시 담론이라 할 수 있다. 즉, 과학적으로 무지한 대중에게 과학 지식을 주입하여 과학적 지식과 역량을 갖게 하는 것이 필요하고, 이 점에서 과학자들이 대중에게 과학 지식을 전달하고 교육하는 것이 커뮤니케이션의 목표가 된다(이세민 · 김영욱, 2012; Bauer, 2009).

'과학의 대중적 이해(public understanding of science: PUS)'는 결핍모형을 비판하며 등장했는데, 여기서는 대중에게 과학의 긍정적인 영향력을 이해시키기 위해 과학전문가들이 수행하는 커뮤니케이션 활동을 과학 커뮤니케이션으로 보고 있다(House of Lords, 2000). '과학의 대중적 이해' 담론이 결핍모형을 비판하며 등장했지만, 대중을 과학적 지식과 태도가 결여된 대상으로만 보고 있다는 점은 결핍모형이 담론에서 크게 벗어나지 않는다. 또한 과학전문가들의 일방적인 커뮤니케이션 활동을 과학 커뮤니케이션의 주요 핵심으로 보고 있다는 점에서 비판을 받는다(Bauer, 2009). 바우어와 동료들은 PUS 25년 연구를 통해 과학 리터러시의 시대, 과학의 대중 이해 시대, 그리고 사회 속 과학의 시대 모두 결핍(deficit)된 것이 문제이고 그러한 결핍을 해소하기 위한 노력으로 과학 커뮤니케이션의 발전이 이루어져 왔음을 설명했다(Bauer, Allum, & Miller, 2007). 즉 과학 리터러시의 시대에는 과학에 대한 대중의 이해가 결핍된 시대이므로 지식과 교육을 통해 결핍을 해소하는 것이 과학 커뮤니케이션의 내용이자 목표였고, 과학의 대중 이해 시대에는 과학에 대한 대중의 태도가 결핍된 것으로 보고 태도 변화를 위한 지식 전달과 교육에 초점이 맞추어져 있었다.

결핍모델로서의 과학 리터러시와 과학의 대중 이해 패러다임에 대한 비판은 결핍의 주체에 대한 반전을 가져오며 사회 속 과학의 담론으로 연결되었다. 결핍 주체의 반전이란 과학적 지식이 결핍된 대중 즉, 결핍은 대중에게 있는 것이 아니라 무지한 대중에게 편견을 품고 있는 과학 기관과 전문가 행위자에게 있다는 것으로, 여기서 해결해야 할 문제는 신뢰, 즉 전문가와 대중 간의 불신이었다. 당시 영국에서 있었던 광우병 파동과 관련하여 영국 상원의 특별위원회는 과학정책에 대한 대중의 직접적인 참여는 선택사항이 아닌 일상적이고 필수 불가결한 과정의 일부라고 강조하며, 신뢰 회복을 위해 필요한 것은 대중의 참여와 대화라고 보았다(House of Lords, 2000). 사회 속 과학 담론은 참여와 같이 대중의 능동적 역할을 강조하면서 커뮤니케이션 참여자들로서 대중이 처해 있는 상황에 대한 이해 또한 중요해졌다(Fayard, 2002).

논의를 통해 보면, 과학 커뮤니케이션의 패러다임은 전문가가 대중에게 과학에 관한 정보를 일방적으로 전달하는 방식에서 대중, 전문가, 의사결정자 간의 대화와 숙의라는 양방향적 과정으로 발전해 온 것을 알 수 있다(Akin & Scheufele, 2017; Bauer et al., 2007; Trench, 2008). 전자는 정보전달과 지식제공을 중심으로 한 보급(dissemination) 패러다임이고 후자는 대중 참여(public participation) 패러다임이다. 이는 김학수 외(2011)가 제시한 두 가지 이론적 논점과 맥을 같이 한다. 즉, 과학적 사실정보 중심의 커뮤니케이션 모델인 PUS(Public Understanding of Science) 모델과 PEP/IS(Public Engagement with a Problem or an Issue relative to Science) 모델의 차이이다. 방사선 과학 관련 커뮤니케이션 모델을 실험한 연구에서는 PUS 중심의 커뮤니케이션과 PEP/IS 중심의 커뮤니케이션은 각각 다른 효과를 나타냈다. PUS 중심의 커뮤니케이션은 방사선 과학 이슈에 대한 사실 정보 중심의 의미 있는 인상을 만들고, PEP/IS 중심의 커뮤니케이션은 구체적 문제상황 해결에 유익한 응용 기술과 인상 요인을 생성시켜 주는 등 기술의 혜택, 활용에 대한 신념 수준을 높이는 것으로 나타났다. 이 연구결과는 과학 커뮤니케이션 방식의 차이가 과학기술에 대한 다른 이해를 형성하는 것을 보여주는 것으로, 대중 참여 중심의 커뮤니케이션은 심오한 신념 차원에 영향을 주는 것을 알 수 있다.

2) 대중 참여(public engagement) 기반의 위험 커뮤니케이션(risk communi cation)과 과학 커뮤니케이션(science communi cation)

과학기술의 위험성을 주제로 하는 위험 커뮤니케이션과 과학 커뮤니케이션 담론의 발전 과정은 매우 유사하다(이세민 · 김영욱, 2012). 위험 커뮤니케이션은 자연재해, 전염병, 기술적 재난 등 다양한 위험 상황에서 정보를 전달하고 대중의 이해와 행동을 유도하는 과정을 말하는 것으로, 김영욱(2008)은 위험에 대한 전문가의 인식과 일반인의 인식이 다르다는 것이 위험 커뮤니케이션의 가장 중요한 쟁점이 될 수 있다고 했다. 이는 과학기술의 위험성을 대중에게 어떻게 전달해야 하는가라는 질문과 연관되는 것으로 과학 커뮤니케이션과 위험 커뮤니케이션은 근본적으로 관련된 개념임을 알 수 있다. 위험 커뮤니케이션에서는 정보의 명확성, 신뢰성, 그리고 공중의 인식이 중요한 문제로 대두되고(Breakwell, 2000; Covello, 2021), 환경과학에서는 기후변화, 생물 다양성 감소, 오염 문제 등 복잡한 과학적 데이터를 공중에게 전달하는 것이 주요한 커뮤니케이션 이슈이며(김수진·김영욱, 2019; Moser & Dilling, 2007; Nisbet, 2009), 의학 분야에서는 새로운 치료법, 질병 예방, 건강 유지 등의 정보를 대중에게 전달하는 과정에서 다양한 커뮤니케이션 문제가 발생한다(Glasziou, Irwig, & Deeks, 2008; Schwitzer, 2008). 이는 모두 과학 분야에서 발생하는 커뮤니케이션은 다양하게 나타남을 지적하는 것으로 이를 해결하기 위한 접근 방식으로서 위험 커뮤니케이션과 과학 커뮤니케이션의 중요성이 있다. 이러한 맥락에서 과학 커뮤니케이션의 현재는 '사회 속 과학' 패러다임에 부응하는 전문가와 일반인 간에 쌍방적이고 균형적인 커뮤니케이션이 필요함을 뜻하며, 대화, 참여와 같이 대중의 능동적 역할을 강조한다는 점에서 이전의 담론과 차별화된다(조숙경, 2007).

과학 커뮤니케이션 영역에서 대중 참여(public engagement)는 어려운 과학 이슈에 대한 관심과 이해를 돕는 등 과학 커뮤니케이션의 목표 달성을 위한 활동으로 과학 커뮤니케이션에 있어 대중 참여는 과학의 대중화 노력과 관련이 있다. 좀 더 포괄적인 커뮤니케이션의 차원에서 보면, 대중 참여는 공공 영역에서 정책 의사결정이 필요한 곳에 공중의 관여 증대와 관련이 있으며(Rowe & Frewer, 2005), 특히 환경과 건강 관리 영역에서 정부와 지자체를 중심으로 대중의 관심과 이해를 도모하고 정책 환경에 대한 의사결정에 영향을 주는 중요한 요인으로 이해되어 왔다(Bickerstaff & Walker, 2001; Martin & Boaz, 2000; Owens, 2000). 대중 참여 활동은 의사결정이 필요한 정책 환경에서 조직이 특정 사안에 대한 공중의 관심을 집중시키고 인식을 형성하여 바람직한 의사결정으로 가는 데 도움을 얻기 위해서 노력하는 일련의 활동으로 볼 수 있다. 이처럼 대중을 위한 일련의 활동은 다양한 목표를 지닐 수 있는데, 과학 커뮤니케이션의 차원에서 '사회 속 과학'과 관련한 대중 참여 활동이 어떻게 이루어지는지 알아볼 필요가 있다.

과학 커뮤니케이션에서 대중 참여 프로그램으로는 과학 축제와 과학 뮤지엄(Jensen & Buckley, 2012), 대중 강연, 과학 카페, 워크샵, 시민과학 프로젝트, 과학 커뮤니케이션 훈련, 온라인 플랫폼과 소셜미디어(Kouper, 2010), 언론 속의 과학 보도(Mitchell et al., 2016), 학교 활동 프로그램, 예술-과학 콜라보레이션이 있다. 과학 커뮤니케이션에서 대중의 참여를 효과적으로 이끌어 내기 위해서는 참여 이니셔티브의 특정 목표, 대상 및 상황에 맞게 이러한 활동들을 조합하는 경우가 많다. 대중 참여의 주요한 목적은 대중과 과학 커뮤니티 간의 긍정적 관계 구축과 동시에 과학자와 비과학자 간의 대화와 관심을 부흥함으로써 이들 간의 간극을 연결하고 과학의 가치를 소중히 하는 것에 목표를 둔다.

구체적으로, 대중 참여 활동의 목표와 내용은 과학 커뮤니케이션 담론에 따라 강조점이 다르다. 과학적 사실 정보 중심의 커뮤니케이션인 보급 패러다임에 속하는 PUS 모델은 공식적인 학교 환경에서의 교육과 대중매체를 통한 과학교육과 재교육이 이루어져야 한다고 가정한다(Bauer et al., 2007; The Royal Society, 1985). 여기서 공식 교육이란 국가적 차원에서 과학 커리큘럼의 개정을 하는 것부터 시작하여 대학 졸업 후에도 과학에 대한 교육을 계속 받도록 장려하는 조치를 취하는 것이고, 대중매체를 통한 재교육은 과학 서적의 제작과 텔레비전 다큐멘터리, 과학잡지, 과학 블로그와 웹사이트를 통한 커뮤니케이션이 지속적으로 이루어져야 함을 의미한다(Bubela et al., 2009; Gastil, 2017; Miller, 2012). 이 모델에 비해 대중 참여 패러다임은 좀 더 쌍방향 커뮤니케이션을 지향하는데, 대중, 전문가 및 정책입안자 간의 대화와 숙고를 촉진하는 데 중점을 둔다(Gastil, 2017). 과학 커뮤니케이션의 대중 참여 패러다임의 실제 활동은 공청회와 국민투표 같은 친근한 접근 방식부터(Rowe & Frewer, 2000), 과학 상점(Science Shops)(Wachelder, 2003), 시나리오 워크숍(Andersen & Jæger, 2001), 시민 배심원(Smith & Wales, 1999), 계획 셀(Planning Cells)(Hörning, 1999), 숙의적 투표(Deliberative Polling)(Fishkin et al., 2000; Fishkin, 2003) 등 다양하다(Gastil & Levine, 2005; Rowe & Frewer, 2005). 선행 논의에 따르면, 정도의 차이는 있지만 대중 참여 모델 만큼은 아니지만 PUS 모델 또한 대화적 도구를 사용하는 방향으로 이어져 가고 있기 때문에 참여적이라 할 수 있다(Kappel & Holmen, 2019).

로위와 프루어는 대중 참여와 관련하여, 관련 용어의 정의와 개념 정립의 필요성을 지적했다(Rowe & Frewer, 2005). 이들은 주요 용어에 대한 부정확한 정의는 공공 참여에 대한 연구를 방해하고 효과적인 참여 방법의 개발 및 구현을 방해한다고 주장하며, 정보흐름의 관점에서 참여 메커니즘을 구분하여 효과적인 공공 참여에 대한 논의를 제기했다. 요컨대, 정보흐름에 따라 대중 참여(public engagement)의 유형을 공공 커뮤니케이션(public communication), 공공 협의(public consultation), 공공 참여(public participation)라는 세 가지 유형으로 구분했는데, 공공 커뮤니케이션은 정보 주최(sponsor)로부터 대중에게 전달되는 일방향적인 흐름을 지니고, 공공 협의는 대중으로부터 주최 측으로 향하는 일방향 정보흐름의 특성을 지닌다. 이에 반해 공공 참여는 주최와 공중 간에 있어 쌍방향적 정보의 주고받음이 있다. 즉, 진행되는 과정에서 어느 정도의 대화(dialogue)가 있고, 주최측과 공중이 동일한 규모로 참여하지 않는다 해도 한쪽 의견의 일방적 전달이 아닌 대화와 협상을 통해 의견을 변화시키고 조율하는 역할을 한다는 것이다.

로위와 프루어의 구분을 과학 커뮤니케이션에 적용하면 공공 커뮤니케이션은 과학자로부터 대중에게 이르는 일방향 전달인데 이는 강연이나 전통적 매체를 통한 것으로 예를 들 수 있다. 공공 협의는 과학자가 대중으로부터 정보를 받는 것을 뜻하는데, 대화 논쟁 또는 대중 서베이가 여기에 속한다. 대중 참여는 거래적인 쌍방향 과정이며 여기에서 대중은 적극적으로 관여하며 과학자와 함께 시식을 창출한다. 어윈(Irwin, 2008)은 사고의 순서와 상호작용에 따라 대중 참여를 기획하는 방법을 정의했다. 첫 단계 대중 참여는 인식, 관심 그리고 학습을 촉진하는 것을 포함하는데 여기에서 과학자들은 공공의 관점을 더 많이 배울 수 있도록 대중을 초청하는 역할을 할 수 있다. 2차 공공 참여는 대화형이며, 정보가 교환되고 과학자와 대중 모두가 제공할 가치 있는 지식을 가지고 있다고 가정한다. 3차 공공 참여는 과학이 어떻게 사회에 가장 좋은 일을 할 수 있는지 탐구하면서 더 넓은 사회문화적 맥락에서 여러 이해관계자들 간의 의사소통을 포함한다.

과학에 대한 대중의 참여는 과학과 사회 사이의 격차 확대에 대한 우려와 이 격차를 해소하려는 노력을 반영하는 유행어가 되었다. 또한, 정책 결정에 대한 대중의 참여를 필요로 하는 움직임이 커지면서 대중 참여 프로그램의 종류와 효과성에 대한 논의도 함께 증대되었다. 과학 커뮤니케이션 저널에 게재된 연구와 영국(UK), 미국(USA), 유럽연합(EU), 남아프리카공화국(SA)의 과학정책에 대한 내용 분석 연구는 '참여'의 대상인 '대중'에 대한 정의가 점점 더 모호하고 포괄적으로 정의되고 있음을 지적하며 성공적인 참여의 중요성을 강조했다. 즉, 특정 문제와 관련 과학 지식에 대해 명확하게 정의된 이해관계자 그룹과의 소통과 참여가 무엇보다도 가장 중요한 성공적인 '참여'의 방식이라는 것이다(Weingart, Joubert, & Connoway, 2021). 이러한 연구결과는 과학 커뮤니케이션에 있어 대중 참여는 더 이상 새로운 현상이 아니며, 과학 커뮤니케이션 공중 유형화 및 세분화를 통해 대중 참여를 위한 프로그램을 정제하고 고도화할 필요가 있음을 보여 준다.

뇌과학을 통해 등장하는 신기술은 어떤 기술보다 우리 삶을 더 낫게 변화시킬 것이라는 기대를 갖게 하지만, 우려와 경각심도 함께 안겨 주고 있다. 엄주희(2018)는 뇌신경과학 연구는 인간의 양심, 마음, 영혼, 지력, 감정에 관한 논쟁에 대한 해결책을 보여줄 수 있기 때문에 흥미롭지만, 이에 관한 철학과 윤리적 측면 등 사회에 미치는 영향에 대한 논의는 상대적으로 간과되어 왔음을 지적했다. 이 연구에서는 이 점에 초점을 맞추어 전문가들이 생각하는 뇌과학의 사회적 적용과 관련한 우려는 무엇이고 이를 통해 대중의 참여 도모에 대한 전문가 인식을 연관시킴으로써 전문가 역할과 기능에 대한 논의를 이어가고자 한다.

3) 뇌연구와 뇌과학자의 커뮤니케이션

뇌연구를 하는 신경과학자들을 대상으로 미국에서 수행한 심층 인터뷰 연구에 의하면, 과학자들은 뇌연구결과를 대중들에게 전달하고자 할 때 새로운 커뮤니케이션 채널에 대해 고민하지만, 여전히 기존 매체 중 하나인 뉴욕타임즈에 의존하게 된다는 사실을 밝혔다(Koh, Dunwoody, Brossard, & Allgaier, 2016). 이 연구에서 뇌과학자들은 대중들이 뇌과학 연구를 긍정적으로 인식할 것이라고 생각했고, 대중이 뇌연구에 대해 잘 알고 있다는 것을 매우 긍정적으로 받아들이는 것으로 나타났다. 즉, 뇌과학자들은 뇌연구에 대한 대중의 가시성을 정부의 지원과 관련지어 이해하는 것으로 나타났는데, 과학자들은 대중이 뇌과학연구를 많이 알고 긍정적으로 생각할수록 뇌과학 연구에 대한 정부의 지원이 늘어날 것이라고 믿었다.

이러한 맥락에서 볼 때, '언론 속의 과학'은 오래 이어져 온 대중 참여 활동인 것을 알 수 있다. 또한 과학적 지식의 구성이나 이해를 위한 과학 커뮤니케이션 과정에 있어 뉴스미디어의 역할에 대한 중요성은 오랫동안 강조되어 왔다(Campbell, 2006). 오래전 슈나이더는 과학자와 기자가 함께하는 패널토론에서, 비록 과학 커뮤니케이션에 있어 과학자의 역할이 언론인에게 정보를 제공하는 정보원의 역할(scientist-as-source)이 대부분이지만, 과학자 스스로가 대중에게 직접 이야기하며 소통할 수 있는 커뮤니케이터(scientist-as-author)로 활동할 필요가 있음을 주장했다(Schneider, 1986). 과학의 대중화 패러다임은 과학의 민주화로 이끈 동기로 작용했고(Weingart & Guenther, 2015), 여기서 민주화를 위한 주요한 요인 중 하나는 '대중과의 참여(engagement with public)'이다. 즉 과학자들은 그들의 연구실에서 나와 보통 사람들과 만나서 상호작용할 것이 권유되었는데, 과학자들이 대중과 함께 참여한다는 점은 민주화를 옹호하는 사람들에게 긍정적으로 다가감과 동시에 많은 사람들이 과학에 친근하게 다가갈 수 있게 하기 때문이다. 이와 관련하여 과학 커뮤니케이션 정의 자체가 대중 참여에 중점을 둔 구체적인 정의로 변화한 것을 알 수 있다. 독일에서는 2015년 10월경부터 과학 커뮤니케이션과 과학 PR을 동일시하는 현상을 발견했는데, "과학 커뮤니케이션(유사어: 과학 PR)은 PR의 새로운 영역으로 과학에 대한 대중 커뮤니케이션 관리를 말한다."라고 되어 있다. 이는 전문적인 영역으로 간주되어 온 과학자의 외부 홍보활동 또는 과학의 대중화 활동이 과학 전시회, 언론 보도, 정책 등으로 모두 대중 참여를 위한 영역 안으로 들어왔음을 의미한다.

일반 대중의 참여를 통한 과학 커뮤니케이션은 뇌과학 분야에서도 이어지고 있다. 뇌과학에 대한 대중의 관심이 높아지면서 미국을 비롯한 여러 나라에서는 1990년대부터 뇌연구에서 이루어진 발전과 혜택 동시에 우려에 대한 대중의 인식을 높이고, 일반인들이 이해할 수 있도록 과학 정보를 쉽게 전파하기 위한 노력이 시작되었다(김동광, 2021). 나아가, 뇌과학과 기술이 급격하게 발전하면서 이전에는 불가능했던 뇌과학에 대한 이해와 적용이 가능해졌다. 특히 영장류를 대상으로 하는 신경생리학 연구와 인간 뇌 활동에 대한 관찰을 가능하게 하는 영상 기술의 발전은 철학과 인문학, 사회과학 영역의 관심사인 판단과 의사결정, 사회적 상호작용, 자아, 도덕성과 같은 인간의 고유한 인지 기능에 대한 것을 뇌과학의 연구 영역으로 이끌어 왔다(설선혜·이춘길, 2008).

문제는 뇌과학 및 뇌연구결과에 대한 소통이 전문가들에게는 난제로 남겨져 있다는 것이다. 뇌연구의 복잡성은 뇌연구를 지칭하는 용어에서부터 알 수 있다. 일반적으로 '신경계 연구'는 '뇌연구', '뇌과학', '신경과학', '뇌신경과학', '정신과학', '인지과학', '심리학', '진화심리학', '인지과학', '뇌인지과학', '뇌공학' 등 다양한 단어로 사용되고 있다(류영준, 2021). 이는 연구 분야가 복잡하게 융합하면서 확장하고 재융합하는 학문의 발전 과정에서 구별을 위해 다양한 용어가 생긴 것일 수도 있고, 대중에게 익숙한 '뇌'라는 단어를 사용하다 보니, 신경과학보다는 '뇌'가 강조되었다는 설명도 가능하다. 뇌를 포함한 모든 신경계에 대해서 연구하는 학문으로서 신경과학(neuroscience)이라는 용어가 있지만, 이 연구에서는 대중의 접근 차원에서 익숙한 뇌과학으로 통칭한다.

모저와 동료들은 뇌과학과 관련된 소통이 어려운 이유로 뇌의 복잡성(complexity of the brain), 정신과 육체에 대한 개인적, 철학적, 종교적 의미(personal, philo sophical, and religious salience to mind and body), 중추신경계 질환의 부담과 공중보건에 미치는 영향(burden of disease and impact on public health), 그리고 신경 및 정신건강장애의 낙인(stigma of neurological and mental health disorders)을 꼽았다(Moser et al., 2010). 즉, 학문적 측면에서 "뇌"와 관련된 연구 영역은 상당히 구체화되어 있고 이성적 존재로서 인간의 사고와 행동의 요체가 되는 "뇌"는 단순히 인간 육체의 한 부분이 아니라 자아와 인간으로서의 정체성을 결정한다. 이 점에서 뇌과학 또는 뇌연구결과에 대한 소통은 의학적, 보건학적 차원을 넘어서 종교적, 철학적 차원까지 관련된다고 할 수 있다.

뇌연구는 뇌에 대한 지식과 이해를 바탕으로 치료를 위한 발전을 거듭하고 있으며 동시에 치료 목적이 아닌 향상(enhancement)의 수단으로 활용되는 것에 대한 우려도 제기된다(Jwa et al., 2023). 예를 들어, 미세 전류로 뇌를 자극하는 치료 기기가 있는데, 이 제품은 전극이 연결된 밴드를 머리에 감아 이마를 통해 뇌를 자극함으로써 편두통, 우울증, ADHD 치료 효과를 발생시키는 비약물치료 기기로 알려져 있고, 재택 치료가 가능하다는 장점이 있다. 그러나 신기술의 적용에 있어서 늘 우려되는 부분은 아직 밝혀지지 않은 부작용에 대한 것 그리고 단편적으로 제시된 긍정적 효과의 확대 이해이다. 운동선수의 뇌를 자극하여 경기 능력을 극대화시키거나, 성공적 동체 실험 결과를 적용하여 군인들의 전투 능력의 향상을 기대할 수 있다는 이슈는 질병 치료와 인간 향상에 대한 철학적이고 윤리적인 이슈를 제기한다. 이처럼, 뇌과학의 성과는 마음과 뇌에 관련된 다양한 윤리적, 법적, 사회적 이슈를 제기했고, 이와 같은 새로운 문제들을 다루는 신경윤리(neuroethics)[2]라는 학제적 분야가 나타나기도 했다(설선혜·이춘길, 2008; Farah, 2010). 파라는 다양한 뇌과학 분야의 발전과 더불어 제기되는 윤리적 문제에 대한 대중의 인식이 높아지고 있고 뇌과학 기술이 인간의 삶에 미치는 영향을 다각적으로 검토할 필요가 있음을 신경윤리의 중요성을 통해 강조했다(Farah, 2002).

---

2 신경윤리(neuroethics)는 신경과학(neuroscience)과 윤리학(ethics)의 합성어로 인간과 동물의 뇌를 다루는 신경과학기술로 야기된 다양한 문제를 윤리적인 측면에서 다루는 학문이다(Racine, 2010).

예를 들어, 뇌연구결과의 적용과 관련된 치료와 향상의 문제와 같이 뇌과학 기술의 사회적 적용에 있어 나타나는 윤리적 문제를 예측하고 이에 대한 해결안을 모색해 나가는 것이 신경윤리의 한 부분이라 할 수 있다. 나아가 뇌과학 기술의 부작용과 오남용 등 위험과 과학의 경계에서 나타나는 간극을 어떻게 커뮤니케이션할 것인지는 뇌연구자들에게 남겨진 어려운 문제이다. 즉, 뇌과학자들에게 있어 신경윤리에 대한 고려는 결국 대중에게 다가가는 커뮤니케이션의 문제와 연관된다. 뇌연구결과의 사회적 적용에 대한 논의가 가능하게 하기 위해서는 뇌연구결과의 장단점, 위험과 혜택 등을 모두 고려한 정보전달이 되어야 하며 전문가인 뇌과학자들이 실제로 이러한 부분들을 모두 고려하여 대중의 언어로 소통해야 한다. 이러한 맥락에서, 좌와 동료들은 최근 인간의 두뇌연구결과에 대한 전 세계적 관심이 증가했지만, 연구결과의 실용 가능성과 그것이 미치는 영향에 대한 논의가 매우 부족함을 지적했다(Jwa et al., 2023). 이들은 뇌과학 연구결과가 인간사회에 미치는 영향을 신경윤리(neuroethics) 차원 즉 윤리적, 법적, 사회적 그리고 문화적 차원에서 고찰할 필요가 있음을 주장하며, 뇌과학에 대한 소통과 대중 참여는 학제적으로 이루어져야 할 필요가 있음을 제언했다. 이에 이 연구에서는 먼저 전문가인 뇌과학자가 연구수행과 관련하여 경험한 커뮤니케이션 문제가 있는지 고찰하고, 이를 통해 전문가가 수행하는 과학 커뮤니케이션에 대해 논의를 이어가기 위해 다음의 연구문제를 도출했다.

3 연구문제

연구문제는 뇌과학자들이 경험한 커뮤니케이션의 문제, 이들이 인식한 현시점의 과학 커뮤니케이션의 양상 그리고, 과학 커뮤니케이션의 일환으로 이들이 조망하는 대중 참여에 대한 것이다. 먼저, 뇌과학자들이 연구수행과 관련하여 경험한 커뮤니케이션의 문제에 대해서 검토하고자 한다. 아울러, 이들이 생각하는 과학 커뮤니케이션이 현 사회에서 어떻게 나타나는지 알아보고, 과학 이슈의 대중 참여에 대한 뇌연구자들의 인식을 검토하고자 3개의 연구문제를 구성했다. 연구문제는 기본적으로 전문가 인식고찰에 초점이 맞추어져 있고, 전문가로서 뇌과학자 인터뷰 분석을 통해 전문가 역할에 대한 논의와 함께 뇌과학이슈에 대한 공중의 참여를 위한 함의를 도출해 보고자 한다. 3개의 연구문제는 다음과 같다.

연구문제 1. 뇌과학자들이 연구수행과 관련하여 경험한 커뮤니케이션의 문제는 무엇인가?

연구문제 2. 뇌과학자들이 바라보는 우리 사회의 과학 커뮤니케이션 현재는 어떠한가?

연구문제 3. 뇌연구결과와 관련 이슈에 대해 뇌과학자들이 생각하는 공중 참여는 어떤 방법론적 논의가 필요한가?

4 연구방법

1) 연구대상

본 연구에서는 질적 연구 방법론인 심층 인터뷰 방법을 채택하고, 뇌연구자를 인터뷰 대상으로 삼았다. 뇌연구자는 뇌공학자, 신경생물학자, 인지과학자, 인지심리학자 그리고 신경외과 의사와 신경정신과 의사로 뇌연구 분야에서 10년 이상 종사하고 있는 전문가로 다양하게 구성했다. 심층 인터뷰를 선택한 이유는 뇌연구자들이라는 전문가 집단의 위험 커뮤니케이션, 과학 커뮤니케이션과 대중 참여 관련 연구가 거의 이루어지지 않았다는 점에서 기초적인 자료를 수집할 필요가 있기 때문이다. 특히, 본 연구에서는 심층 인터뷰를 초점집단면접(Focus Group Interview: FGI)의 형태로 진행했는데, 뇌연구 분야가 다양한 갈래로 나뉘어서 수행되고 있기 때문에 위험 커뮤니케이션과 과학 커뮤니케이션에 대한 다양한 논의를 아우를 필요가 있다고 보았다. 특히 주제에 대해 전문가 집단이 다른 의견을 끌어 나오는 등 조사 내용과 관련한 개개인의 사례만 수동적으로 수집하는 것이 아니라 목표가 되는 논의 주제에 대해 서로 다른 응답자들이 의견을 교환하면서 토론 내용이 더 풍부해질 수 있다는 초점집단면접 방법이 가진 장점에 기반했다(Wimmer & Domminick, 2013).

2) 연구절차

이 연구는 전문가 인식을 검토함으로써 과학기술의 위험과 관련된 과학 커뮤니케이션에 있어 대중 참여에 대한 전문가 역할과 의미를 검토하고자 하는 탐색적 목적을 지닌다. 위험 인식에 있어 일반인과 과학자들이 종종 극단적인 인식의 차이를 보인다는 점(정지범·류현숙, 2009; 이세민·김영욱, 2012), 또한 한국 사회에서 위험 상황은 공공 갈등의 상황으로 까지 발전할 수도 있다는 점(김영욱, 2008), 나아가 과학 이슈는 정치화되기 쉽고 그 부작용 또한 다양하게 나타날 수 있다는 점(김소영·금희조, 2019; Bolsen & Druckman, 2015, 2018; Druckman & Lupia, 2017; Scheufele, 2014)에서 무엇보다 위험과 과학 커뮤니케이션의 주제로서 전문가 집단의 인식을 이해하는 것이 우선되어야 한다고 판단했다.

연구자는 인터뷰에 앞서 최근 수행된 문헌 연구를 중심으로 함의를 찾아 인터뷰 질문지를 구성했다. 인터뷰 질문지는 크게 세 가지 부분으로 구성했다. 첫째, 뇌연구자가 경험한 다양한 문제를 커뮤니케이션 관점에서 검토하는 것이다〈연구문제 1〉. 뇌과학자들은 뇌과학 이슈에서는 전문가이지만, 그들이 접하는 일상 환경에서의 전문가는 아니다. 이에 일차적으로 전문가 집단으로서 그들이 경험한 커뮤니케이션의 문제를 검토할 필요가 있다. 다음으로, 뇌과학자들이 생각하는 신기술에 대한 과학 커뮤니케이션이 우리 사회에서 어떠한 형태로 나타나고 있는지를 알아보고자 하는 부분이다〈연구문제 2〉. 뇌과학 분야가 아우르는 세부 영역에 따라 전문가 인식이 다를 수 있으므로, 전문가들이 조망하는 과학 커뮤니케이션에 대한 이해가 어떻게 나타나는지 검토할 필요가 있다. 다음으로, 뇌과학자들은 대중 참여와 관련하여 어떤 인식을 지니고 있는지 알아봄으로써 대중 참여를 위한 방법론적 논의를 모색해 보고자 한다〈연구문제 3〉. 기본적으로 인터뷰 질문지를 중심으로 진행하되 필요한 경우 추가 질문(proving)을 하여 응답의 신뢰성을 높이고자 했다.

인터뷰 사회자는 연구에 앞서 전문가 대상의 인터뷰 수행을 위한 학습 과정을 거쳤다. 전문가 대상의 인터뷰이므로 관련 분야에 대한 기본 지식과 정보가 필요했기 때문이다. 뇌과학자이면서 의료인문학자, 철학자, 법학자, 그리고 윤리학자와 함께 5차례에 걸친 정기적 논의를 통해 뇌과학 연구의 정의, 영역, 용어 등에 대한 기본 학습을 수행하고 사례를 통해 이해를 높였다.

인터뷰 대상자들은 뇌과학 관련 학회의 도움을 받아 유의적 표집(purposive sampling)과 눈덩이 표집 방법을 사용하여 표집했다. 인터뷰는 2022년 2월 21일부터 28일까지 일주일에 걸쳐 줌을 통한 비대면으로 평균 1시간 30분가량 진행했다. 인터뷰 대상자는 공학자 4명, 신경생물학자 2명, 인지과학자, 인지심리학자, 정신과학자, 신경정신과 의사 각 1명으로 총 10명이다. 10명의 인터뷰 대상자는 세 그룹으로 구성하여 집단별로 1회씩 FGI를 실시했다. 첫 번째 인터뷰 집단은 뇌공학자 뇌-

컴퓨터 인터페이스 기술(Brain Computer Interface: BCI)을 연구하는 뇌과학자로 구성했고, 두 번째 인터뷰 집단은 신경정신과 의사와 공학자 중에서 동물실험을 하는 연구자를 한 팀으로 구성했다. 세 번째 집단은 동물실험을 주로 하는 신경생물학자와 인지과학자를 한 팀으로 구성했다. 관련 분야에서 이야기가 연결되어 나올 수 있는 FGI의 장점에 근거하여, 인터뷰 팀 구성 및 조합은 연구 분야에 따라 구체적인 답변을 얻을 수 있도록 구성했다. 인터뷰 질문지는 비대면 인터뷰 시행 일주일 전에 인터뷰 대상자에게 전달했다. 인터뷰는 참여자들의 동의하에 녹취했다. 인터뷰 대상자들의 구분은 〈표 6-1〉과 같다.

인터뷰가 완료된 후에 모든 녹취록을 전사해 연구자들이 반복적으로 읽으며, 전문가들의 답변을 정리했다. 이때 전문가의 개인적인 성향 혹은 특징에 해당하는 경험담, 질문 이외의 사담은 제외하되, 현상 해석에 주요 실마리를 제공하거나 중의적인 해석이 가능하다고 판단되는 발언들은 각 연구자가 따로 기록을 해 두었다. 이러한 1차 자료를 토대로 연구자들은 패턴 찾기 기법(pattern-finding technique)을 사용해 수차례 녹취록을 읽으면서 참여자들의 답변 내용에서 공통적으로 논의되는 주제를 찾아내고(Miles & Huberman, 1994), 잠정적인 키워드와 핵심 인용구 등을 정리했다. 연구자의 주장을 뒷받침하는 인터뷰 내용의 편의적 발췌를 방지하기 위해 복수의 연구자들이 반복적인 논의를 통해 취합하고 재구성하는 등의 정교화 과정을 거쳤다.

표 6-1 • 인터뷰 대상자 특성

인터뷰 팀	인터뷰 대상	성별	연령	전문 분야
1팀	A	남성	50대	뇌 공학자
	D	남성	50대	뇌 공학자
	E	남성	50대	신경생물학자
	J	여성	40대	신경과학자
2팀	B	남성	30대	뇌 공학자
	F	여성	50대	신경생물학자(발생생물학자)
	I	여성	40대	정신의학전문의

3팀	C	남성	40대	뇌 공학자
	G	여성	40대	인지과학자(동물실험)
	H	남성	40대	인지심리학자

5 연구결과

1) 뇌과학자들의 역할 자각과 커뮤니케이션의 문제

김학수(1999)는 일반 국민들이 과학기술 관련 기사 가운데 가장 많은 관심과 주목을 보이는 부분은 성과 관련 보도라고 했고, 김동규(2000)는 과학기술보도의 주제별 분포 중에서 연구개발이 가장 큰 비중을 차지한다고 했다. 이 점은 뇌과학자들의 인터뷰에서도 나타났는데, 뇌과학자들은 연구자로서 연구성과와 업적에 대한 욕구가 크기 때문에 대중에 대한 영향과 사회적 효과에 대한 고려는 사실상 그들의 영역이 아니며 대중과의 소통은 과학 커뮤니케이터의 역할로 보았다. 이에, 뇌과학자들이 생각하는 전문가의 역할에 대한 고민과 뇌연구 과정에서 경험한 다양한 문제를 커뮤니케이션 관점에서 검토해 보고자 한다.

(1) 정보원(information source)으로서 과학자 VS. 작가(storyteller)로서 과학자: 뇌과학자의 역할과 신경윤리(neuroethics)의 필요성

뇌과학 연구결과의 소통에 있어 과학자들이 느끼는 몇 가지 문제들이 있다. 가장 어려운 문제 중 하나는 대중에게 뇌과학 관련 구체적인 이슈를 공개할 때, 복잡하고 새로운 지식을 접근 가능한 형태로 정제해야 할 필요성을 인식해야 한다는 것이다(Illes, Moser, & McCormick, 2010). 물론 대중과의 소통은 커뮤니케이션 전문가의 영역이라고 생각하고 과학자들의 입장에서 복잡하고 새로운 지식을 대중에게 제공해야 한다는 필요성을 민감하게 느끼지 않을 수도 있다. 그러나 복잡하고 새로운 지식을 접근 가능한 형태로 정제하는 것은 가장 기본적인 과학 소통의 시작이라 할 수 있다. 따라서 과학자들의 입장에서 새롭고 복잡한 지식을 어떻게 일반 대중에게 전달해야 할지에 대한 고려는 소통의 의지를 보임으로써 대중들이 신뢰할 수 있는 투명한 분위기를 조성하는 것과 직결되는 부분이라 할 수 있다. 특히, 뇌과학의 고유한 복잡성으로부터 올 수 있는 잠재적인 오해, 즉 신경과학이라는 학문적 갈래에서 새롭게 나타나는 개념과 차원에 비해 이를 알리고자 하는 커뮤니케이션은 훨씬 뒤처지고 있다(Kimmerle, Flemming, Feinkohl, & Cress, 2015).

이러한 부분은 뇌과학의 다양한 분야에 적용되며 과학적 방법론에 대한 연구자의 정당성, 확신에도 영향을 준다. 즉, 과학자의 입장에서는 연구자로서 연구에 대한 확신과 방법론적 적용에 대해 신념이 없다면 연구결과를 대중에게 어떻게 전달할 것인가는 아예 생각할 수 없는 부분이기 때문이다. 일례로, 오가노이드라는 연구 분야와 관련해서 몇 가지 논쟁이 있는데, 오가노이드는 장기(organ)와 유사함을 뜻하는 접미사 '-oid'를 결합한 단어로 배아줄기세포, 성체줄기세포, 유도만능줄기세포 등을 3차원적으로 배양하거나 재조합해서 만든 장기유사체다. 흔히 '미니 장기', '유사 장기'라고도 부른다. 환자의 줄기세포를 배양해 유사 기관을 제작할 수 있기 때문에 개인 맞춤형 임상 시험의 방법론으로 주목받고 있으며, 향후에는 개인 맞춤형 장기 개발에 활용이 될 수 있다. 또한 신약 개발에 있어서도 의미가 있다. 동물실험에서 발견되지 않았던 부작용이 인간에게서는 발견될 수 있는 점, 즉 오가노이드를 통해 동물실험과 임상실험의 다른 결과가 주는 한계를 극복할 수 있고 실험동물 사용 반대 여론에 과학적 설명을 통해 긍정적 해답을 줄 수 있는 장점이 있다. 문제는 이러한 연구결과와 관련해서 과학자는 연구결과에 대한 전문적인 정보는 제공할 수 있지만, 실제 대중이 이해하는 정보로 전달하기 어렵다는 점을 이들 스스로 문제점으로 꼽았다. 오래전에 슈나이더가 지적한 바와 같이, 과학자들은 전문적인 지식 정보를 언론에 제공하는 정보원의 역할(scientist-as-source)을 수행하는 것이 대부분인데 과학자 스스로가 대중에게 직접 이야기하며 소통할 수 있는 커뮤니케이터(scientist-as-author)로서의 역할(Schneider, 1986)을 하기는 매우 어렵다는 것이다. 즉, 어려운 뇌과학이슈에 대한 사실을 제시하는 것과 이러한 이슈들이 갖는 다양한 의미를 전달하는 대중과의 소통은 이들에게 또 다른 차원의 커뮤니케이션 문제로 다가오는 것이다.

> "오가노이드(organoid) 연구 분야에서는 이런 논쟁이 있습니다. 오가노이드를 동물에 이식해서 키메라를 만드는 실험들을 해요. 그러니까 이젠 사람과 동물의 키메라를 만들어서 양쪽으로 오가노이드를 심어 준 인간들과 동물의 뇌에 어떤 영향을 줄까 하는 동물윤리라는 이슈가 있고, 거꾸로 동물과 하이브리드해서 일어나는 인간에 의해 일어나는 어떤 국면이 있다는 생각을 좀 하게 되었어요.. 무엇보다 이러한 문제를 사람들에게 어떻게 설명할 것인가는 또 다른 문제인 것 같습니다." (F)

뇌연구의 복잡성으로 인해 전문가들인 과학자들 사이에서도 연구방법과 학습에 대한 다양한 의견이 나타났다. 이들은 뇌에 인간이 기술적 수단을 동원해 개입하는 길을 뇌과학이 열어 가고 있고 이러한 개입은 지속적이며 빠른 속도로 증대되고 있다고 지적했다. 뇌과학자들이 최신 연구결과와 과학적 지식을 대중에게 명확하게 전달하는 정보제공자의 역할을 수행해야 하는데, 뇌과학 연구에는 윤리적 고려사항이 많이 포함되므로 사회적으로 책임 있는 연구를 어떻게 할 것인가는 이들의 또 다른 고민으로 연결되었다.

> "저희가 최근에 예비타당성 작업하면서 떨어지는 이유 중의 하나가 사람들이 뇌연구에 대한 필요성을 현장에서 연구하시는 분들만큼 필요한 연구라고 느끼지 못하는 측면이 있어서 그런 것 같습니다. 예를 들면, 남자의 뇌와 여자의 뇌가 어떻게 다른가, 똑똑한 머리는 타고 나느냐, 이런 것들이 어떻게 밝혀지느냐에 따라서 사람들의 사회, 문화적인 인식 같은 것들이 완전히 달라질 수 있는 건데요. 때문에 이 연구 자체가 중요하고, 또 사실 응용이 되면 뇌를 모방한 인공 지능이라든가 이런 곳에 활용할 수 있으니까, 우리가 사람들을 설득하기 위해 노력을 해야 될 것 같다는 생각이 들었습니다." (B)

> "우리는 이미 인류 역사는 예전에 정신을 즐겁게 하는 약초를 발견한 것부터 우리 뇌를 흔드는 수많은 조작법을 가지고 있다고 말합니다. 술과 담배, 마약 그리고 수술도 있고 엄청나게 많습니다. 그럼, 여기에 머리에 장비를 하나 써서 특정한 뇌 영역을 시뮬레이션으로 자극제를 만들었다고 해서, 여기에 대해 가이드라인을 준비해야 하는 것인지요. 일례로 기존에 있었던 것은 다 괜찮은데, 새롭게 영입되는 것은 안 돼,라고는 하기 어려울 것 같습니다. 즉, 새로운 사실을 알아내는 그러니까 현상을 파악하는 과정에서의 윤리적 이슈와 새로운 테크놀로지가 유입될 때 들어오는 윤리적 이슈는 별개인 것 같습니다. 이 부분에 대해 각각을 강조하는 연구가 필요하지 않은가 생각합니다." (E)

뇌과학자들은 뇌연구결과를 전달하고 공유하는 것 또한 전문가의 역할임을 인지하고 있지만, 실제로 대중과의 접점에서 이를 위한 노력은 쉽지 않음을 나타냈다. 특히, 뇌과학자들은 뇌과학이 뇌를 읽어 내는 기술, 즉 마음을 읽어 내는 기술로 오해될 가능성을 지적하며, 기존의 생명윤리의 가치판단이나 윤리, 법으로는 설명하거나 판단하지 못하는 영역의 문제들이 있음을 이야기했다. 뇌는 인간의 지적 능력과 개개인의 성격을 결정하는 핵심 장기이고 따라서 인간의 마음과 정신적 활동에 직접적으로 개입하고 간섭한다. 뇌가 작동하는 방식에 대한 지식을 바탕으로 인간의 정체성, 자유의지, 책임과 마음을 다루는 학문 분야인 뇌 신경윤리(neuroethics)를 과학자들 스스로 자각하는 것 또한 뇌과학자의 역할과 사회적 소통에 있어 중요한 부분인 것으로 나타났다.

(2) 과학자의 연구를 위한 연구 VS. 인간을 위한 연구: 과학자의 내적 갈등과 신경윤리의 중요성

뇌과학자들이 연구 수행에서 경험한 커뮤니케이션의 문제로 과학자들은 일련의 내적 갈등을 겪기도 하는 것으로 나타났다. 즉 연구를 위한 연구인지 또는 인간을 위한 연구인지에 대한 고민, 연구를 수행하는 과정에서 연구자들이 직접 경험하는 장벽, 전통과 권위(Babbie, 2020)로부터의 탈피가 내적 갈등의 주요한 부분이라면 과학적 연구의 의미를 이분화하여 양극화하는 문제 또한 이들의 어려움으로 나타났다. 인터뷰 참여자들은 현실 속에서 연구는 개인 차원, 즉 연구자를 위한 연구이며 이것이 환자를 위한 치료로 수용되기까지는 많은 이해관계자들이 있기 때문에 연구자를 위한 연구에 그치게 됨을 지적했다. 한편, 연구자 입장에서 새로운 과학적 발견이라는 업적의 중요성에 집중하기 때문에 실질적으로 인간사회에 대한 모든 영향을 긍정적 그리고 부정적 측면까지 고려하는 것은 매우 어려운 부분임을 토로하기도 했다.

> "저의 경우에는 양극화되어서 나타나는 문제가 좀 있다고 느껴져요. 저는 실제 사람들을 초청해서 데이터로 그들의 행동을 본다거나, 그들의 뇌에서 어떤 일이 일어났는지를 측정하는 일을 합니다. 그래서 사람들이 자발적 참여를 하는 방식으로 실험이 진행되는데, 연구에 참여하는 많은 사람들이 연구주제 자체에 대해서, 그렇게 심각하지 않다고 받아들이기 때문에 생기는 문제가 있는가 하면, 반대로 환자 데이터들도 이제 병원과 협업을 해서 모아야 하는데… 그 부분에 있어서는 치료가 당장 중요하지, 이 사람들의 뇌나 행동에 관련된 데이터를 모으는 게 중요하지 않다고 해서 오히려 연구 방향을 받아들이는 데 장벽이 있지 않나 싶어요." (B)

뇌과학 기술의 발전은 뇌 활동을 모니터링하고 분석하는 기술의 발전으로 이어졌고, 이러한 기술은 개인의 생각이나 감정을 무단으로 접근할 수 있는 가능성을 열어 주며 이 점에서 개인의 프라이버시를 침해할 위협도 있다. 또한, 뇌연구를 위해 동물 실험을 하거나 인간 대상 실험에서 피험자의 권리와 안전을 보장하는 문제에다가 뇌 기능 향상을 위한 기술의 윤리적 적합성에 대한 논란도 존재한다. 이러한 이슈들은 과학자들의 내적 갈등을 심화시키며 뇌신경윤리의 중요성을 인지하지만, 현실적으로 연구와 윤리적 논의를 함께 가져나가는 것은 매우 어려운 일임을 토로했다.

"사실 새로운 방법론이나 기술이 개발되면 끊임없이 이슈들이 드러나는 것 같아요. 방금 000선생님이 어떤 윤리적 가이드라인이 없어서 논문을 내야 하나 고민한다고 하셨는데, 실상은 윤리적 가이드라인이 생기기 전에 논문을 내는 것이 유리한 것 아닌지요. 줄기세포 분야의 경험을 토대로 보면 가이드라인을 만든 도덕적이고 윤리적인 문제에 어떤 문제 해결이 오히려 규제로 작용하거나 발목을 잡는 과정으로 간다고 느끼는 연구자들이 꽤 있거든요. 어떤 제도나 가이드라인을 만들다 보면 디테일이 사라지고 엄청 불편해지는 경우들이 공존한다고 연구자들은 느낍니다. 그러니까 현상을 파악하는 과정에서의 이슈와 새로운 테크놀로지가 유입될 때 들어오는 윤리적 이슈는 되게 다른 것 같고, 이러한 각각의 부분을 강조하는 연구가 필요하지 않은가 생각해 봤습니다." (C)

뇌과학자들은 연구의 사회적, 윤리적 영향을 고려하여 정책을 자문하는 역할을 한다. 즉, 전문가로서 과학자들은 과학적 사실에 기초하여 정책을 수립할 수 있도록 돕는데, 이 과정에서 연구결과를 과장하지 않고 사실 그대로 제공하는 것은 투명하고 정직한 커뮤니케이션을 통해 대중의 신뢰를 구축하는 역할을 한다는 점에서 매우 중요하다.

"그동안 과학자들이 생명윤리 또는 실험실 윤리와 같이 이런 윤리적인 문제를 많이 접하고 있는 것은 사실인데요. 뇌과학연구와 관련된 신경윤리라고 하면 다른 윤리에서 다루고 있지 않는 플러스 알파가 있는 것입니다. 결국은 기존에 다루고 있는 다양한 윤리적인 가이드라인이 커버하고 있다면 하지 않아도 되는 일 아닌가 하는 생각이 들기도 합니다. 모두들 잘 아시겠지만, 이전에 있었던 과학적인 사건 때문에 줄기세포를 다루고 있는 부분에 대해서는 우리나라가 선진국을 월등히 뛰어넘는 가이드라인을 가지고 있거든요. 저희는 그것을 가지고 인간의 미니 뇌를 만드니까 오히려 어려움이 많았고 여러 가지 폴드(fold)의 고민이 있습니다." (F)

뇌과학자들은 물리적인 두뇌와 정신 사이의 보다 직접적인 관련성에 대한 논의가 필요하다는 점에서 신경윤리의 중요성을 인정하지만, 연구에 몰입하다 보면 인간의 자율성과 의지력 등에 대한 의문과 새로운 윤리적 문제들을 발생시킬 여지까지 고려할 여유가 없음을 토로하기도 했다. 그러나 뇌연구 기술은 뇌의 정보에 접근하고 조작할 수 있고 인간의 정체성, 사상의 자유, 프라이버시 등 인간의 기본권과 자유를 위협하는 위험을 초래할 수 있다는 점에서 신경윤리에 대한 논의는 매우 중요하다는 점에 동의했다.

(3) 과학자의 기여 VS. 산업의 활용: 연구결과의 순기능과 악용에 대한 우려와 사회적, 제도적 장치의 필요성

뇌와 컴퓨터를 연결하는 뇌-기계 인터페이스(Brain-machine interface, Brain-computer interface: BMI 또는 BCI)인 기술, 증강 약물, 신경 조절 등의 뇌 신경과학 기술은 신체장애를 극복하고 정신질환의 치료 회복에 도움을 주는 기술로 각광받고 있다. 장애인에게 신체와 정신을 보조하거나 환자에게 치료 효과를 줄 뿐 아니라, 일반인에게는 게임 속 캐릭터를 조작하거나, 원격지에 있는 기계를 조정할 수 있게 하고, 신체의 부분적 장애나 부족한 부분을 극복한 사이보그의 등장까지도 예견되고 있다. 많은 뇌과학자들의 연구를 통해 뇌과학 기술이 발전해 왔지만, 이러한 뇌과학 기술이 사회에 미치는 영향에 대해서는 알려진 바가 많지 않다. 따라서 기술 구현과 적용 관련 불확실성, 알려지지 않은 부작용에 대한 고려 등 새로운 과학기술이 인간 사회에 가져올 크고 작은 영향에 대한 법적 제도적 장치의 필요성, 그리고 사회 전반에 걸쳐 나타날 수 있는 신기술의 영향에 대한 논의가 수반되어야 한다(엄주희, 2019)는 지적 또한 인터뷰를 통해 나타난 뇌과학자들의 공통적인 생각이다.

> "과학자들은 연구 전에 IRB 때문에 너무 고생을 많이 해서, 저희처럼 연구하시는 분들의 인식은 많이 개선되었다는 생각이 듭니다. 오히려 바깥에 계시는 분들에 대해서 뭔가 인식이 필요하다는 경험을 하고 있습니다. 최근 들어, 외부에서 이런 뇌파 등을 활용하는 제품을 이용해서 특정 감정이나 사례들을 평가해 달라고 요청하는 분들이 있습니다. 이 분들은 IRB에 대한 개념이 전혀 없고, 심지어는 자체적으로 이렇게 해 봤다고 하면서 들고 와서 주장하는 분들도 있습니다. 그리고 이런 외부 업계의 주장과 관련하여 그들이 수집한 자료들은 개인의 민감 정보인데, 이런

부분과 관련하여 어떤 기준을 가지고 있는지도 알 수 없습니다." (A)

"사실, 뇌 기능 조절이라든지, 미래 뇌 융합, 휴먼플러스 이런 과제들이 있는데요, 저는 안 하고 있지만, 그런 과제들에서 집중한 것이 사람의 능력을 끌어 올리는 부분에 대해 최종 목표를 상정하고 있다는 것입니다. 저도 연구 기획에 대한 이야기를 들으면서, 당연히 그런 것들이 악용될 수 있겠다는 생각을 했습니다. 최종 목표에 그렇게 적혀 있는 것을 보면 사실 인간의 능력을 끌어 올리는 것에 대한 윤리적인 문제에 대한 언급이 있어야 하는데, 그 어떤 지적도 없습니다." (C)

"…특정 부위에 이런 자극을 가했더니 이 사람의 동체 시력이 강화가 되는 거예요. 저희는 결과가 드라마틱하게 잘 나와서 발표를 하고 싶은데…. 이게 발표가 되면 악용이라고 할지 모르겠는데, 이게 브레인 도핑에 활용이 될 수 있겠더라구요. 예를 들면, 올림픽 사격 선수, 군용으로 사용한다는데… 자극해서 자극받으면 명중률이 더 올라가고… 이런 윤리적인 측면에 대해 고려는 했었는데, 목적성에 대한 고려는 안 했지요. 그냥 저희 방식이 잘 작동한다는 것을 보이기 위한 목적으로 연구했기 때문에…" (B)

일부 뇌과학자들은 뇌과학기술이 마음을 읽는 기술로 이용되어 개인이 지닌 생각과 감정이 마케팅 등 상업적으로 이용될 수 있다는 부분에 대해 우려하는 것으로 나타났다. 개인의 반응과 기본적인 감정을 포착하는 두뇌 데이터가 추출되어 잘못 활용될 수도 있다는 것이다. 특히 뇌과학기술 중에서 활발하게 연구되고 있는 뇌-기계 인터페이스가 어린이나 청소년의 뇌에 이식되면 뇌의 정상적인 성숙을 방해할 수 있고 나아가 개인의 정체성이 왜곡될 위험이 있다는 것을 심각한 문제로 지적했다. 아울러 뇌과학적 지식과 기술이 일부 계층에서만 접근가능할 경우, 사회적 불평등이 심화될 수 있다. 예를 들어, 뇌 기능을 향상시키는 기술이나 치료법이 경제적으로 부유한 사람들에게만 제공될 경우, 기존의 사회적 격차가 더 커질 수 있다.

2) 뇌과학자들이 바라본 과학 커뮤니케이션의 현재

(1) 전문가의 경계 VS. 일반인의 기대: 미디어를 통한 신기술의 이해와 과학자들의 우려

새로운 과학기술에 대한 대중의 이해는 많은 부분, 언론보도를 통해 이루어진다. 선행 연구에 의하면 신경과학 기술 중에서 언론보도에서 많이 언급되는 부분은 EEG, PET와 SPECT, fMRI신경자극술과 신경유전학에 대한 것이고, 이들의 언론보도 톤(tone)에서 공통적으로 가장 많이 나타난 것은 낙관적 분위기이다(Racine et al., 2010). 언론보도를 통해 대중은 연구결과의 긍정적 측면만 받아들이고, 부정적인 영향이나 의도하지 않은 결과에 대한 우려는 논의의 범주에서 제외되는 경우가 많다.

긍정적인 한쪽 측면만을 지나치게 열정적으로 제시하기보다는(Gilbert & Ovadia, 2011; Racine et al., 2007), 연구결과의 제한된 신뢰도에 대한 것과 부정적 측면에 대한 고려 또한 필요한 부분이다. 이를 통해 독자에게 신기술의 잠재성을 인식하게 하고, 보고된 결과의 유용성과 적합성을 보다 적절하게 평가할 수 있는 더 나은 기회를 제공할 필요가 있다는 것이 뇌과학자들의 공통적인 생각이다.

> "일반인들은 과학자들의 연구 내용에 대해 미디어를 통해서 얻는 것 같은데요, 따라서 연구 내용에 대해서 미디어에서 다룰 때, 그 연구 내용에 대해 과학적 커뮤니케이션을 하시는 그런 분들이 오히려 연구 내용에 대해 이해해야 하는 것이 먼저일 것 같아요. 일반인은 미디어를 보고 받아들이는 거지, 연구 내용을 보는 것이 아니니까 그렇게 해서 오해가 생기면 괜히 제도적 차원만 어려워지고, 필요없는 그런 잣대들이 더 생겨나서 연구 진척에 방해가 되는 구조가 되는 것 같아요." (H)

> "기자분들이 뭔가 독립적으로 쓰시는 분들이 적다는 것도 문제고, 그래서 본인의 생각이 들어가 있지 않은 경우가 많고요, 다른 분들이 기사를 그대로 카피를 하거나 영어로 되어 있는 기사를 번역하는 게 다인 것 같아요. 그렇게 되면 대중들은 사실 논문을 읽고 싶어도 어디서 찾을 수 있는지 찾는 방법도 모르구요. 소스를 밝히는 것이 중요한데, 그게 되어 있지 않아요. 혹여나 들어가서 봐도 영어로 되어 있기 때문에 어렵지요. 그런 것들 때문에 대중들은 최근에 어떤 연구들이 진행되고 있는지 기사만 보고 판단을 하고 뉴스만 보고 이해할 수밖에 없다는 단점이 있습니다. 그래서 이러한 부분에 대한 추가적인 투자가 좀 필요하다고 생각합니다." (J)

뇌과학자들은 과학기술에 대한 언론보도는 서구의 것을 그대로 가져와서 보여 주거나, 신기술의 긍정적인 면에 주력하는 희망 프레임이 대부분이라고 지적했다. 일례로 마비환자를 일어나게 하는 이슈들은 뇌과학뿐만 아니라 다른 차원에서도 다뤄볼 수 있는 문제인데, 뇌과학적 기술의 차원에서 긍정적인 측면에 주력하여 보도한다는 것이다. 이러한 점을 연구자들은 경계하고 있고, 때로는 연구자의 의도를 벗어나 밝은 면이 훨씬 더 강도 높게 나가는 것을 보며 대중에 앞서 언론과 어떻게 소통해야 할지 생각해 볼 필요가 있다고 설명했다. 이는 언론과 전문가로서 뇌과학자 모두 과학 커뮤니케이션을 위한 전문성을 함양하고 대중을 위한 커뮤니케이션 방법을 학습할 필요가 있음을 제시하는 것이다.

(2) 뇌과학적 지식의 사회적 적용: 현장과 해석의 괴리

뇌과학자들은 신기술의 사회적 적용에 있어 관련 연구결과의 설명력에 대한 충분한 고려가 있어야 함을 주장했다. 일례로, 과학자들은 과학적 도구 또는 기계를 통해 직관적으로 파악할 수 있지만, 다른 영역에서는 전문적 판단 능력이 없기 때문에 통계적 유의성에 의존할 수밖에 없는 경우가 있다. 따라서, 동일한 연구결과 또는 신기술의 활용이라도 상황에 따라 가변적인 해석이 나올 수 있고, 나아가 연구결과에 대한 신빙성으로 직결된다는 점을 지적했다. 이는 전문가 집단의 권력과 전문적 지식의 오남용에 대한 대중의 우려와도 연관되어 과학 커뮤니케이션에 있어 중요한 전문가 집단과 대중 간의 신뢰에 영향을 줄 수 있다. 이와 관련하여, 과학자들은 연구 결과를 사회에 적용할 때 필요한 틀과 이에 수반될 수 있는 위해와 가치에 대한 해석을 할 수 있는 규범의 정교화 필요성을 제안했다.

> "뇌과학연구의 사회적 적용과 관련하여 재판 현장에서 신경과학적 자료를 증거로 채택할 수 있는가에 대한 문제를 제시한 사례가 있습니다. 그러니까, 연쇄 살인마였는데 알고 보니 그 사람은 전두엽에 문제가 있는 사람이었고, 따라서 전두엽의 문제로 인한 살인이라는 부분을 참작해서 배심원들한테 어필했던 경우가 있습니다. 이처럼, fMRI라는 데이터가 이런 식으로 사용될 수도 있다는 것을 인지하고 자료의 중요성에 대한 생각을 하라는 포인트를 얻었습니다. 그런데 일반인들이 이러한 부분에 대한 관심이 얼마나 있을지는 잘 모르겠습니다. (G)

> "분야가 다르긴 하지만 통계적 수치, R제곱 값이 너무 작으면 의심하기도 하고, 사실 확실한 것이 아닌 것에 대해서 통계적 결과로 이렇다고 하면 서로들 동의하는게 저희 쪽 분야입니다. 그런데 이러한 자료들 중에서 fMRI도 그런 자료들 중 하나인데, 통계적으로 보면 공격할 만한 것들이 굉장히 많습니다. 기술적으로 보면, 그런 방법론을 다 알고, 그 방법의 허점도 아는데, 그것을 누구의 유무죄 판결

에 사용하거나 참고자료로 활용되기도 하는데요. 예를 들면, 거짓말 탐지기 같은 경우에는 90%이상 맞다고 전해 들었는데, 법적인 증거로는 채택이 안 되잖아요. 그런데 뇌를 관찰해서 통계적 수치를 통해 그것을 증거 자료로 채택하는 것에 대해서는 시기상조가 아닌가 생각합니다. 그리고 이런 것들이 사실은 신경과학에 대한 두려움을 준다고 생각합니다. 그러니까 과학자 집단이 내 마음속을 헤집고 읽을 수 있는 도구를 갖고 있는 집단이구나 하는 생각을 하게끔 하지 않을까 싶습니다." (C)

뇌영상기법의 발전은 거의 모든 정신과정을 뇌과학의 연구 주제에 편입시켰고, 특히 마음읽기와 관련하여 타당도와 정확도의 문제, 사적 자유의 문제와 행위 책임의 문제와 같은 쟁점을 야기했다(김효은·설선혜, 2018). 뇌과학자들의 입장에서는 정신 과정에 대한 물리화학적 설명이 전혀 새로운 것이 아닐 수 있지만, 뇌과학 전문가가 아닌 사람들이 시각적으로 명확해 보이는 뇌영상 연구결과를 비롯한 새로운 뇌과학연구결과를 받아들일 때에는 기존의 생명윤리나 과학기술 윤리에서 다루기 힘든 뇌신경윤리 고유의 쟁점에 대한 사회적 논의가 필요하다.

"과학을 한다는 것은 그게 가치가 얼마나 있든 없든, 없던 것을 생각해 내고 발견해 내는 거잖아요. 그러니까 학문의 진보를 이끌어 내야 하는 건데, 그게 굉장히 힘든 일이라서 그것만 생각하지 그외의 것에 대해 생각할 여력 자체가 없는 것 같아요. 그러니까 뭔가 의도하지 않은 결과가 나왔으면 연구자의 고민은 시작되는 거죠. 그러니까 그 연구결과의 사회적 영향을 생각하는 것이 아니라 내가 지금 결과 나온 것을 보고 제대로 된 실험을 했나에 대한 고민을 하는 겁니다. 사실 연구를 하면서 그외의 사항에 대해 고민은 안 하는 것 같아요." (B)

"당연히 연구와 과학의 발전 특히나 인간과 뭔가 생명에 영향을 직접적으로 주는 것은 모두 harm이 있습니다. 또한 가치에 대한 물음을 제기하는 것들이 많기 때문에 어떤 사회적인 틀과 규범은 반드시 필요하고 그 안에서 이루어져야 된다고 생각합니다. 또 그것을 좀 더 정밀하게 만들 필요가 있다고 생각합니다." (I)

뇌과학자들은 굳이 '신경윤리학(neuroethics)'이 뇌과학연구 적용을 위한 사회적, 규범적 틀이어야 하는 것은 아니지만 뇌과학의 연구 대상이 다름 아닌 '뇌'이고 우리 자신과 밀접하게 닿아있는 연구 대상 그 자체이므로 어떤 과학 분야보다도 풍부한 철학적 질문들을 던지고, 우리 삶에 가져오게 될 변화에 대하여 숙고적인 논의가 있어야 한다고 제안했다.

(3) 뇌과학 발전의 걸림돌: 한국의 문화적 특성과 질병 치료에의 개입

임상 신경기술의 급격한 발전에 따라 본래 정신질환을 치료하는 데 쓰이던 의학기술들이 단순히 치료 목적을 넘어서 일반인의 뇌 기능 향상을 위해 사용될 수 있도록 개발되고 있다. 이러한 기술들은 일반인의 인지 및 정서 기능을 향상시키려는 개입으로 신경향상 기술로 지칭된다(신희건 · 엄주희, 2020). 이는 건강한 사람도 현재보다 나은 상태를 위해 신기술이 적용된 의료장비를 활용할 수 있고 나아가 오남용할 수 있다는 문제를 제기한다. 선행 연구에 의하면, 많은 사람들이 질병과 관련된 병리학을 통해 뇌연구를 이해하고 자신과의 관련성을 상정해 본다(O'Connor & Joffe, 2014). 일례로, 내가 우울증에 걸렸다면 두뇌 자극을 하는 기계를 통해서 우울증을 치료할 의지가 있을까라는 생각을 해 볼 수 있다는 것이다. 이 연구에 의하면, 병리학을 통한 뇌연구의 이해는 뇌는 취약하고 불안을 유발하는 기관으로 인식하게 했고 이러한 맥락에서 뇌연구는 의학 영역에 고착되었다고 믿게 했다. 즉, 많은 사람들에게 '뇌'라는 단어는 질병과 불쾌한 감정적 의미의 연관성을 불러일으켰다고 할 수 있다. 이처럼, 뇌연구에 대한 대중의 이해는 뇌과학자들이 현재의 과학 커뮤니케이션이 어떻게 이루어져야 할지에 대한 의미를 제공하는 것으로 볼 수 있다.

뿐만 아니라, 신경향상 기술의 사용은 개인의 사회 경제적 격차를 심화시킬 수도 있고 기술 사용과 관련하여 다양한 사회적 갈등을 야기할 수도 있다. 이는 신기술의 사용이 질병 치료를 위한 것인지, 인간 증강을 위한 것인지의 논의와도 일맥상통한다(Jwa et al., 2023). 일례로, 빈곤한 사람들은 기술 상용화가 되더라도 비용으로 인해 질병 치료를 위한 선택을 하기 어려울 수 있고, 부유한 사람들은 질병 치료를 넘어 현재의 건강 상태를 개선하고 증강하기 위한 목적으로 뇌를 향상시키는 기구를 활용할 수 있다는 것이다. 특히, 집단주의 성향이 강하고, 교육열이 높은 사회에서 신경향상 기술을 통한 인간 증강이 이슈화될 수 있음을 지목하며 뇌과학자들은 한국의 문화적 특성이 질병치료를 위한 다양한 개입에도 영향을 줄 수 있음을 제시했다. 즉, 유교문화와 같은 전통적 가치가 있는 사회에서 나온 과학적 연구결과의 적용은 몇 가지 어려움에 직면할 수 있다는 것이다.

"저는 현장에서 별로 문제가 되지 않는데 이쪽에서 너무나 문제가 되는 것이 있다는 것, 또, 그렇게까지 이게 문제가 되는지, 잠재적인 함(harm)이 그렇게 큰지, 이런 생각도 돌아와서 하게 되는 등 그러한 긴장감이 나쁘지는 않다고 생각을 해요. 뇌연구를 하면서 사회적 영향에 대해 생각한다는 것은 매우 중요한 거고, 또 실제 임상에서 너무 몰두하다 보면 그런 가치에 대해 잊게 되기도 하거든요. 그래서 그런 것을 논의할 수 있는 장이 있는 것은 필요하고 좋은 것으로 생각합니다. 저는 우리나라 유교문화의 영향력을 느끼는데, 그게 제일 크게 나타나는 곳이 부검이 아닐까 싶습니다. 뇌과학도 발달하려면 부검이 굉장히 중요한데, 우리나라는 아직까지는 그 장벽이 매우 큽니다." (I)

한국의 전통적 가치와 관련한 유교문화는 윤리적 행동과 권위를 강조하며 전통을 존중한다. 이는 연구를 함에 있어 윤리적 기준을 준수하고 사회적 규범을 따르게 하는 순기능이 있지만, 동시에 혁신적인 방법이나 전통적이지 않은 방법론에 대한 저항을 초래할 수 있다(Chen, Lin, Tsao, & Jin, 2022). 뿐만 아니라 유교문화의 집단주의적 성향은 건강과 복지에 대한 전인적 접근을 장려하여 정신적 건강과 신체적 건강을 모두 고려하는 포괄적인 치료 접근법 개발에 유리하다. 그러나 이러한 집단주의적 사고방식은 서구의 개인 중심 치료 접근법과 충돌할 수 있어 특정 치료나 기술의 수용에 딜레마를 초래할 수 있다. 나아가 유교적 가치관은 조화를 유지하고 갈등을 피하는 것을 중시하여 정신건강문제를 숨기고 도움을 구하는 것을 꺼리게 하기도 한다(Yu et al., 2021).

"얼마전에 DBS[3] 회사 대표님과 만나서 이야기 나눈 적이 있는데요, 한국에서 DBS하시는 분이 많냐고 했더니 한국에서는 안 나간대요. 이유가, 치료비를 내는 사람들이 본인이 아니고 자식들이라서, 자식들이 …아버님, 이렇게 칼까지 대시면서 그렇게까지 하시겠습니까… 이런 식으로 말한다는 겁니다. 본인 입장에서는 그

3 DBS(Deep Brain Stimulation)는 뇌심부자극술로 뇌의 심부에 전기자극을 주는 시술이다. 뇌에 이식된 전극에 전기를 가해 뇌 활동 자극을 줌으로써 부분적으로 뇌의 활동을 억제하여 외과적인 파괴술과 같은 효과를 얻는 치료법이다. 파킨슨병(Parkinson's disease)을 앓는 환자에게 적용할 수 있는 치료법으로 알려져 있다. DBS 치료의 위험과 이점, DBS 치료가 적용될 수 있는 특정 조건 및 상황은 과학 커뮤니티 내에서도 아직 완전히 명확하지 않다(Schlaepfer & Lieb, 2005; Vedam-Mai et al., 2014).

렇게라도 하고 싶은데, 그것을 경제적으로 결정하는 주체가 자식이다 보니…” (B)

“신경학적인 많은 현상들이 사실 주관성과 연결되어 있습니다. 쉬운 말로 남은 느끼지 못하고 나만 괴로운 거지요. 이 부분은 뇌자극 기계를 통한 치료와 향상의 문제와 관련이 있습니다. 예를 들면, 감각이 이상하다라든지, 통증을 느낀다, 기분이 우울하다라는 것은 자신이 연출할 수도 있지만, 이런 부분은 주관적인 표현과 연관이 있습니다. 따라서 어떤 사람은 현재 상태보다 더 좋은 상태로 만들기 위한 향상으로 볼 수 있지만, 또 다른 사람은 치료로 볼 수도 있습니다. 또 한 가지는 정상성인데요, 예를 들면, 혈압이나 당뇨병의 기준 같은 것입니다. 과학기술의 발전이라든가 사회의 보건의료 시스템이라든지, 사람들의 기준이나 이런 부분에 따라서 정상성이 많이 바뀌는데요, 주관성이 많은 부분을 차지하고 있는 신경계 영역은 정상성을 정하기가 어렵습니다. 그래서 정신과가 공격받는 큰 부분 중의 하나가 자의적으로 병을 정의한다는 부분입니다. 그러나 그것 이상의 다른 대안이 없기 때문에 그러한 방법으로 계속 가고 있습니다. 뇌과학이 발전하면서 좀 더 객관적인 근거가 쌓이면 가능하겠지만, 주관성의 영역이라는 것은 간단하게 극복될 영역은 아닙니다. 이 점에서 향상과 치료의 경계는 한 사회에서 규정하기 매우 어려운 문제라고 생각합니다.” (I)

질병 치료와 향상의 문제는 뇌과학기술의 사회적 적용에 있어 가장 많이 대두되는 이슈이다. 질병 치료와 뇌 기능 향상에 대한 문제는 여러 가지 복잡한 윤리적, 사회적, 법적 측면을 포함하고 있기 때문이다. 뇌과학기술을 이용한 치료와 향상은 개인의 자율성을 침해할 가능성이 있다는 점에서 자율성의 침해, 또한 특정 집단이나 개인이 뇌과학기술에 더 많이 접근할 수 있는 경우 사회적 불평등이 심화될 수 있다는 점은 공정성의 문제가 있다. 이처럼 자율성의 침해와 공정성의 문제는 뇌과학 기술의 사회적 적용에 있어 고려해야 할 윤리적 문제와도 직결된다. 뇌과학 기술을 이용한 정신질환치료는 정신건강문제에 대한 사회적 오명을 줄이는 데 기여할 수 있지만, 반대로 그러한 치료를 받는 사람들은 여전히 낙인이 두려워 치료를 꺼릴 수도 있다. 이러한 문제들은 뇌과학 기술의 사회적 적용에서 신중하고 책임감 있는 접근이 필요함을 시사한다.

3) 대중 관심 제고와 참여 도모를 위한 뇌과학자의 방법론적 제안

2014년도 영국에서 뇌과학에 대한 대중 참여와 관련하여 뇌과학연구에 대해 사람들은 어떻게 인지하고 있는지, 사회적 표현을 고찰한 연구가 있다. 뇌과학에 대한 사전 지식이나 관여, 참여가 없었던 런던 거주자를 대상으로 진행한 인터뷰 결과, 대중이 생각하는 뇌연구 참여는 "과학의 영역(a domain of science)", "잘못된 것(something that goes wrong)", "개인이 통제할 수 있는 자원(a resource subject to individual control)", "인간변이의 원천(a source of human variation)"이라는 차원에서 "뇌"를 표현했다. 요약하면, 비록 응답자들이 뇌연구를 매우 흥미로워할지언정 일상적인 생각과 대화에서 뇌과학은 여전히 간과되고 있다는 것이다. 해당 연구에서 대부분의 인터뷰 대상자는 뇌과학에 대한 언론보도에 대해 무지했고 뇌가 일상생활에서 생각이나 대화의 대상으로 표면화되지 않는다고 주장했다(O'Connor & Joffe, 2014).

본 연구의 인터뷰를 통해 나타난 뇌과학자들의 대중 참여를 위한 방법론적 제안은 크게 세 가지 방향으로 정리할 수 있다. 일차적으로 뇌과학자들은 뇌과학 이슈에 대한 주목과 관심에서 대중 참여가 시작되어야 함을 강조했고, 이 점에서 언론의 역할, 과학 저널리즘의 중요성을 제시했다. 다음으로, 뇌과학자들은 대중 참여를 위한 프로그램 다각화와 이와 관련한 과학 대중의 세분화는 과학문화 조성으로 연결되는 중요한 부분으로 인지했으며 이를 위해서는 커뮤니케이션 전문가가 필요함을 토로했다. 세 번째로 진정한 '사회 속의 과학'을 위해서는 다양한 영역의 전문가들이 교류할 수 있는 플랫폼의 형성과 같은 직접적인 접점 마련을 위한 창구가 필요하다고 보았다.

(1) 연구자와 대중의 가교로서 언론의 역할

'언론 속의 과학(science in the media)'은 오래 이어져 온 대중 참여를 도모하는 활동이고, 신기술에 대한 대중의 이해 또한 여전히 언론보도를 통해 이루어지고 있다. 언론은 독자들이 연구결과에 대해 관심을 갖게 하고 인지의 기회를 제공하는 것이 필요하며 특히, 긍정적인 한쪽 측면만을 열정적으로 제시하기보다는(Gilbert & Ovadia, 2011; Racine et al., 2007), 연구결과의 제한된 신뢰도에 대한 해석과 부정적 측면에 대한 고려 또한 필요하다. 뇌과학자들은 연구자와 대중의 가교로서 언론 역할의 중요성을 나타내며, 과학 커뮤니케이터의 전문성을 보완하고 양성하는 제도적 장치의 필요성을 강조했다.

> "아까 신경자극에 대한 기사를 제외하고는 대부분 언론보도에서 설명을 제공하지 않았다고 하셨는데, 이게 진짜 기자분들이 무지하신 분들이 많으세요. 우리 학교도 미디어 홍보 쪽 하시는 분이 기자 출신이거든요. 근데 제가 보도자료 초안 작성해서 드리면, 기자들이 이해 못 한다고 하면서 구체적인 연구, 그런 내용에 대한 것은 다 삭제하세요." (B)

언론은 뇌과학 연구의 복잡한 개념을 대중이 이해할 수 있도록 쉽게 설명하는 역할을 해야 한다. 전문용어를 일반적인 언어로 풀어 설명함으로써 더 많은 사람들이 뇌과학의 중요성과 연구결과를 이해할 수 있도록 하는 것이 필요하다. 이를 위해서는 비유와 예시를 사용하여 뇌과학 개념을 설명하면 쉬운 이해를 도모할 수 있는데, 이는 뇌의 기능이나 질병 치료 방법을 설명할 때 특히 유용하다(Yu et al., 2021). 또한, 언론은 뇌연구자들과의 인터뷰를 통해 연구결과의 신뢰성을 높일 수 있다. 연구자의 직접적인 설명과 견해를 전달함으로써 대중이 연구의 중요성을 더 잘 이해하고 신뢰할 수 있기 때문이다. 그러나 현실적으로 과학자의 언론 노출은 독자들의 부정적 반응에 대한 우려로 인해 적극적으로 이루어지지 않는 부분도 있다.

> "이쪽 분야에서 요즘 가장 이슈가 되고 있는 것 중 하나가 뉴럴링크 일론 머스크일 거예요. 그쪽 관련해서는 일반인들이 많은 관심을 가지고 계셔서요, 관련 기사가 나오면 댓글에는 엄청난 악플들이 달리거든요. 저도 제 연구 관련하여 사람에게 적용하겠다고 기사가 났을때, ***방송국에서 전화가 와서 출연 요청이 있었는데, 거절했어요. 괜히 나갔다가 악플에 시달릴까봐.." (C)

전문가 인터뷰를 통해 언론은 연구결과의 신뢰성을 증진시키는 매우 중요한 역할을 한다는 것을 재차 확인했다. 또한 언론은 특정 뇌과학 연구 프로젝트의 진행 상황을 지속적으로 업데이트하여 대중이 연구의 진행 상황을 추적하고 이해할 수 있게 한다. 이는 대중의 지속적인 관심을 유지하고 연구의 중요성을 강조하는 데 도움이 된다. 그러나 여전히 연구결과의 밝은 면, 긍정적인 면을 다루는 데는 망설이지 않지만, 사실확인과 지속적인 업데이트는 아쉬움이 많다는 것이 공통으로 지적된 부분이다.

"뉴럴링크처럼, 원숭이에 칩을 꽂고 거기서 나오는 신호 해석을 해서 로보트 팔을 움직이고 이런 실험을 하잖아요… 원숭이 쪽에서도 안정성이 담보되지 않았는데 사람한테 바로 심는다고 험담한 적이 있어요. 근데 이제 시간이 지나서 증명이 되긴 했지만, 많은 부분, 시기상조라는 생각이 들어요. 그러니까 부작용, 칩 이식 후 재이식……. 실패 시 그들의 좌절과 절망감에 대한 보고는 없죠. 언론에서 안 다루는 거예요." (F)

"이런 신경 신경과학의 기술들은 사실 백신과는 좀 다르게 너무 뭐랄까 장밋빛 미래만을 강조해서 보도되는 경향이 있는 것 같아요. 이건 어떻게 보면 과학자보다는 저널리즘 쪽의 문제라고 볼 수도 있을 것 같아요. 우리가 기술이라고 하는 거는 항상 꼬리표가 따를 수밖에 없고 무엇을 감당해야 하느냐는 문제는 늘 있을 수밖에 없거든요. 근데 환자분들도 만나 보면 사실 그 부분부터는 막 너무 헷갈려하시고 어려워하시고 이런 경우가 있는데요, 이것을 잘 소통하는 것이 이제 우리가 시민들과 발맞춰서 과학기술에 대한 이해를 사회에 좀 안착시키기 위한 주요한 요소라고 생각합니다." (I)

복잡한 개념의 대중화, 연구결과의 신뢰성 증진, 연구의 사회적 영향을 알림으로 인해 대중의 참여를 촉진하는 것은 언론의 중요한 역할이라는 데 뇌과학자들은 동의했다. 특히 연구의 성공 사례뿐만 아니라 실패 사례도 공유함으로써 대중이 연구의 도전과 어려움을 이해하도록 돕고, 연구의 현실적인 측면을 보여 줌으로써 오히려 대중이 뇌과학 연구에 대해 더 잘 이해하게 하는 계기를 마련하는 것이 필요하다.

(2) 대중 접점 마련을 위한 과학교육 다각화 및 과학문화 조성

인터뷰에 참여한 뇌과학자들은 어려운 과학 이슈에 대한 대중 참여는 과학교육의 차원에서 접근이 많은 점을 지적하며, 과학의 대중화를 위해서는 교육뿐만 아니라 일반 대중 타겟의 접점을 증대시킬 수 있는 방안이 필요함을 강조했다. 나아가, 단편적이고 일회성 이벤트 형식의 프로그램 보다는 과학 대중을 유형화 또는 세분화함으로써 과학문화를 조성해 나가는 장기적인 관점의 노력이 필요함을 제언했다.

"사실 뇌 주간이라는 행사를 10여 년 동안 매해 하고 있고, 책도 내고, 강연도 다니면서 대중과 소통하려고 노력을 많이 하고 있습니다. 그런데 이런 소통의 한계가, 우리나라 대중 강연 소통의 한계는 오디언스 대부분이 중고등학생이라는 거죠. 우리는 학생으로 제한하지 않지만, 행사를 하고 보면 중고등학생이 대부분이기 때문에 저희도 경험에 따라서 중고등학생이 오겠거니 하고 생각합니다." (C)

뇌과학자들은 스스로 과학 커뮤니케이션 학습과 훈련이 필요하다고 여겼다. 즉 대중과 소통하는 방법을 배우기 위해 스스로 과학 커뮤니케이션 학습과 훈련 프로그램에 참여하고, 이러한 프로그램은 복잡한 과학적 개념을 일반 대중에게 알리는 데 필요하다는 것이다. 또한 지역 커뮤니티 센터, 학교, 도서관 등에서 대중 강연을 열어 뇌과학의 최신 연구와 발견을 공유하는 기회가 활성화되어야 한다고 주장했다. 특히 대중이 직접 참여할 수 있는 워크숍이나 실험실 방문 프로그램을 운영하여 연구과정을 체험하게 함으로써 뇌과학에 대한 이해와 관심을 높일 수 있다.

"전 세계적으로 뇌주간, 'brain awareness week' 라고 하는 곳이 많은데요, 이러한 활동이 뇌과학자의 숫자와 비례할 수도 있다고 생각합니다. 또한 이러한 행사는 홍보 뿐만 아니라 사람들이 어떤 문화생활을 하는지에 많이 영향을 받는 것 같아요. 제가 있던 곳에서는 그냥 커뮤니티에서 60대 어르신까지도 다들 이렇게 오셔서 그냥 대중 강연을 들으시거든요. 그런데, 그 시간이 4~5시 이렇게 되는데, 우리나라의 경우 그 시간대에 와서 그런 강연을 들으실 수 있는 분이 얼마나 있을까, 그리고 그런 문화생활 또는 교양 생활이 중요하다고 생각할까의 차이도 있을 것 같아요." (J)

"아까 다른 선생님께서 지적하신 바와 같이, 과학자들은 커뮤니케이션을 하기 위한 전문가가 아닌데, 그걸 위해서 저희 리소스를 쏟아 부어서 과학도 잘해야 하고, 대중도 설득해야 되고, 이런 두 가지 업무를 받게 된 것이 아닌가 하는 생각도 듭니다. 사실상 하려고 해도 지금의 사회구조에서는 현실적으로 불가능하고 이 부분에 대한 추가적인 투자가 필요하다는 것이 제 생각입니다. 사회구조 자체가 일반인들이 뇌과학에 편하게 관심을 가질 수 있는 사회구조가 만들어 질까요." (H)

"뇌과학과 같이 어려운 학문, 모르는 것이 너무 많은 학문에 대해서는 과학 커뮤니케이션의 역할이 아주 중요하다는 생각이 듭니다. 제가 뇌연구를 한다고 하면,

사람들의 두 가지 반응을 접하는데요, 하나는 제가 별을 연구하는 천문학자 보듯이 전혀 알 수 없는 이상한 세계를 연구하는 사람처럼 대하거나, 또 한 가지는, 그러면 실험할 때 불러서 뇌를 찍어서 어떤 사람인지 말해줄 수 있냐고 물어봅니다. 저는 이 반응이 대중의 뇌과학에 대한 아주 큰 인식과 오해를 보여준다고 생각합니다. 제게는 천문학이 훨씬 더 멀고 어려운 학문 같은데, 천문학은 아마추어 동아리까지 있을 정도로 대중들에게 파고 들어 있는데, 뇌과학은 아직 역사가 오래되지 않아서 그럴수도 있지만 대중과의 소통이 부족한 편이라는 생각이에요. 결국 과학 커뮤니케이션의 역할이 지금보다 훨씬 더 강조됐으면 좋겠다는 생각이 듭니다." (D)

뇌과학자들은 모두 시민과학 프로젝트와 같이 참여형 연구 프로젝트를 통해 일반 대중이 연구과정에 참여함으로써 일상속의 과학을 함께하는 것이 필요하다고 보았다. 예를 들어, 뇌파 측정이나 기억력 테스트와 같은 간단한 실험 참여는 연구에 대한 대중의 관심을 높이고 과학자와 일반 대중의 소통 장벽을 줄이는 데 기여하는 것이다.

(3) 이해관계자의 협업 및 커뮤니케이션 채널의 크로스오버

모저와 동료들(Moser et al., 2010)은 뇌과학 연구에 대한 사회적 소통은 비단 과학자(연구자) 혼자만의 몫이 아님을 주장하며, 뇌과학자 개인과 학술단체, 전문기관 그리고 연구지원센터와 같이 이해관계자의 협업으로써 가능한 부분임을 강조했다. 이해관계자의 협업을 통해 학문의 문화 변화를 촉진하고, 이를 위해 뇌과학 커뮤니케이션 전문가 교육과 지원이 이루어져야 하며, 궁극적으로 커뮤니케이션과 대중 참여를 위한 연구개발과 수행이 이루어질 수 있다는 것이다. 이는 뇌연구자들의 인터뷰에서도 공통적으로 나타났다. 또한 디지털 매체의 발전과 함께 현장 참여와 경험이 온라인 세계에서 구현되고 있다는 점은 이해관계자의 협업을 강화할 수 있는 루트가 되기도 하고 동시에 대중 참여를 증대시킬 수 있다는 점으로 보았다.

"정신 건강의 입장에서 보면, 인구의 한 10~20%는 상당히 불안도가 높은 집단이에요. 물론 어떤 특정 기술에 대해서 이렇게 너무 리스크를 강조하는 것도 사실 문제가 될 수 있다고 생각합니다. 사람들에 따라서 리스크나 불확실성을 받아들이는 수준이나 성향이 다르기 때문에, 그런 거를 좀 소통할 수 있는, 그러니까 그런 걸 좀 고려한 소통 전략 이런 게 좀 항상 필요하다는 생각이 좀 듭니다." (I)

"우리 연구라는 것이 사실 많은 경우에 사람들의 공공 자금으로 이루어지는 측면이 있다고 생각합니다. 그래서 그런 연구결과의 결실을 우리 시민들하고 나누는 게 중요하다는 생각이 들어요. 물론 앞으로 과학기술이 발달하기 위해서도 더욱 필요한 부분이라고 생각합니다. 연구를 할 수 있는 환경과 펀딩, 그리고 이를 제공한 환경에 대한 어떤 선순환이 필요한 것 같기도 합니다. 제가 개인적으로 느낀 바는 영어권 국가의 사람들은 훨씬 더 그러한 상황에 잘 접촉하는 것 같습니다. 그러니까 한국의 시민들은 과학적 결과를 알고 싶어도 기껏해야 국내 보도자료라든지 국내 논문밖에 없는 거예요. 그래서 일반 시민들, 대중에 대한 설명을 잘 제공할 수 있는 과학자, 단체를 통해 활성화할 수 있는 부분이 있지 않을까 합니다." (G)

인터뷰를 통해 보면, 뇌과학에의 대중 참여는 학교와 협력하여 뇌과학 관련 교육 프로그램을 개발하고, 학생들에게 뇌과학의 중요성과 흥미를 알리는 것으로부터 정부 기관이나 비영리단체와 협력하여 뇌과학의 사회적 영향을 알리고 관련 정책 홍보까지 통합적으로 이루어 질 수 있다.

"유럽에 있을 때 제가 연구원으로 일하던 곳에서 브레인 페어라는 행사를 정기적으로 개최했습니다. 사실 연구자들은 좀 싫어했으나 실제로 부스에서 어떤 실험을 한다는 것을 보여 주어서 사람들이 와서 같이 해 보고 그랬습니다. 어린아이들도 많이 오는데, 할머니, 할아버지들도 오시고 좋아했습니다. 요즘에는 메타버스도 잘 되어 있고 하니까 이런 부분에서 연구자들이 다리를 놔 주시면 뇌과학에 대한 오해나 어떤 갭이 줄어들지 않을까 생각합니다." (F)

일레시(Illes, 2003)는 뇌과학 전문가의 역할을 과학자-감시자-전달자 모델을 통해 설명한 바 있다. 즉, 뇌연구자들은 연구 주제를 설정하고 연구하는 과학자의 역할을 넘어 미디어와 적극적으로 상호작용하면서 자신들이 생산한 지식이 왜곡 없이 전달되고 있는지 감시하는 역할을 수행해야 하고 나아가 과학 전시회와 대중이 쉽게 읽을 수 있는 뇌과학 잡지나 책 등 대중과 소통하는 다양한 방법을 모색하는 전달로서의 역할을 모두 수행해야 한다는 것이다. 전문 교육 프로그램을 통한 뇌연구자의 과학커뮤니케이션 훈련과 대중 강연, 워크숍, 디지털 미디어와 소셜미디어의 활용, 시민 과학 프로젝트, 협력과 파트너십 나아가 인터랙티브한 전시와 박람회 등 대중이 직접 뇌과학을 체험하고 배우는 기회를 통해 뇌과학자들은 대중의 관심을 높이고 연구와 기술의 사회적 적용에 대한 참여를 유도할 수 있을 것이다.

6 논의

본 연구에서는 뇌과학연구결과로 나타나는 과학기술의 소통에 대해 뇌과학자들은 어떤 고민을 하고 있는지, 뇌과학자가 경험한 커뮤니케이션의 문제에 대해 검토하고, 이들이 생각하는 뇌과학기술에 대한 전문가 커뮤니케이션은 어떻게 나타나는지 검토하고자 했다. 이를 통해 위험과 과학 커뮤니케이션의 중요성을 검토하고 대중 참여를 도모할 수 있는 전문가의 역할과 기능에 대해 논의를 정립하고자 뇌과학 분야의 연구자들을 대상으로 인터뷰를 진행하여 주요 테마를 정리했다(〈표 6-2〉 참조).

연구문제는 1) 뇌과학 연구와 관련해서 뇌연구자가 경험한 커뮤니케이션의 문제, 2) 뇌과학자들이 바라본 과학 커뮤니케이션의 현재, 3) 대중 관심 제고와 참여 도모를 위해서 뇌과학자들이 생각하는 방법론 차원에서 도출하여, 인터뷰 결과를 분석했다. 분석 결과, 뇌과학자들이 경험한 커뮤니케이션의 문제는 크게 세 가지로 나타났다. 첫째, 전문적인 커뮤니케이터로서 과학자들의 능력에 대한 것이다. 과학자들은 스스로 자신이 수행하는 구체적인 연구에 대한 정보원으로서 역할하지만, 대중에게 다가가기 위해서는 연구결과를 제대로 이해하기 쉽도록 전달하는 스토리텔러로서의 역량이 필요하다고 인식했다. 두 번째는 뇌과학자들의 특수한 연구 분야와 관련된 것으로 때로는 이것이 연구를 위한 연구로 느껴질 수 있고, 인간사회에 기여하는 연구와는 괴리가 있다고 느낀다는 점이다. 세 번째로 과학적 연구결과의 사회 적용과 관련하여 과학자는 사회에 대한 기여를 생각하지만, 산업계에서는 전문가 권위에 기반한 산업의 활용을 성급하게 서두른다는 점을 지적했다. 몇몇 연구자들은 동물실험에서 염두에 두어야 할 신경윤리(neuroethics)의 중요성을 강조하기도 했다.

표 6-2 • 인터뷰를 통한 연구문제 분석 결과

연구문제	주요 테마
뇌과학자들이 연구수행과 관련하여 경험한 커뮤니케이션의 문제	(1) 정보원(information source)으로서 과학자 VS. 작가(storyteller)로서 과학자 - 연구방법론 정당성에 대한 확신의 문제 - 뇌과학 연구에 수반되는 윤리적 이슈에 대한 문제 - 공중에 대한 전문지식 전달의 문제
	(2) 과학자의 연구를 위한 연구 VS. 인간을 위한 연구 - 연구의 사회적 기여에 대한 성찰의 문제 - 연구결과의 사회적 기여와 공유의 문제
	(3) 과학자의 기여 VS. 산업의 활용 - 연구결과의 순기능과 의도하지 않은 효과의 문제 - 질병 치료와 인간 증강의 문제
뇌과학자들이 바라본 과학 커뮤니케이션의 현재	(1) 전문가의 경계 VS. 일반인의 기대: 미디어를 통한 이해 - 과학 커뮤니케이션(과학 커뮤니케이터) 전문성 강화 필요 - (긍·부정 차원을 아우르는) 객관적 보도, 통합적 보도 필요
	(2) 뇌과학적 지식의 사회적 적용: 현장과 법의 괴리 - 연구결과의 설명력, 객관화에 대한 기준 마련 필요 - 가치판단을 위한 사회적 수용성, 사회적 규범에 대한 논의 필요
	(3) 뇌과학 발전의 걸림돌: 한국의 문화적 특성과 질병 치료에의 개입 - 뇌 자극을 통한 치료 결정요인으로서 유교문화의 영향 - 뇌 자극을 통한 치료와 향상 경계의 모호함
대중 관심 제고와 참여 도모를 위한 뇌과학자의 방법론적 제안	(1) 연구자와 대중의 가교로서 언론의 역할 - 연구결과에 대한 인지 및 관심 형성의 주체로서 역할 중요 - 연구결과의 제한된 신뢰도와 해석의 부정적 측면 고려
	(2) 대중 접점 마련을 위한 과학교육 다각화 및 과학문화 조성 - (교육을 넘어선) 과학 공중 유형화의 필요성 - 과학 공중 유형별 생활 속의 과학 프로그램 기획 필요성
	(3) 이해관계자의 협업 및 커뮤니케이션 채널의 크로스오버 - 뇌과학 소통을 위한 플랫폼 - 전문가(뇌과학 연구자, 학술단체, 전문기관, 커뮤니케이션 전문가) 협업을 위한 채널 구축 - AI, 메타버스를 활용한 오락적 교육 프로그램 기획

이러한 내용들은 뇌과학자들이 연구수행과 관련하여 연구방법의 정당성, 연구결과의 과학적 근거에 대한 것이 연구자의 내적 갈등으로 누적되며 이들의 과학 커뮤니케이션을 방해하는 요인이 된다고 지적했다. 특히 뇌과학기술은 인간의 정체성과 자아가 관련되는 부분이므로 연구결과의 기술화에 있어 순기능과 오남용에 대한 우려 또한 윤리적 문제와 연관될 수 있다. 인터뷰를 통해 볼 때, 뇌과학자들은 과학자이며 연구자로서 연구결과에 대한 적용과 예측은 가능하지만, 사회적 영향과 의미에 대한 것은 인문학자, 사회과학자, 법학자뿐만 아니라 관련 기관과 단체 등이 함께 논의하고 해결안을 찾아가는 것이 필요함을 강조했다.

이 연구에서는 뇌과학자들이 연구 과정에서 경험하는 다양한 문제들을 커뮤니케이션의 문제로 보았다. 일례로, 인터뷰에서 나타난 '연구방법론의 정당성에 대한 확신 문제'는 과학적 불확실성의 소통과 연구방법론에 대한 비판적 논의와 관련성이 있다. 과학자들은 연구결과의 불확실성을 소통하는 데 어려움을 겪는다. 이는 특히 뇌과학연구에서 많이 발생하는 문제로, 복잡한 데이터와 해석의 다양성 때문에 결과를 대중에게 명확하게 전달하기 어렵다(Khan & Aziz, 2019). 이러한 불확실성 소통의 문제는 과학자와 대중 간의 신뢰에 영향을 미칠 수 있기 때문에 해결이 필요한 커뮤니케이션의 문제라 할 수 있다. 아울러 연구방법론의 정당성에 대한 확신 문제는 뇌과학자들 간의 내부 논의에서도 매우 중요한 주제로 연구결과의 신뢰성을 높이기 위해 필수적이며 동료 검토(peer review)과정에서도 자주 다루어진다. 이러한 과정은 연구방법론의 투명성과 신뢰성을 강화하는 데 기여하는 요소로 이 또한 주요한 커뮤니케이션의 문제라 할 수 있다.

두 번째 연구문제는 뇌과학자들이 바라보는 과학 커뮤니케이션의 현재로, 인터뷰 참여자들은 공통적으로 대중을 향한 과학 커뮤니케이션은 미디어를 통해 형성된 것으로 보았다. 즉, 대중들은 미디어를 통해서 과학적 연구결과에 대한 이해를 형성하기 때문에 중·고등학생을 대상으로 한 학교 교육 외에 대중을 대상으로 한 과학 커뮤니케이션은 언론보도에 집중되어 있음을 지적했다. 특히, 신기술과 관련된 언론의 보도가 긍정적인 효과에 초점이 맞추어져 있는 경향이 있으며 이는 오히려 대중의 부풀려진 기대를 조성하기도 한다고 생각했다. 또한, 뇌과학 지식의 사회적 적용과 관련해서는 실용적 차원에서의 괴리를 고려해야 하며, 과학적 도구를 활용한 진단 결과를 의사결정과 관련한 다양한 상황에 적용하기 위해서는 구체적인 가이드가 필요하다고 주장했다. 특히, 우리나라의 사회문화적 특성과 관련하여 질병 치료에 대한 과학적 연구결과의 활용과 관련해서는 많은 논의와 제도적 규범이 필요함을 강조했다.

세 번째 연구문제는 뇌과학자들의 연구 경험과 현재 과학 커뮤니케이션에 대한 생각을 통해 대중의 관심을 제고하고 참여를 도모하기 위해서 무엇이 필요한지에 대한 과학자들의 생각을 알기 위해 설정했다. 인터뷰 분석 결과, 연구자와 대중을 연결하는 언론의 역할과 중요성이 재차 강조되었다. 나아가 중고등학생을 대상으로 교육 중심의 참여 프로그램도 필요하지만, 대중 접점 마련을 위한 체험적 프로그램에 대한 중요성을 제시했다. 이를 위해서는 과학자뿐만 아니라 다양한 이해관계자의 협업 그리고 과학 커뮤니케이션을 위한 전문 커뮤니케이터의 발굴과 융합이 필요하다고 제언했다.

현재 우리나라에서는 과학 커뮤니케이션의 일환으로 만화, 전시, 연극을 통한 이슈의 친밀화가 이루어지고 있는데, 이 또한 시민사회 구성원의 노력과 협업으로 볼 수 있다. 과학자들이 제안한 대중 참여를 위한 방법론과 관련해서는 기존에 행해져 왔던 다양한 대중 참여 활동의 정제와 다각화가 필요하다. 일례로, 우리나라의 문화적 특성과 관련하여 어떤 이슈는 더 민감하게 다가올 수 있다. 인터뷰에서 나타난 바와 같이, '부검'을 해야 사망 원인을 알 수 있고, 나아가 뇌연구발전에 기여를 할 수 있다. 하지만 현실 속에서는 사망 원인을 알기 위한 부검은 받아들여질 수 있으나, 뇌연구발전을 위한 부검의 허용은 수용하기 어려운 난제이다. 이러한 이슈가 언론을 통해 보도될 때, 대중 강연이나 전문가의 블로그를 통해 전달될 때, 대중은 어떻게 받아들여지고 이해할 수 있을까를 통해 대중 참여 활동을 기획하고 효과를 측정하는 것 또한 필요한 부분이다.

아울러 과학 커뮤니케이션이 청소년의 과학교육에 집중되어 있다는 점도 재고할 필요가 있다. 이 부분은 교육을 연계, 확장한 오락적 교육 프로그램으로 구성하여 과학 공중을 유형화하는 시도와 함께 공중 유형별 특화된 참여프로그램으로 이어갈 수 있다. 특히, 메타버스와 같이 디지털 미디어를 활용하여 체험하는 직관적인 프로그램들은 연령별로 접근성이 높은 흥미로운 프로그램들로 연계할 수 있을 것이다.

본 연구를 통해 본 학문적 의미는 몇 가지로 정리할 수 있다. 첫째, 뇌연구 관련 전문가 인식을 통해 나타난 다양한 문제점들을 커뮤니케이션 차원에서 검토한 점이다. 혹자는 뇌과학자들이 연구과정에서 경험한 문제점이 그들 내면의 인식과 갈등이 나타난 것이지 왜 커뮤니케이션의 문제인가라는 의문을 제기할 수 있다. 사실, 뇌과학자들의 내면적 갈등은 연구자와 대중, 연구자와 동료 간의 소통 과정에서 발생하는 다양한 문제와 연관될 수 있다. 실제로 연구결과에서 나타난 '연구방법론의 정당성에 대한 확신 문제', '연구의 사회적 기여에 대한 고민'은 모두 커뮤니케이션적 해법이 필요한 문제이다. 둘째, 뇌과학기술의 사회 적용과 관련하여 과학과 위험 커뮤니케이션의 통합적 이해의 필요성을 제시한 점이다. 이는 과학 저널리즘의 고도화 필요성과 연관되는 것으로 뇌과학기술이 가진 밝은 미래뿐만 아니라 의도하지 않은 효과에 대한 고려가 필요하다. 무엇보다 뇌과학이라는 어렵고 전문적인 이슈에 대한 대중 참여(public engagement)의 중요성과 필요성을 공공 참여(public participation) 개념으로부터 연계하여 전문가 관점에서 살펴본 점도 의미가 있다.

탐색적 연구로서 본 연구가 지니는 실무적 함의는 다소 희박할 수 있다. 그러나 다양한 영역의 뇌과학자들 인터뷰를 통해 전문가와 대중 간의 소통뿐만 아니라 전문가 간의 소통 또한 여론 영향력자로서 매우 필요한 부분임을 상기시키고, 전문가 집단 간의 커뮤니케이션 기회를 창출함으로써 우선적인 소통을 하는 것 또한 매우 중요한 부분임을 제시했다. 특히, 신기술에 대한 과학적 결과의 사회적 영향을 예측한다는 것은 각계각층의 전문적 지식을 필요로 하는 부분이므로, 전문가 협업을 통해 대중 참여의 필요성과 중요성을 연계할 필요가 있다. 대중 참여 프로그램 기획의 차원에서는 과학공중 유형화 또는 채널 다각화 등을 생각해 볼 수 있으며, 학교에서 진행되는 과학교육에서부터 시민 과학까지 생활 속의 과학으로 이슈에 대한 친근성을 높임으로써 대중의 관여를 증대시키는 것 또한 가능하다.

뇌과학 이슈가 지닌 위해와 위험에 대한 과학 저널리즘의 고도화 또한 매우 필요한 부분이다. 과학자와 대중을 연결하는 가교로서 언론의 역할이 중요하므로, 과학 커뮤니케이터로서 전문성을 함양할 필요가 있다. 2003년에 5개국의 1,300명 연구자를 대상으로 실시한 설문조사는 생의학자와 기자 간의 상호작용이 높을수록 언론관계에 대한 만족도가 높아진다고 보고했는데(Peters et al., 2008), 이는 과학 커뮤니케이션에서 바라본 뇌과학 소통이 한편으로는 지나치게 언론관계 중심이라는 지적이기도 하다. 이는 대부분의 과학자들이 대중과 직접 소통을 할 수 있는 기회가 드물고, 기회가 있더라도 방법에 대해 서툴기 때문에 언론에 의존할 수밖에 없음을 보여준다. 심지어, 과학의 대중화를 위한 노력이 연구자를 낙인화하고 전문성에 대한 신뢰를 의심하게 하는 경향까지 있다는 점에서 대중과의 소통을 학문적 성과로 인정할 필요성이 있다(Moser et al., 2010).

탐색적 연구로서 본 연구가 지닌 한계는 다음과 같다. 뇌과학자 인터뷰를 통해 뇌과학이슈의 대중 참여에 대한 방향성을 얻고자 했으나, 인터뷰 참여자의 연구 분야가 매우 다양하고 영역 특화적(domain-specific)이라 대중 참여에 대한 방법론적 논의를 구체화하지 못했다. 후속 연구에서 보완적 인터뷰를 통해 뇌과학이슈가 지닌 위험과 과학 커뮤니케이션에 대한 논의를 확대하고, 실증연구를 통해 대중 참여에 대한 위험과 과학 커뮤니케이션 변인의 관련성을 검토할 필요가 있다. 본 연구는 탐색적 연구로서 지닌 한계도 있지만, 향후 과학 커뮤니케이션 분야에서 다루어야 할 연구주제들에 대한 인사이트를 제공해 준다는 점에서는 의의가 매우 크다. 아울러, 진정한 '사회 속의 과학'을 위한 소통을 위해서는 뇌과학 커뮤니케이션에 대한 일반 대중의 인식을 검토하여, 첨단의 과학 이슈에 대한 논의를 확장하고 쌍방향 균형적 커뮤니케이션으로서 대중 참여의 선순환적 패러다임 구축에 대한 논의를 이어갈 필요가 있다.

7장

디지털 치료제 사용 의도에 관한 비교 연구: 한국에서 MZ 세대와 베이비붐 세대의 디지털 치료제 사용 의도 중심 분석

1 서론

2000년 Seth Frank에 의해 처음 소개된 디지털 헬스는 주로 미디어와 인터넷 중심 애플리케이션을 포함하며, 몇 가지 중요한 기능을 수행한다. 정보 교환, 의사결정 지원, 건강 증진, 정보 교환과 지원 수단 제공, 자가 관리 향상, 의료 서비스 수요 관리, 직접 의료 비용 절감 등이 디지털 헬스케어 애플리케이션의 핵심 기능에 해당한다.

디지털 헬스케어는 정보 기술과 헬스케어의 교차점에서 탄생한 다학문적 포괄 용어이다. 이는 첨단 정보통신기술과 의료 기술의 융합으로 탄생했으며, 인공지능(AI), 빅데이터와 같은 4차 산업혁명의 핵심 기술과 디지털화된 사회의 발전이 헬스케어 분야에 적용된다. 디지털 헬스케어에서 '디지털'은 정보통신기술을, '헬스케어'는 제약, 화장품, 식품, 의료기기, 의료정보, 헬스케어 시스템 등 의료 산업 전반을 포함한다. 디지털 헬스의 넓은 범위는 모바일 헬스(mHealth), 헬스 정보기술(IT), 웨어러블 기기, 원격의료, 맞춤형 의료 등을 포함한다.

고령화 사회가 심화됨에 따라 건강 관리와 만성 질환 관리의 필요성이 증가하면서 디지털 헬스케어는 높은 발전 가능성을 가진다. 정부 차원의 디지털 헬스케어 개발 노력에는 1988년 시작된 원격 의료 서비스 파일럿 프로젝트, 국가 건강 컴퓨터 네트워크 구축, 전자의료기록의 의료기관 보급과 같은 의료 정보화 관련 정책들이 포함된다. 최근에는 질병 탐지 및 진단, 만성 질환 관리, 의료전달체계, 신약 개발, 전염병 탐지 등 공공 건강의료 분야에서 인공지능이 널리 사용되기 시작했다.

인공지능이 디지털화된 개인 건강 데이터를 기반으로 하기 때문에 이러한 데이터를 확보하고 활용하는 데 있어 데이터의 중요성이 더욱 부각되고 있다. 이와 관련하여, 한국 정부는 2021년 6월에 〈Health Data F.I.O.W. 2025〉를 발표했다. 이는 2020년에 발표된 디지털 뉴딜 정책과 관련되며, 보건복지부는 인공지능과 빅데이터와 같은 첨단 기술을 활용해 디지털 헬스케어를 개발할 계획이다. 이러한 방대한 개인 건강 데이터의 생성, 수집, 활용에 따라 프라이버시 보호 문제와 관심이 증가하고 있다.

디지털 헬스케어를 사용하는 개인은 첨단 디지털 기술을 활용해야 하므로, 디지털 기술을 다룰 수 있는 능력과 새로운 디지털 기술에 대한 수용성을 나타내는 디지털 리터러시가 디지털 헬스케어의 확산과 활용에 영향을 미칠 것으로 예상된다. 디지털 헬스케어는 디지털 기술의 발전과 함께 진화해 왔으며, 이를 사용하는 개인은 디지털 기술 사용을 전제로 한다고 볼 수 있다. 따라서 디지털 기술을 얼마나 잘 다룰 수 있는지를 나타내는 디지털 리터러시가 디지털 헬스케어의 확산과 활용에 영향을 미칠 것이라는 가정을 할 수 있다.

이와 관련하여 디지털 헬스케어를 다루는 능력과 관련된 디지털 리터러시에 주목할 필요가 있다. 디지털 리터러시는 건강 정보를 접근, 이해, 활용하는 데 필요한 건강 리터러시에 영향을 미치며, 디지털 기기를 활용한 디지털 의사소통 능력과 창의적 생산 능력으로 측정될 수 있다. 새로운 디지털 기술의 수용은 세대에 따라 다르다. 한국에서 'MZ 세대'는 1980년부터 1994년 사이에 태어난 밀레니얼 세대(Generation M)와 1995년부터 2004년 사이에 태어난 Z세대를 포함한다. 1946년부터 1964년 사이에 태어난 베이비붐 세대는 디지털 세계에서 태어나지 않았지만 디지털 기술에 익숙해진 '디지털 이민자(digital immigrants)'로 불린다. 반면, MZ 세대는 인터넷과 컴퓨터에 익숙하며 디지털 모바일 기기를 자유롭게 사용할 수 있는 '디지털 네이티브(digital natives)'로 불린다. 베이비붐 세대와 MZ 세대는 디지털 기기에 대한 익숙함과 리터러시에서 차이가 있으므로, 이는 디지털 헬스케어의 수용성에도 영향을 미칠 수 있다.

기존의 디지털 헬스 수용 관련 연구에 따르면, 건강에 대한 관심, 기능적 우수성, 혁신성, 다른 기기와의 호환성, 디자인 미학, 비용 효율성, 정보 품질, 데이터 보안의 신뢰성, 사용 용이성이 디지털 헬스케어 서비스 수용 의도와 관련이 있었다. 연구결과에 따르면, 보안에 대한 신뢰는 사용 용이성에 중요한 영향을 미치며, 사용자가 제품과 서비스를 신뢰하고 쉽게 이해하며 사용할 수 있도록 돕는다.

디지털 헬스케어는 개인의 삶에서 생성되는 다양한 데이터를 활용하기 때문에 개인 프라이버시와 연결되지 않을 수 없다. 디지털 헬스케어 환경에서 프라이버시를 얼마나 중요시하는지에 따라 접근성과 사용에 미치는 영향을 검토해야 한다. 그러나 세대별로 헬스케어 데이터의 보안 관리와 같은 프라이버시 우려가 어떻게 다르게 나타나며, 디지털 헬스케어의 수용성에 어떤 영향을 미치는지에 대한 연구는 여전히 부족하다. 데이터 신뢰성과 정보 보안과 같은 프라이버시 문제는 디지털 헬스케어 발전의 중요한 동력으로 간주되므로 이에 대한 연구가 매우 필요하다. 또한, 디지털 기술을 이해하고 활용하는 데 중요한 역할을 하는 디지털 리터러시가 개인이 디지털 헬스케어와 같은 기기나 서비스를 스스로 운영하고 활용해야 하는 상황과 어떻게 연관되는지를 보여 주는 연구는 거의 없다.

따라서 본 연구에서는 디지털 리터러시와 프라이버시 우려가 디지털 기술 수용성과 어떻게 연관되는지를 검토하고자 한다. 특히, 디지털 헬스케어의 대표적 기술로 성장 가능성이 높고 정신 건강, 만성 질환, 통증 관리와 같은 분야에서 주목받고 있는 디지털 치료제를 중심으로 분석을 진행하고자 한다. 디지털 치료제는 새로운 약물 분자나 의료 기기와 유사하게 규제 승인을 받은 디지털 시스템 또는 애플리케이션으로 정의될 수 있다. 디지털 치료제의 특성상 기술적 하드웨어를 다룰 수 있고 감당할 수 있는 환자만 혜택을 받을 수 있어 잠재적 편향이 발생할 가능성도 있다.

연구에 따르면, 높은 사회경제적 및 교육적 지위를 가진 개인은 더 건강하고 더 건강한 행동을 하는 경향이 있는 것으로 나타났다. 연령 또한 중요한 요인으로, 나이가 많은 사람들은 스마트 기술(예: 스마트폰, 태블릿)을 소유하거나 사용하는 데 익숙하지 않을 수 있다. 게다가, 나이 든 개인들이 이러한 기술을 사용하는 데 있어 겪는 다른 장애 요인으로는 기술의 복잡성과 사용 지침 부족이 포함된다. 잠재적으로 가장 큰 혜택을 받을 수 있는 인구임에도 불구하고 노인들은 새로운 디지털 치료 개입 방식을 배우는 데 관심이 없을 수도 있다. 고령자의 경우 모든 진료 예약 시 물리적으로 의사의 사무실을 방문할 필요가 없으며, 원격 모니터링을 통해 전반적인 건강을 개선할 도구로 활용할 수 있다는 점도 의미가 있다.

디지털 치료제는 아직 대중화되지 않았다. 따라서 본 연구에서는 한국에서 디지털 치료제에 대한 인식이 어떻게 나타나는지, 디지털 리터러시와 프라이버시 우려가 디지털 치료제에 대한 인식 및 사용 의도에 미치는 영향을 먼저 검토하고자 한다.

2 연구방법

1) 연구대상

전문 온라인 조사 업체에 등록된 연구 패널을 대상으로 랜덤 할당 표집하여 설문을 진행했다. 표집은 최근 한국 인구센서스 데이터와 유사한 일반적인 인구통계 구성을 나타내도록 할당되었다. 설문은 2021년 7월 1일부터 7월 8일까지 일주일간 온라인으로 진행되었다. 총 600명의 응답자가 참여했으며, 이 중 306명(51%)이 남성이었고, 294명(49%)이 여성이었다. 연령 분포는 10대 6.5%(39명), 20대 16.8%(101명), 30대 16.3%(98명), 40대 21.3%(128명), 50대 21.7%(130명), 60대 이상 17.3%(104명)로 나타났다.

2) 변수의 조작적 정의

(1) Digital Literacy (디지털 문해력)

디지털 리터러시는 Eshet-Alkalai와 그의 동료들이 정의한 디지털 리터러시 개념을 참고하여 수정 및 채택된 항목으로 측정되었다. 설문 문항은 "MP3 파일을 다른 사람에게 전송할 수 있다", "내 파일을 인터넷 웹하드에 업로드할 수 있다", "웹 브라우저를 구성할 수 있다" 등 총 16개 문항으로 구성되었다. 응답자는 5점 척도(1=전혀 동의하지 않음, 5=매우 동의함)로 답변했으며, 요인 분석 결과는 〈표 7-1〉에 제시되어 있다.

(2) Privacy Concern (프라이버시 우려)

프라이버시 우려는 인터넷 사용자의 개인정보 보호 우려를 측정하는 기존 연구에서 차용하여 본 연구에 맞게 보완하여 측정했다. 프라이버시 우려는 '개인 정보 통제', '프라이버시 관행에 대한 인식', '데이터 수집'의 세 가지 하위 차원으로 구성되었다. 응답자는 5점 척도(1=전혀 동의하지 않음, 5=매우 동의함)로 답변했으며, 프라이버시 우려 측정 항목의 Cronbach's α 값은 0.89로 나타났다.

(3) Public Perception of Digital Therapeutics (디지털 치료제에 대한 대중의 인식)

디지털 치료제에 대한 대중의 인식을 알아보기 위한 사전조사로 언론분석을 실시했다. 한국의 5개 주요 일간지에서 "디지털 치료제"라는 키워드로 2020년 6월부터 2021년 6월까지 1년간의 기사 검색을 진행했다. 모두 1,700여 건의 디지털 치료제가 언급된 기사 중에서 관련성 없는 기사를 제외하고 680건이 분석에 적합한 것으로 나타났다. 이를 바탕으로 두 명의 연구자가 디지털 치료제에 대한 인식을 서술하는 설문 항목을 구성, 총 38개 항목을 5점 척도로 응답하도록 했다. 38개 항목에 대한 요인 분석 결과는 〈표 7-2〉에 제시되어 있다.

(4) Digital Therapeutics Use Intention (디지털 치료제 사용 의도)

디지털 치료제 사용 의도는 Venkatesh와 Davis의 연구에서 채택한 문항으로 측정되었다. 문항에는 "디지털 치e료제를 사용할 의향이 있다", "디지털 치료제를 긍정적으로 말할 것이다", "다른 사람들에게 디지털 치료제를 추천할 것이다" 등이 포함되었다.

3) Ethical Considerations (윤리적 고려사항)

본 연구는 동국대학교 기관윤리심의위원회(DUIRB-202109-21)의 승인을 받았으며, 모든 참여자로부터 서면 동의서를 받았다.

4) 분석방법

본 연구에서는 세 가지 단계로 통계 분석을 수행했다. 첫 번째 단계에서는 측정된 변수들(디지털 리터러시와 디지털 치료제 인식)의 요인 분석을 통해 공통 차원을 추출했다. 두 번째 단계에서는 신뢰성 검사를 통해 측정 항목의 안정성과 일관성을 평가했다. 세 번째 단계에서는 구조방정식 모델을 수립해 잠재변수 간의 관계를 분석하고, 세대 간 차이를 검토했다.

3 연구결과

1) 변수의 신뢰도와 타당도

관찰된 변수의 평균, 표준편차, Pearson 상관계수는 〈표 7-1〉에 제시되어 있다. 신뢰도 분석을 위해 Cronbach's α 검사를 여러 번 수행하였다. 먼저, 구성 요소의 모든 항목에 대해 Cronbach's α 검사를 실시하였다. 잠재 구성 요소에서 사용된 변수는 탐색적 요인 분석에서 추출된 여러 측정 항목으로 구성된 총합 평정 척도를 사용하였다. 관찰된 변수로 구성된 모든 항목의 Cronbach's α 계수는 0.60 이상으로 나타났다.

표 7-1 • 변수의 평균, 표준편차와 상관관계

	평균	표준편차	1)	2)	3)	4)
1) 디지털 문해력	3.45	.60	1			
2) 프라이버시 우려	3.98	.58	.174**	1		
3) 디지털 치료제 인식	3.53	.34	.273**	.502**	1	
4) 디지털 치료제 사용 의도	3.51	.68	.317**	.195**	.435**	1

*p<.05, **p<.01, ***p<.001

2) 디지털 리터러시의 유형

Eshet-Alkalai(2004)와 Eshet-Alkalai & Chajut(2010)의 연구에서 추출된 항목에 대해 탐색적 요인 분석(EFA)을 실시한 결과, 디지털 리터러시를 측정하는 16개의 항목이 3가지 요인으로 분류되었다. EFA 결과, 총 분산의 68.79%를 설명하는 것으로 나타났다(〈표 7-2〉 참조).

첫 번째 요인은 정보 활용 능력(information utilization ability)으로 명명되었으며, 총 분산의 30.79%를 설명하였다. 이 요인은 인터넷을 사용하는 개인의 능력을 나타낸다.

두 번째 요인은 창의적 제작 능력(creative producing ability)으로 명명되었으며, 총 분산의 19.87%를 설명하였다. 이 요인은 인터넷 공간을 제작하고 관리하며, 인

터넷상에서 자신을 표현하는 창의적 능력과 관련이 있다.

세 번째 요인은 디지털 의사소통 능력(digital communication ability)으로 명명되었으며, 총 분산의 18.12%를 설명하였다. 이 요인은 이메일이나 온라인 메시지로 소통하며, 인터넷을 통해 다른 사람들을 이해하고 관계를 형성하는 능력을 나타낸다. 각 요인을 구성하는 세부 항목들은 〈표 7-2〉에 제시되어 있다.

표 7-2 • 탐색적 요인분석 결과: 디지털 문해력

	요인		
	정보활용 능력	창의적 생산 능력	디지털 소통 능력
MP3 파일을 다른 사람에게 보낼 수 있다.	.874	.126	.127
내 파일을 인터넷의 웹하드 등에 업로드 할 수 있다.	.851	.218	.054
웹브라우저(익스플로러 등) 환경 설정을 할 수 있다.	.848	.161	.133
내 업무/수업에 맞게 인터넷을 잘 활용한다.	.844	.168	.161
필요한 정보를 검색엔진을 통해 찾을 수 있다.	.764	−.055	.249
정보가 전달하는 내용을 정확히 파악할 수 있다.	.759	.124	.233
나는 내가 하고 싶은 이야기를 인터넷상에서 사진이나 동영상으로 표현할 수 있다.	.640	.409	.297
내가 좋아하는 스타, 스포츠인, 정치인, CEO 등의 유명인사의 팬으로서 동영상, 오디오, 그림과 같은 팬 아트를 제작할 수 있다.	.026	.877	.078
드라마 뮤직비디오, 대중가요, 영화 등을 오디오와 동영상으로 패러디하거나 리믹스 할 수 있다.	.072	.866	.076
나는 블로그나 미니홈피를 잘 꾸미고 관리한다.	.168	.718	.252
나는 디지털 카메라나 캠코더를 잘 다룬다.	.436	.640	.127
나는 내 의사를 인터넷상에서 글로 분명하게 표현한다.	.255	.556	.410
나는 인터넷을 이용하여 친구들에게 단체 메시지나 글을 보낸다.	.117	.213	.795

나는 인터넷을 이용하여 친구들에게 안부글을 남긴다.	.170	.242	.795
인터넷을 이용함으로써 나 자신과 다른 사람들을 더 많이 이해하게 되었다.	.124	.140	.781
인터넷은 다른 지역에 살고 있는 다양한 사람들을 알게 하는 데 중요한 기회를 제공한다고 생각한다.	.301	.003	.707
KMO=.894, Bartlett's x^2=6421.587, df=120, p=.000			
아이겐값	4.927	3.181	2.899
총설명 분산	30.795	19.879	18.122
누적된 설명 분산	30.795	50.768	68.795
Cronbach's α	.927	.845	.825
M	3.954	2.832	3.589

3) 디지털 치료제에 대한 공중의 인식

미디어 콘텐츠 분석에서 추출된 항목들에 대해 탐색적 요인 분석(EFA)을 실시한 결과, 디지털 치료제(DTx)에 대한 공공 인식은 7가지 요인으로 분류되었다. EFA 결과, 총 분산의 60.54%를 설명하는 것으로 나타났다(〈표 7-3〉 참조).

첫 번째 요인은 규제 필요성(regulation need)으로 명명되었으며, 총 분산의 16.35%를 설명하였다. 이 요인은 DTx 사용과 관련된 규제에 대한 공공의 요구를 나타낸다. 두 번째 요인은 비용 효율성(cost efficiency)으로 명명되었으며, 총 분산의 10.72%를 설명하였다. 이 요인은 DTx의 효율성을 평가하려는 공공의 경향과 관련이 있다. 세 번째 요인은 건강 혜택(health benefit)으로 명명되었으며, 총 분산의 9.60%를 설명하였다. 이 요인은 DTx 사용이 개인의 건강에 이익을 줄 수 있는지에 대한 인식을 나타낸다. 네 번째 요인은 의료적 우려(medical concern)로 명명되었으며, 총 분산의 7.53%를 설명하였다. 이 요인은 의료진이 DTx를 의료 환경에서 사용하는 것에 대해 어떻게 생각하는지를 나타내는 공중의 생각을 반영한다. 다섯 번째 요인은 기기 신뢰성(device credibility)으로 명명되었으며, 총 분산의 6.00%를 설명하였다. 이 요인은 의사와의 직접 소통에 대한 선호와, 의사를 만나지 않고 기기만 사용하는 것에 대한 불신과 관련이 있다. 여섯 번째 요인은 건강 불평등(health inequality)으로 명명되었으며, 총 분산의 5.73%를 설명하였다. 이 요인은 DTx 사용이 건강 관련 불평등을 초래할 수 있다는 우려를 나타낸다. 마지막 요인은 불확실한 이해(uncertain literacy)로 명명되었으며, DTx를 이해하고 활용하는 것이 쉽지 않다는 공중의 생각을 반영하였다.

표 7-3 • 탐색적 요인분석 결과: 디지털 치료제에 대한 공중의 인식

	요인						
	규제 필요성	비용 효율성	건강 혜택	의료적 우려	기기 신뢰성	건강 불평등	불확실한 이해
디지털 치료제를 사용하려면 사이버 보안 허가 및 의료 기기 검사를 위한 지침이 마련되어야 한다.	.835	.113	.208	−.045	.078	.052	−.092
디지털 치료제 사용을 위한 개인정보 보호 규정이 강화되어야 한다.	.805	.118	.137	.025	.111	.038	−.034
빅데이터, VR 및 AI 기술이 적용된 의료 기기에 대한 허가 기준이 명확해야 한다.	.797	.110	.246	−.050	.055	.014	−.064
디지털 치료제를 위해 기술의 안정성이 가장 중요하다.	.712	.227	−.041	.156	−.156	.084	.111
디지털 치료제에 대한 기대는 높지만, 허가, 보험 적용, 데이터 활용 측면에서 아직 갈 길이 멀다.	.686	.033	.025	.089	.046	.140	.276
디지털 치료제 개발을 위해 정부의 관심과 지원이 필수적이다.	.589	.380	.123	.129	−.091	.081	.129
고령화 사회로 진입함에 따라 디지털 치료와 같은 질병 관리 프로그램이 더욱 필요해질 것이다.	.540	.395	.285	−.024	−.116	.175	−.141
디지털 치료제를 위해 기술(치료효과)의 효율성이 가장 중요하다.	.513	.274	.122	.183	−.141	.059	.206

민간 건강보험을 청구할 수 있다면 디지털 치료제를 사용할 의향이 있다.	.280	.747	.154	.077	-.087	-.036	.096
대기업이 개발한 디지털 치료제라면 사용할 의향이 있다.	.030	.714	.258	.078	-.004	.067	.142
디지털 치료제가 비싸지 않다면 사용할 의향이 있다.	.266	.710	.225	.010	-.150	.017	.018
디지털 치료제가 비만 치료에 성공한다면 사용할 의향이 있다.	.227	.677	.089	.098	.059	.205	-.101
의료적 효능이 입증되었다면 디지털 치료제를 긍정적으로 생각한다.	.343	.536	.371	-.008	-.121	.051	-.131
디지털 치료제를 사용할 줄 아는 사람들은 더 건강해질 것이다.	-.014	.516	.196	-.027	.019	.504	-.085
디지털 치료제는 의학적 질환과 장애를 치료할 수 있다.	.003	.188	.818	.065	-.127	.079	.039
디지털 치료제는 의학적 장애를 치료할 수 있다.	.057	.139	.797	.081	-.091	.029	.038
디지털 치료제를 통해 건강 상태를 확인할 수 있다.	.260	.299	.639	-.003	-.033	.066	.009
디지털 치료제는 만성 질환을 관리하고 예방하는 데 도움을 준다.	.431	.186	.579	-.051	-.061	.026	-.131
디지털 치료는 약물 복용을 최적화하는 데 도움을 받을 수 있다.	.376	.273	.578	-.023	-.008	.025	-.132
의사가 디지털 치료제를 처방하기를 꺼린다면, 그것은 디지털 기기를 사용하는 데 따른 부작용에 대해 우려하기 때문일 수 있다.	.155	.029	.025	.742	.103	.027	.033
의사가 디지털 치료제를 처방하기를 꺼린다면, 그 이유는 치료 효과가 충분히 입증되지 않았기 때문일 수 있다.	.223	.053	-.078	.709	.049	-.184	.110

의사가 디지털 치료제를 처방하기를 꺼린다면, 그 이유는 환자들이 디지털 기기를 잘 사용하지 못할 것이라고 기대하기 때문일 수 있다.	−.031	.045	.086	.643	.115	.237	.097
의사가 디지털 치료제를 처방하기를 꺼린다면, 그것은 의사들이 디지털 기기를 사용하는 데 익숙하지 않기 때문일 가능성이 크다.	−.062	.120	−.016	.510	.112	.397	.020
의사가 디지털 치료제를 처방하기를 꺼린다면, 그것은 디지털 치료제가 아직 건강보험이나 상해보험에 포함되지 않았기 때문일 수 있다.	.071	.131	.035	.447	.034	.404	−.278
의사가 디지털 치료제를 처방하기를 꺼린다면, 그것은 디지털 기기를 이용한 치료가 비인간적이거나 비윤리적이라고 생각하기 때문일 수 있다.	−.231	−.101	.195	.445	.351	.158	.280
디지털 치료제는 기존의 약물과 의료 기기를 사용하는 치료만큼 효과적이지 않을 가능성이 높다.	.077	.045	−.136	.063	.796	−.071	−.020
의사를 만나지 않고 디지털 치료제를 사용하거나 의사의 처방 없이 디지털 치료제를 사용하는 것을 신뢰하지 않는다.	.126	−.124	−.195	.148	.713	.029	.107
의사를 만나지 않고 디지털 기기를 통해 사람을 치료하는 것은 비인간적이라고 생각한다.	−.261	−.145	.041	.253	.626	.031	.212
디지털 치료제 사용이 활성화된다면, 이를 사용할 수 있는 사람과 그렇지 못한 사람 사이에 건강 격차가 발생할 것이다.	.138	−.007	.091	.154	.007	.736	.194

디지털 치료제 사용이 활성화된다면, 디지털 치료제를 처방하는 병원과 처방하지 않는 병원 간에 환자 선호도에서 차이가 생길 것이다.	.343	.191	.000	.095	−.105	.651	.166
디지털 치료제를 배우고 사용하는 것은 쉬운 일이 아니다.	.090	.046	−.042	.114	.204	.172	.762
디지털 치료제에 익숙해지기 전에 해결해야 할 문제가 많다.	.535	.069	−.083	.162	.073	.076	.553
Kaiser-Meyer-Olkin(KMO): .870, Bartlett's Test of Sphearcity 3685.262, df=55, p=.000							
아이겐값	5.234	3.431	3.072	2.410	1.922	1.834	1.470
분산설명비율(%)	16.356	10.721	9.600	7.532	6.007	5.731	4.595
누적 분산 설명 비율(%)	16.356	27.078	36.677	44.209	50.216	55.947	60.542
Cronbach's á	.890	.826	.826		.645	.664	.642
평균	4.07	3.64	3.49		3.00	3.58	3.60

4) MZ 세대와 베이비붐 세대 간의 차이

신뢰도와 타당도 검증 후, MZ 세대와 베이비붐 세대 간의 그룹 분석을 수행하였다. MZ 세대는 건강 리터러시에서 더 높은 평균값을 보였고, 베이비붐 세대는 프라이버시 우려에서 상대적으로 높은 평균값을 보였다. 디지털 치료제(DTx) 인식에서는 MZ 세대가 비용 효율성, 기기 신뢰성, 건강 불평등, 불확실한 이해 항목에서 더 높은 평균값을 보였으며, 베이비붐 세대는 규제 필요성과 건강 혜택 항목에서 더 높은 평균값을 보였다. 의료적 우려에 대해서는 MZ 세대와 베이비붐 세대가 동일한 평균값을 보였으며, 두 그룹 간 DTx 사용 의도의 평균값에는 거의 차이가 없었다(〈표 7-4〉 참조).

표 7-4 • MZ 세대와 베이비붐 세대의 비교

변수	차원	집단	평균	표준편차
건강 문해력	정보 활용 능력	MZ	4.14	.71
		Baby Boomers	3.81	.69
	창의적 생산 능력	MZ	3.04	.86
		Baby Boomers	2.67	.76
	디지털 소통 능력	MZ	3.62	.76
		Baby Boomers	3.56	.68
프라이버시 우려	수집	MZ	3.85	.69
		Baby Boomers	3.92	.62
	통제	MZ	3.93	.66
		Baby Boomers	3.93	.61
	인지	MZ	4.09	.74
		Baby Boomers	4.15	.66
디지털 치료제 인식	규제 필요성 (dtxF1)	MZ	4.04	.62
		Baby Boomers	4.09	.54
	비용 효율성 (dtxF2)	MZ	3.66	.60
		Baby Boomers	3.62	.55
	건강 혜택 (dtxF3)	MZ	3.46	.58
		Baby Boomers	3.50	.55
	의료적 우려 (dtxF4)	MZ	3.33	.60
		Baby Boomers	3.33	.54
	기기 신뢰성 (dtxF5)	MZ	3.08	.70
		Baby Boomers	2.94	.63
	건강불평등 (dtxF6)	MZ	3.62	.70
		Baby Boomers	3.55	.65

	불확실한 이해 (dtxF7)	MZ	3.64	.66
		Baby Boomers	3.57	.63
디지털 치료제 사용 의도 Baby Boomers		MZ	3.50	.70
		3.52	.67	

5) 디지털 리터러시, 프라이버시 우려, 디지털 치료제 인식, 디지털 치료제 사용 의도 간의 관계

디지털 리터러시, 프라이버시 우려, 디지털 치료제(DTx) 인식, DTx 사용 의도 간의 관계를 확인하기 위해 구조방정식 모델을 제안하였다. 제안된 구조방정식 모델의 적합도 지수를 평가한 결과, 모델은 χ^2=582.885, df=107, p=.000을 나타냈으며, 다른 적합도 지수(CFI=.904, IFI=.905, RMSEA=.086)는 수용 가능한 수준에서 좋은 적합도를 보였다.

경로 분석 결과, 디지털 리터러시는 DTx 인식에 긍정적인 영향을 미치는 것으로 나타났다(β=.250, $p<.001$). 즉, 디지털 리터러시가 증가할수록 DTx에 대한 인식이 강화되었다. 그러나 디지털 리터러시가 DTx 사용 의도에 미치는 직접적인 효과는 발견되지 않았다. 프라이버시 우려가 DTx 인식에 미치는 직접적인 영향은 통계적으로 유의미한 것으로 나타났다(β=.450, $p<.001$). 즉, 프라이버시 우려가 증가할수록 DTx 인식도 강화되었다. 반면, DTx 사용 의도에 대해서는 프라이버시 우려의 부정적인 영향이 통계적으로 유의미하게 나타났다(β=-.138, $p<.001$). 따라서 프라이버시 우려가 증가할수록 DTx 사용 의도는 감소하였다.

6) MZ 세대와 베이비붐 세대 간 경로 차이

주요 연구 모델에서 디지털 리터러시는 디지털 치료제(DTx) 사용 의도에 영향을 미치지 않았다. 그러나 MZ 세대와 베이비붐 세대를 비교하기 위해 조절 모델 분석이 수행되었다. 조절 분석을 위한 구조방정식 모델의 적합도 지수를 평가한 결과, χ^2=575.991, df=214, p=.000을 나타냈으며, 다른 적합도 지수(CFI=.900, IFI=.901, RMSEA=.064)는 수용 가능한 수준에서 좋은 적합도를 보였다.

MZ 세대와 베이비붐 세대의 비교 분석이 수행된 조절 모델에서는 MZ 세대에서 모든 경로가 통계적으로 유의미한 것으로 나타났다(〈그림 7-1〉 참조). 우선, 디지털 리터러시가 DTx 사용 의도에 미치는 직접적인 효과는 MZ 세대에서 통계적으로 유의미하게 나타났다(β=.156, p〈.01). MZ 세대에서는 디지털 리터러시가 DTx 사용 의도에 직접적으로 영향을 미칠 뿐만 아니라, DTx 인식을 매개하여 유의미한 영향을 미쳤다(β=.305, p〈.01). 또한, 이는 DTx 사용 의도에 유의미한 영향을 미쳤다(β=.879, p〈.01). 두 번째로, 프라이버시 우려는 DTx 인식에 긍정적인 영향을 미쳤으며(β=.444, p〈.001), DTx 사용 의도에는 부정적인 영향을 미쳤다(β=-.203, p〈.001).

반면, 베이비붐 세대에서는 디지털 리터러시와 프라이버시 우려가 DTx 사용 의도에 미치는 직접적인 효과가 통계적으로 유의미하지 않았다(〈그림 7-2〉 참조). 그러나 디지털 리터러시는 DTx 인식을 매개하여 유의미한 영향을 미쳤다(β=.267, p〈.05) 그리고 이는 DTx 사용 의도에도 영향을 미쳤다(β=.877, p〈.001). 베이비붐 세대에서는 프라이버시 우려 또한 매개 효과를 나타냈으며, 프라이버시 우려가 증가함에 따라 DTx 인식이 강화되었고(β=.245, p〈.05), DTx 인식이 DTx 사용 의도에 직접적으로 영향을 미쳤다.

조절효과 분석: MZ 세대

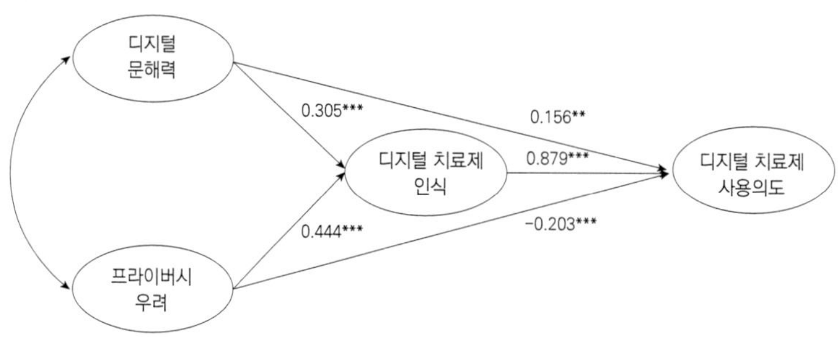

X^2=575.991, df = 214, p = 0.000
GFI = 0.858, CFI = 0.900, IFI = 0.901, RMR = 0.043, RMSEA = 0.064
* p < 0.05, **p <0 .01, ***p < 0.001

그림 7-1 • 디지털 치료제 사용의도에 대한 MZ세대의 경로

조절효과 분석: MZ 세대

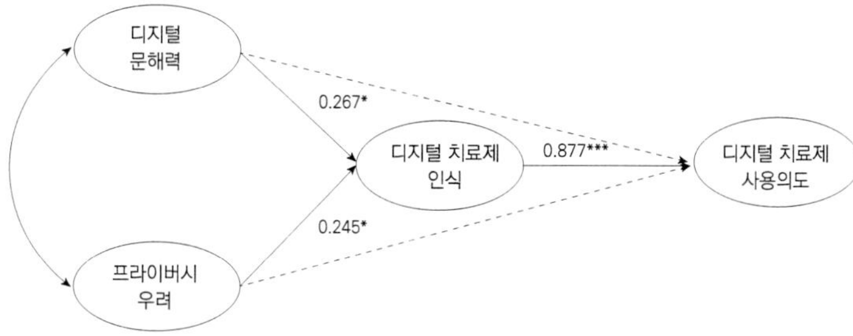

X^2=575.991, df = 214, p = 0.000

GFI = 0.858, CFI = 0.900, IFI = 0.901, RMR = 0.043, RMSEA = 0.064

* p < 0.05, **p <0 .01, ***p < 0.001

-------► Stands for not significant.

그림 7-2 • 디지털 치료제 사용의도에 대한 베이비붐 세대의 경로

4 논의

본 연구는 디지털 리터러시와 프라이버시 우려가 디지털 헬스케어 수용성에 어떤 영향을 미치는지 조사하기 위해 수행되었다. 특히, 디지털 헬스케어의 한 부분인 디지털 치료제(DTx)에 대한 디지털 리터러시의 특성과 사람들의 인식을 검토하여 디지털 헬스케어의 수용성을 예측하고자 하였다.

본 연구의 주요 결과를 요약하면 다음과 같다.

첫째, 디지털 헬스케어 수용성을 높이기 위해 디지털 헬스케어에 대한 인식을 긍정적으로 변화시키는 것이 필요하다. 본 연구결과에 따르면, 디지털 치료제에 대한 인식은 법적 측면, 비용 효율성 차원, 건강 차원, 기기 차원 등을 포함한 7가지 차원으로 나뉘었다. 따라서 이러한 개별 차원들을 고려할 때, 모든 인식을 긍정적으로 전환하고 강화하는 것은 쉬운 일이 아니다. 그럼에도 불구하고, 디지털 치료 기기의 신뢰성을 높이기 위해 기술적 보완을 추가하는 등의 노력은 충분히 가능하다. 기기 신뢰성은 MZ 세대와 베이비붐 세대 간 인식 차이가 존재했던 부분으로, 디지털 헬스케어의 수용성을 높이기 위해 전략적으로 특별히 주목해야 할 부분이라고 할 수 있다.

둘째, 흥미로운 결과는 프라이버시 우려와 관련된 것이다. MZ 세대에서는 개인정보에 대한 우려가 클수록 DTx 사용 의도가 낮아지는 것으로 나타났다. 반면, 베이

비붐 세대에서는 프라이버시 우려가 DTx 사용 의도에 영향을 미치지 않는 것으로 나타났다. 이러한 결과는 MZ 세대가 베이비붐 세대보다 디지털 헬스케어에서 프라이버시를 더 중요하게 생각하기 때문이 아니다. 오히려 베이비붐 세대의 프라이버시 우려가 MZ 세대보다 더 높다. 그러나 베이비붐 세대는 MZ 세대보다 나이가 많아 상대적으로 질병 상황에 더 취약하기 때문에 디지털 헬스케어에 대한 관여도가 더 높은 것으로 추론할 수 있다.

MZ 세대의 경우, DTx 사용 의도를 높이기 위한 다양한 방법이 존재한다. 디지털 리터러시를 함양하고 프라이버시 우려를 극복할 방법을 마련함으로써 디지털 치료제에 대한 인식을 긍정적으로 강화하여 DTx 사용 의도를 높일 수 있다. 그러나 프라이버시 우려가 증가할수록 DTx 사용 의도가 감소하기 때문에 이 부분은 신중히 검토해야 할 영역이다.

반면, 베이비붐 세대의 경우, DTx 사용 의도를 높이기 위한 경로는 MZ 세대만큼 다양하지 않다. 디지털 리터러시를 함양하고 프라이버시 우려를 극복하는 방안을 통해 디지털 치료제에 대한 인식을 긍정적으로 강화함으로써 DTx 사용 의도를 높일 수 있다. 따라서 디지털 환경에서 필요한 리터러시를 함양하고, 교육을 통해 프라이버시 관련 사항을 이해시키는 것이 중요하다.

본 연구의 한계는 다음과 같다. 첫째, 설문조사에서 DTx에 대한 설명이 제공되었음에도 불구하고, 응답자마다 DTx에 대한 해석과 이해가 다를 수 있다. 둘째, 본 연구에서 DTx 인식을 측정한 항목들은 미디어 분석에서 추출되었다. 향후 연구에서는 전문가 그룹 인터뷰를 통해 디지털 치료제에 대한 인식을 구체화하고 다양화하여 디지털 헬스케어의 수용성을 높일 필요가 있다.

8장

디지털 리터러시와 온라인 정보신뢰, 프라이버시 우려가 디지털 치료제 사용의도에 미치는 영향 : 기술수용모델을 중심으로

1 연구배경 및 연구목적

사회 전반에 걸쳐 인간 삶을 이롭게 하는 다양한 시도로서 디지털 치료제에 대한 인식과 수용의 문제가 대두되고 있다. 디지털 치료의 특성상 민감한 개인 건강 데이터의 수집, 저장, 분석이 수반되는 경우가 많고, 데이터 프라이버시, 보안 침해, 개인정보에 대한 무단 액세스에 대한 우려는 디지털 치료제 도입에 상당한 장벽이 될 수 있다.

선행 연구에 의하면, 우리나라에서 디지털 치료제에 대한 인식은 '규제성', '비용효과', '건강혜택', '의료우려', '장비신뢰', '건강불평등', '문해력'의 7개 차원으로 구분되어 나타났다(Kim, Eom, & Shim, 2022). 디지털 치료제에 대한 인식은 디지털 치료제 사용의도를 예측하는 직접적인 변인으로 밝혀졌는데, 특히 디지털 리터러시와 프라이버시 우려는 디지털 치료제에 대한 인식을 형성하는 데 정적인 영향을 미치는 것으로 밝혀졌다. 이에 본 연구에서는 선행 연구를 확장하여, 디지털 치료제에 대한 인식에 더하여, 디지털 치료제 사용의도에 대한 영향요인을 다각적으로 검토하고자 한다.

특히, 이 연구는 디지털 리터러시, 온라인 정보 신뢰, 개인정보 보호 문제 사이의 복잡한 관계가 디지털 치료제의 사용 의도에 총체적으로 어떤 영향을 미치는지 탐구하는 것을 목표로 한다. 디지털 활용능력인 리터러시의 수준, 정보소스 신뢰의 문제, 데이터 프라이버시, 보안 침해, 무단 액세스에 대한 우려는 사용 편의성과 유용성에 부정적인 영향을 미쳐 도입에 상당한 장벽이 될 수 있기 때문이다. 이처럼 언급된 요인들은 기술이 제공하는 잠재적 이점에도 불구하고 기술채택과 수용에 방해 요인으로 작용할 수 있다.

이와 관련하여, 기술 수용 모델(TAM)은 기술 채택에 있어 인지된 유용성과 인지된 사용 편의성의 중요성을 강조하기 때문에 이러한 역학 관계를 탐구하기 위한 강력한 프레임워크를 제공한다. 이러한 요소들이 사용자의 인식과 의도에 미치는 영향을 조사함으로써 디지털 치료제 수용의 장벽에 대한 인사이트를 얻고 이를 극복하기 위한 목표 전략을 개발할 수 있다. 이에 본 연구에서는 디지털 치료제 사용의도 영향요인의 역학 관계를 이해함으로써 디지털 치료제의 수용과 활용도를 높이기 위한 전략적 커뮤니케이션을 통해 보다 효과적이고 사용자 중심의 의료 시스템에 대한 함의를 제언하고자 한다.

2 이론적 배경

1) 기술수용모델(Technology Acceptance Model)과 디지털 리터러시

기술수용모델은 조직의 업무 성과를 개선하기 위해 도입되는 정보기술에 대한 조직 구성원들의 수용에 영향을 미치는 요인들이 무엇인지 밝히기 위한 이론적 틀로서 개발되었다(Davis,1989; Davis,Bagozzi,& Warshaw, 1989). 이 모델은 컴퓨터 기술과 서비스, 소프트웨어 등을 채택하는데 작용하는 변인을 규명하고자 하는 데 활용되며, '인지된 유용성(perceived usefulness)'과 '인지된 용이성(perceived ease of use)'이라는 두 가지의 행동에 대한 신념(belief) 차원으로 구성된다. 인지된 유용성은 새로운 기술이나 시스템을 도입함으로써 업무의 생산성과 효율성이 증가될 것이라는 주관적인 믿음 정도이고, 인지된 용이성은 새로운 기술과 시스템을 이용하는 것이 많은 정신적, 신체적 노력을 요구하지 않을 것이라는 주관적인 믿음의 정도를 뜻한다. 인지된 유용성과 인지된 용이성은 새로운 기술과 서비스, 시스템에 대한 수용자들의 태도와 이용의도에 직간접적으로 영향을 주고 있다는 것이 다양한 연구를 통해 밝혀졌다.

이러한 기술수용모델이 다양한 영역에 적용되면서 모델의 확장과 발전이 이루어졌다. 기술수용에 작용하는 것으로 검증된 주요 변인들(Schepers& Wetzels, 2007)

로 이용자의 개인적 속성 변인(individual-related factors), 기술 자체의 특성에 따른 변인(technology-related factors), 조건변인(contingent factors)과 주관적 규범(subjective norms)에 대한 연구들이 이루어졌는데, 성별, 연령, 인종, 경험, 개인적 혁신성, 효능감, 채택가능성, 사회경제적 조건 등과 같은 다양한 변인들이 고려되어야 한다는 점은 지속적으로 지적되고 있는 부분이다.

기술 수용 모델(TAM)에 따르면, 사용 편의성은 기술 수용의 주요 결정 요인 중 하나이고, 디지털 리터러시는 이러한 인식에 직접적인 영향을 미친다. 선행 연구에 따르면 한국인의 디지털 문해력(digital literacy)은 '정보활용능력', '창의적 생산능력', '디지털 소통능력'의 3가지 차원으로 구분된다(Kim, Eom, & Shim, 2022). 이러한 디지털 리터러시는 직간접적으로 디지털 치료제 사용의도에 영향을 미치는 것으로 나타났는데, MZ세대의 경우 디지털 리터러시가 높을수록 디지털 치료제 사용의도가 높아지는 반면 베이비붐 세대의 경우, 디지털 리터러시는 직접적으로 디지털 치료제 사용의도에 영향을 미치지 않는 것으로 나타났다(Kim, Eom, & Shim, 2022). 베이비붐 세대는 디지털 리터러시가 높을수록 디지털 치료제에 대한 긍정적 인식이 형성되고, 긍정적 인식을 통해 디지털 치료제에 대한 사용의도가 높아지는 것으로 나타났는데, 이러한 결과를 통해 볼 때, 디지털 리터러시가 높은 사용자는 디지털 치료 플랫폼이 직관적이고 사용하기 쉽다고 생각할 가능성(인지된 용이성)이 높다. 또한, 이러한 시스템을 보다 효율적으로 탐색하고, 기능을 이해하고, 사소한 문제를 스스로 해결할 수 있어 전반적인 사용자 경험이 향상될 수 있다.

디지털 리터러시는 TAM의 또 다른 핵심 결정 요인인 인지된 유용성에도 영향을 미칠 수 있다. 사용자가 디지털 기술에 능숙하면 디지털 치료의 이점과 잠재력을 더 잘 이해할 수 있고 이러한 인식은 기술의 유용성에 대한 인식을 향상시킨다. 디지털 리터러시는 지각된 사용 편의성과 지각된 유용성에 유의미한 영향을 미치며, 이는 다시 사용자의 신기술 채택 의도에 영향을 미치는 것으로 나타났고(Park,Nam,&Cha,2012), 디지털 리터러시 수준이 높은 사용자가 디지털 건강 기술을 더 많이 수용하고 더 긍정적인 태도를 보인다는 점을 강조한 연구도 있다(Ghazizadeh, Lee, Boyle, 2012).

논의를 바탕으로 디지털 치료제 사용의도에 대한 디지털 리터러시의 영향을 상정한 다음의 가설을 도출했다.

가설 1: 디지털 리터러시는 디지털 치료제 사용의도에 정적(+) 영향을 미칠 것이다.

가설 2: 디지털 리터러시는 프라이버시 우려에 부적(-) 영향을 미칠 것이다.

가설 3-1: 디지털 리터러시는 인지된 유용성에 정적(+) 영향을 미칠 것이다.

가설 3-2: 디지털 리터러시는 인지된 용이성에 정적(+) 영향을 미칠 것이다.

2) 온라인 정보신뢰와 기술수용, 개인정보 우려의 관련성

온라인 정보 신뢰도는 디지털 플랫폼에서 제공되는 정보의 정확성, 신뢰성, 품질에 대한 사용자의 신뢰도로, 다른 디지털 의료 기술과 마찬가지로 디지털 치료제의 수용은 온라인 정보에 대한 사용자의 신뢰와 개인정보 보호에 대한 우려에 크게 영향을 받을 수 있다. 이러한 요소는 서로 연관되어 있으며 새로운 기술 채택에 대한 사용자의 태도와 의도를 형성하는 데 중요한 역할을 한다. 온라인 건강 정보에 대한 신뢰도가 높을수록 사용자는 디지털 치료법이 정확하고 신뢰할 수 있는 데이터에 기반하여 건강 결과를 개선할 수 있다고 믿을 가능성이 높기 때문에 유용성에 대한 인식이 향상될 수 있다. 또한 이러한 신뢰는 기술의 복잡성을 줄여 사용 편의성을 높일 수도 있다.

디지털 치료법이 제공하는 정보를 사용자가 신뢰하면 이러한 기술이 유용하고 사용하기 쉽다고 생각할 가능성이 높아진다. 이러한 신뢰는 기술 채택에 대한 긍정적인 태도와 더 높은 사용 의도로 이어질 수 있는데, 연구에 따르면 온라인 건강 정보에 대한 신뢰는 기술 수용의 중요한 결정 요인인 사용자의 지각된 유용성과 사용 편의성에 큰 영향을 미치는 것으로 나타났다 (Gefen, Karahanna, & Straub, 2003). 개인정보 보호 우려는 개인 정보의 보안과 기밀 유지에 대한 사용자의 우려로, 디지털 치료의 맥락에서 이러한 우려는 종종 민감한 건강 데이터의 수집, 저장 및 잠재적인 오용과 관련된다. 개인정보 보호에 대한 우려는 디지털 치료제의 수용을 가로막는 중요한 장벽으로 작용할 수 있다. 사용자가 데이터 프라이버시에 대해 걱정하면 잠재적인 이점에 관계없이 이러한 기술의 사용을 꺼릴 수 있는데, 이러한 거부감은 사용 편의성과 유용성에 대한 인식을 저하시켜 수용률을 낮출 수 있다. 이처럼 개인정보 보호에 대한 우려는 특히 건강 관련 기술에서 사용자의 기술 수용 결정에 중요한 요소로 작용하는 것으로 보고되었다(Dinev & Hart, 2006).

이러한 맥락에서 온라인 정보신뢰와 개인정보 우려, 디지털 치료제 사용의도의 관련성을 살펴볼 필요가 있는데, 온라인 정보에 대한 신뢰는 인지된 유용성과 사용 편의성에 상당한 영향을 미쳐 기술 수용에 영향을 미치는 것으로 나타났다(Pavlou & Gefen (2004). 개인정보 보호에 대한 우려는 특히 민감한 개인 데이터와 관련된 상황에서 사용자의 디지털 기술 채택 의향을 결정하는 주요 요인으로 작용하는 것으로 밝혀졌다(Dinev&Hart(2006). 선행 연구에 의하면, MZ세대의 개인정보 우려는 디지털 치료제 사용의도에 직접적인 영향(-)을 미치는 것으로 나타났으나, 디지털 치료제 사용의도에 대한 베이비붐 세대의 개인정보 우려의 영향은 통계적으로 유의하지 않았다(Kim, Eom, & Shim, 2022).

논의를 바탕으로 디지털 치료제 사용의도에 영향을 주는 온라인 정보신뢰, 개인정보 우려, 기술수용모델(인지된 용이성, 인지된 유용성)의 관련성에 대한 가설을 설정했다.

가설 4: 온라인 정보신뢰는 디지털 치료제 사용의도에 정적(+) 영향을 미칠 것이다.

가설 5: 온라인 정보신뢰는 프라이버시 우려에 부적(-) 영향을 미칠 것이다.

가설 6-1: 온라인 정보신뢰는 인지된 유용성에 정적(+) 영향을 미칠 것이다.

가설 6-2: 온라인 정보신뢰는 인지된 용이성에 정적(+) 영향을 미칠 것이다.

가설 7-1: 프라이버시 우려는 인지된 유용성에 부적(-) 영향을 미칠 것이다.

가설 7-2: 프라이버시 우려는 인지된 용이성에 부적(-) 영향을 미칠 것이다.

가설 8-1: 인지된 유용성은 디지털 치료제 사용의도에 정적(+) 영향을 미칠 것이다.

가설 8-2: 인지된 용이성은 디지털 치료제 사용의도에 정적(+) 영향을 미칠 것이다.

3 연구방법 및 분석방법

1) 연구대상

본 연구에서 설정한 가설 검증을 위해 조사회사 엠브레인을 통해 온라인 설문을 실시했다. 조사기간은 2021년 7월1일부터 8일까지, 조사회사에 등록된 연구패널을 대상으로 성별, 연령별 비례할당표집했다. 분석에 사용된 600명의 표본은 남성 306명(51%), 여성 294명 (49%)이고 20대는 101명(16.8%), 30대 98명(16.3%), 40대 128명(21.3%), 50대 130명(21.7%), 60대 이상은 104명(17.3%)으로 나타났다.

2) 주요 변인의 측정

(1) 디지털 리터러시

디지털 리터러시는 Eshet-Alkalai와 그의 동료들이 정의한 디지털 리터러시 개념을 참고하여 수정 및 채택된 항목으로 측정했다(Eshet-Alkalai, 2004; Eshet-Alkalai& Eran, 2010). 설문 문항은 "MP3 파일을 다른 사람에게 전송할 수 있다", "내 파일을 인터넷 웹하드에 업로드할 수 있다", "웹 브라우저를 구성할 수 있다" 등 총 16개 문항으로 구성되었다. 응답자는 5점 척도(1=전혀 동의하지 않음, 5=매우 동의함)로 답변했으며, 요인 분석 결과는 〈표 8-1〉에 제시되어 있다.

(2) 온라인 정보신뢰

온라인 정보신뢰는 레인즈의 문항을 사용했다. '인터넷에서 제공하는 건강정보는 정보의 질적가치가 높다'는 문항을 포함하여 총 4개의 문항을 5점 척도로 측정했다(α=.886).

(3) 프라이버시 우려

프라이버시 우려는 인터넷 사용자의 개인정보 보호 우려를 측정하는 Malhotra와 동료들의 연구에서 차용하여 본 연구에 맞게 보완하여 측정했다(Malhotra et al., 2004). 프라이버시 우려는 '개인 정보 통제', '프라이버시 관행에 대한 인식', '데이터 수집'의 세 가지 하위 차원으로 구성되었다. 응답자는 5점 척도(1=전혀 동의하지 않음, 5=매우 동의함)로 답변했으며, 프라이버시 우려 측정 항목의 Cronbach's α 값은 0.89로 나타났다.

(4) 인지된 유용성과 인지된 용이성

기술수용모델을 구성하는 인지된 유용성과 인지된 용이성은 각각 4개의 문항으로 구성하여 5점 척도로 측정했다. 인지된 유용성은 '디지털 치료제는 질병을 보다 효율적으로 치료할 수 있게 한다'를 포함하는 문항들(α=.842)이고, 인지된 용이성은 '디지털 치료제 사용을 위한 방법을 익히는 것은 쉽다'를 포함한 4개의 문항들로 구성했다(α=.814).

(5) 디지털 치료제 사용의도

디지털 치료제 사용 의도는 Venkatesh와 Davis의 연구(Venkatesh & Davis, 1996)를 바탕으로 보완한 문항으로 측정했다. 문항에는 "디지털 치료제를 사용할 의향이 있다", "디지털 치료제를 긍정적으로 말할 것이다", "다른 사람들에게 디지털 치료제를 추천할 것이다" 등이 포함되었다(α=.886). 모든 변인의 신뢰도는 〈표 8-2〉에 정리되어 있다.

표 8-1 • 탐색적 요인분석 결과: 디지털 리터러시

	요인		
	정보활용 능력	창의적 생산 능력	디지털 소통 능력
MP3 파일을 다른 사람에게 보낼 수 있다.	.874	.126	.127
내 파일을 인터넷의 웹하드 등에 업로드 할 수 있다.	.851	.218	.054
웹브라우저(익스플로러 등) 환경 설정을 할 수 있다.	.848	.161	.133
내 업무/수업에 맞게 인터넷을 잘 활용한다.	.844	.168	.161
필요한 정보를 검색엔진을 통해 찾을 수 있다.	.764	-.055	.249
정보가 전달하는 내용을 정확히 파악할 수 있다.	.759	.124	.233
나는 내가 하고 싶은 이야기를 인터넷상에서 사진이나 동영상으로 표현할 수 있다.	.640	.409	.297
내가 좋아하는 스타, 스포츠인, 정치인, CEO 등의 유명인사의 팬으로서 동영상, 오디오, 그림과 같은 팬 아트를 제작할 수 있다.	.026	.877	.078
드라마 뮤직비디오, 대중가요, 영화 등을 오디오와 동영상으로 패러디하거나 리믹스할 수 있다.	.072	.866	.076
나는 블로그나 미니홈피를 잘 꾸미고 관리한다.	.168	.718	.252
나는 디지털 카메라나 캠코더를 잘 다룬다.	.436	.640	.127
나는 내 의사를 인터넷 상에서 글로 분명하게 표현한다.	.255	.556	.410
나는 인터넷을 이용하여 친구들에게 단체 메시지나 글을 보낸다.	.117	.213	.795

나는 인터넷을 이용하여 친구들에게 안부글을 남긴다.	.170	.242	.795
인터넷을 이용함으로써 나 자신과 다른 사람들을 더 많이 이해하게 되었다.	.124	.140	.781
인터넷은 다른 지역에 살고 있는 다양한 사람들을 알게 하는 데 중요한 기회를 제공한다고 생각한다.	.301	.003	.707
KMO=.894, Bartlett's x^2=6421.587, df=120, p=.000			
아이겐값	4.927	3.181	2.899
총설명 분산	30.795	19.879	18.122
누적된 설명 분산	30.795	50.768	68.795
Cronbach's α	.927	.845	.825
M	3.954	2.832	3.589

표 8-2 • 주요 변인의 신뢰도

온라인 정보 신뢰도(Rains, 2008)		문항 수	Cronbach's α
인터넷에서 제공하는 건강정보는 정보의 질적 가치가 높다.		4	.886
인터넷에서 제공하는 건강정보는 믿을 만하다.			
인터넷에서 제공하는 건강정보는 정확하다.			
인터넷에서 제공하는 건강정보는 유익하다.			
프라이버시 염려(privacy concern) (Malhotra et al., 2004)			
개인정보 관련 수집	개인정보를 요구할 때 대체로 귀찮다	4	.792
	개인정보를 요구할 때 정보를 제공하기 전에 두 번 이상 생각하는 경우가 있다		
	너무 많은 온라인 기업에 개인정보를 제공하는 것은 날 귀찮게 한다		
	온라인 회사가 나에 관한 개인정보를 너무 많이 수집하는 데 염려가 있다		

개인 정보에 대한 통제	소비자 온라인 정보 보호는 자신의 정보를 수집, 사용, 공유하는 방식에 대한 통제 및 자율성을 행사하는 소비자 권리의 문제이다	3	.777
	자신의 사생활을 보호하기 위해서는 개인정보를 스스로 통제할 수 있어야 한다고 생각한다		
	온라인 거래로 인한 스스로 개인정보를 통제하지 못할 경우 나는 개인 프라이버시가 침해되었다고 생각한다		
개인 정보에 대한 인지	기업이 개인 정보를 요구할 때는 그 정보가 어떻게 수집, 처리, 사용될 것인지에 대해 명확하게 알려주어야 한다고 생각한다	3	.877
	기업은 프라이버시에 대한 정책을 명확하고 이해하기 쉽게 사용자에게 제공해야 한다고 생각한다		
	개인정보가 어떻게 사용되는지에 대해 사용자 스스로가 먼저 정확하게 인지하는 것이 중요하다		
총 10문항			.899
인지된 유용성, 인지된 용이성 (기술수용모델)			
인지된 유용성	디지털 치료제(애플리케이션)는 질병을 보다 효율적으로 치료할 수 있게 한다.	4	.842
	디지털 치료제(애플리케이션) 사용은 우울증, 수면장애 알코올 중독뿐만 아니라 비만 같은 생활습관질병에 대해 개인 스스로의 관리 능력을 향상시킨다.		
	디지털 치료제(애플리케이션)는 다양한 생활습관질병 치료에 적합하다.		
	디지털 치료제(애플리케이션)는 체온, 맥박, 혈압, 신경전도, 근전도 등의 생체검사뿐만 아니라 인지행동 치료에도 유용하다.		
인지된 용이성	디지털 치료제(애플리케이션) 사용을 위한 방법을 익히는 것은 쉽다.	4	.814
	디지털 치료제(애플리케이션)는 내가 치료하고 싶은 병을 쉽게 치료하고 관리할 수 있도록 도와준다.		

	디지털 치료제(애플리케이션) 활용 방법은 이해하기 쉽고 분명하다.		
	나는 생활습관질병 치료와 관리를 위한 디지털 애플리케이션을 기술적으로 잘 활용한다.		
디지털 치료제 이용의도(acceptance intention)			
나는 디지털 치료제(애플리케이션)를 이용할 의향이 있다		4	.904
나는 디지털 치료제(애플리케이션)를 긍정적으로 말할 것이다			
나는 디지털 치료제(애플리케이션) 이용을 다른 사람에게 권유할 것이다			
나는 디지털 치료제(애플리케이션)를 지속적으로 이용할 의도가 있다			

3) 분석 방법

본 연구에서는 가설 검증을 위해 구조방정식 모형을 설정하여 경로분석을 실시했다. 구조방정식 모형의 적합도 지수들은 모두 받아들여질 만한 수준으로 나타났다 (GFI = 0.916, CFI = 0.937, IFI = 0.937, RMR = 0.033, RMSEA = 0.076).

4 연구결과

1) 가설 1~가설 3-2의 검증 결과

이 가설들은 디지털 리터러시의 영향을 전제한 가설들로 분석결과, 디지털 리터러시가 높을수록 디지털 치료제 사용의도도 높아지는 것으로 나타났다(β= 0.271, p=〈.001) (가설 1 지지). 디지털 리터러시가 높을수록 프라이버시 우려는 낮아질 것으로 전제한 가설 2는 분석결과, 디지털 리터러시가 높을수록 프라이버시 우려 또한 커지는 것으로 나타나(β= 0.315, p=<.001) 가설과는 달리 역방향의 결과로 나타났다(가설 2 기각). 가설 3-1과 3-2는 인지된 유용성과 인지된 용이성에 대한 것으로 인지된 유용성에 대한 디지털 리터러시의 영향은 통계적으로 유의하지 않았다(가설 3-1 기각). 반면, 디지털 리터러시가 높을수록 인지된 용이성 또한 커지는 것으로 나타나 가설 3-2는 지지되었다(β= 0.415, p=<.001).

2) 가설 4~가설 6-2의 검증 결과

이 가설들은 온라인 정보신뢰의 영향을 전제한 가설들로 분석결과, 온라인 정보신뢰가 높을수록 디지털 치료제 사용의도도 높아지는 것으로 나타났다(*Q*= 0.156, p=〈.001)(가설 4 지지). 온라인 정보신뢰가 높을수록 프라이버시 우려는 낮아질 것으로 전제한 가설 5는 분석결과, 통계적으로 유의하지 않았다(가설 5 기각). 가설 6-1과 6-2는 인지된 유용성과 인지된 용이성에 대한 것으로 온라인 정보신뢰가 클수록 인지된 유용성 (β= 0.067, p=<.05)과 인지된 용이성 (β= 0.085, p=〈.01)은 모두 증대되는 것으로 나타나 가설 6-1과 6-2는 모두 지지되었다.

3) 가설 7-1~8-2의 검증 결과

인지된 유용성과 인지된 용이성에 대한 프라이버시 우려의 영향을 검토한 결과, 프라이버시 우려가 클수록 인지된 유용성이 높아지는 것으로 나타났다(β= 0.293, p=〈.001)(가설 7-1지지). 인지된 용이성에 대한 프라이버시 우려의 영향을 상정한 가설 7-2는 통계적으로 유의하지 않았다.

인지된 유용성(β= 0.513, p=<.001)과 인지된 용이성(β= 0.241, p=〈.001) 모두 디지털 치료제 이용의도에 대한 정적 영향력이 나타나 가설 8-1과 가설 8-2는 모두 지지되었다. 경로분석결과는 〈그림 8-1〉에 나타나 있다.

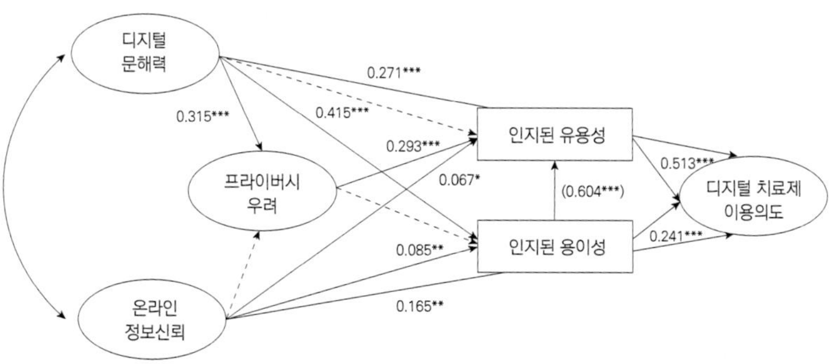

X^2=412.708, df = 92, p = 0.000

GFI = 0.916, CFI = 0.937, IFI = 0.937, RMR = 0.033, RMSEA = 0.076

* p < 0.05, **p <0 .01, ***p < 0.001

-------> Stands for not significant.

그림 8-1 • 경로분석 결과

5 결론 및 논의

본 연구에서는 디지털 치료제 사용의도에 대한 영향요인 검토를 위해 기술수용모델에 기반하여 디지털 리터러시와 온라인 정보신뢰 그리고 프라이버시 우려의 관련성을 검토했다. 연구결과를 통해 몇 가지 시사점을 도출할 수 있다.

첫째, 디지털 리터러시가 높을수록 개인정보 보호에 대한 우려 또한 커지지만, 디지털 치료제의 사용 편의성을 높게 인지함으로써 이용 의도도 높아지는 것으로 나타났다. 이러한 결과는 디지털 리터러시가 높은 개인일수록 개인정보 보호에 대한 우려가 크지만, 디지털 치료제를 효과적으로 탐색하고 활용할 수 있는 능력도 더 높다는 것을 시사한다. 이는 디지털 리터러시 사용자를 대상으로 보다 포괄적인 개인정보 보호 교육과 강력한 보안 보장이 필요하다는 것을 의미하는 것이다. 이는 디지털 치료제 개발자와 의료 서비스 제공자가 유념해야 할 부분을 제안한다. 예를 들어, 개인정보 보호정책과 데이터 보안 조치를 명확하게 전달하여 신뢰를 구축하는 등의 투명한 커뮤니케이션을 수행해야 한다. 또한 고급 개인정보 보호 기능을 통합하고 사용자가 자신의 데이터를 제어할 수 있도록 개인정보 보호 기능을 강화할 필요가 있다. 나아가 사용자에게 개인정보 보호와 보호 조치에 대해 교육하여 디지털 치료의 참여를 방해하지 않으면서 동시에 사용자의 우려를 잠재적으로 완화할 수 있도록 개인정보 보호 교육 또한 집중해야 할 부분이다.

두 번째, 온라인 정보 신뢰도가 높을수록 디지털 치료의 용이성 및 유용성에 대한 인식이 높고 사용의향이 높게 나타났다. 이러한 결과는 온라인 정보에 대한 신뢰는 디지털 치료제를 채택하는 데 매우 중요한 요인이 되며 따라서 신뢰를 구축하고 유지하기 위한 노력을 기울여야 함을 알게 한다. 일례로, 디지털 치료제 관련 제공되는 정보가 정확하고 근거에 기반하며 정기적으로 업데이트 되는지를 확인해서 양질의 콘텐츠를 유지해 나가고, 콘텐츠 제작자 및 인증기관의 자격 전문성을 강조하여 신뢰도를 제고하는 것도 필요한 방향이다. 아울러 사용자 피드백과 리뷰를 장려하여 디지털 치료제에 대해 믿을 수 있는 커뮤니티를 구축하는 것도 현실적인 방안이 될 것이다.

셋째, 가설에서 설정한 바와는 달리 개인정보 보호에 대한 우려가 높을수록 유용성 인식이 높아지는 것으로 나타났다. 이는 개인정보 보호에 대한 우려가 큰 사용자는 고품질 디지털 치료제에 대한 안목과 요구가 더 높을 수 있음을 시사한다. 즉, 개인정보 보호에 관심이 많은 사람이 강력한 보안 조치를 갖춘 디지털 치료제를 더 높이 평가하고 활용할 가능성이 높다는 것을 의미하는 것이기도 하다. 따라서 디지털 치료제의 주요한 구성 요소로서 개인정보 보호 및 보안 기능을 부각하고, 보안 조치를 정기적으로 업데이트 하고 개선하며, 사용자가 개인정보 보호에 대한 우려와 제안을 표현할 수 있는 채널을 구축하여 사용자 만족도를 높이는 방안은 이해관계자들이 심도있게 고려해야 할 부분이다.

연구결과를 종합하여 볼 때, 디지털 리터러시, 온라인 정보 신뢰와 개인정보 보호 문제 그리고 기술 수용 사이의 관계는 복잡하고 때로는 모순되기도 한다. 그러나 개인정보 보호 문제와 디지털 리터러시는 디지털 치료제 채택에 영향을 미치는 중요한 요소라는 것은 분명하다. 따라서 정책입안자와 규제 당국은 개인정보 보호 표준화와 같은 디지털 의료 기술의 데이터 개인정보 보호 및 보안에 대한 명확하고 표준화된 규정을 수립해야 한다. 또한 디지털 리터러시 증진을 위해 디지털 리터러시 프로그램에 집중하여 사용자가 디지털 치료제를 효과적으로 활용하는 데 필요한 기술을 갖추도록 할 필요가 있다. 투명한 커뮤니케이션과 강력한 보안 조치를 통해 개인정보 보호 문제를 해결하고, 온라인 정보 신뢰를 활용하여 디지털 리터리시를 강화함으로써 이해관계자들은 디지털 치료제의 수용과 활용을 촉진할 수 있을 것이다. 이러한 전략적인 커뮤니케이션은 궁극적으로 보다 효과적이고 사용자 중심의 디지털 의료 솔루션에 기여할 것으로 생각한다.

9장

AI 헬스 윤리 리터러시(AI Health Ethics Literacy): 통합적 척도 개발의 학술적 기반을 위한 문헌 고찰

1 서론

디지털 기기와 인공지능(AI) 기술의 발전은 질병의 예측 · 진단 · 치료에서 예방적 건강 관리에 이르기까지 의료 분야 전반에 혁신적인 변화를 가져오고 있다(Davenport & Kalakota, 2019; He et al., 2019). 웨어러블 디바이스는 사용자 생체신호를 실시간으로 모니터링해 맞춤형 헬스케어 서비스를 제공하며, AI 기반 영상분석 기술은 조기 진단과 치료 전략 수립에 기여하고 있다(Esteva et al., 2017; Jiang et al., 2017). 이러한 기술적 혁신은 의료 서비스의 접근성과 효율성을 높이는 동시에, 개인의 건강 증진과 지속적인 관리 개입을 가능하게 한다.

그러나 이러한 긍정적 효과 뒤에는 여러 윤리적 도전 과제가 자리한다. 알고리즘 편향, 개인정보 유출, AI 의사결정의 투명성과 책임성 부족 등이 대표적이며(Vayena et al., 2018; Gerke et al., 2020), 이는 특정 인구 집단에 불리한 결과를 초래하거나(Obermeyer et al., 2019), 의료 정보의 부적절한 보호로 심각한 개인정보 유출 문제를 야기할 수 있다(Cohen et al., 2014). 또한, AI 시스템의 진단 오류는 환자에게 치명적인 영향을 미칠 수 있어 윤리적 고려가 필수적이다(Price et al., 2019). 이처럼 AI 의료기술은 환자의 건강과 직접적으로 연관된 민감한 정보를 다루고, 진단이나 치료 방안을 결정하는 의사 결정 과정에 깊이 관여하기 때문에, 기술 개발 및 적용에서 사용자 관점의 윤리적 고려가 무엇보다 중요하다.

한편, 지금까지 대다수의 연구들은 의료 서비스 제공자 관점에서 윤리적 문제를 논의하거나(Mittelstadt et al., 2016), 정책적 차원의 규제와 가이드라인 수립에 초점을 맞추어 왔다(Morley et al., 2020). 이러한 연구들은 기술적 관점에서 중요한 기여를 했지만, AI 의료기술의 윤리적 과제를 사용자 관점에서 체계적으로 논의하지 못했다는 제한점이 있다. AI 의료기술이 일상적인 건강관리 수단으로 자리 잡으면서, 사용자가 이러한 기술의 윤리적 요소를 이해하고 이를 고려하는 태도를 갖추는 것이 점점 더 중요해지고 있다. 특히, 개인정보 보호, 알고리즘의 공정성과 투명성, 책임성과 같은 윤리적 문제는 사용자들이 반드시 이해하고 비판적으로 평가해야 할 핵심 요소들이다(Larrazabal et al., 2020; Cohen et al., 2014).

AI 의료기술의 신뢰성과 윤리적 사용을 촉진하기 위해서는 사용자의 윤리적 인식을 체계적으로 평가하고 이를 개선할 수 있는 개념적 틀이 필요하다. 이와 관련하여 기존의 디지털 헬스 리터러시(digital health literacy) 개념은 사용자 역량을 평가하는 유용한 기초를 제공한다. 디지털 헬스 리터러시는 주로 건강 정보에 대한 접근·이해·활용 능력을 중심으로 개인의 건강 관리 역량을 측정하고 평가하는 데 사용되어 왔다(Norgaard et al., 2015; Norman & Skinner, 2006; Van Der Vaart & Drossaert, 2017). 그러나 동시에 AI 의료기술이 도입됨에 따라 새롭게 부각된 윤리적 과제들은 기존 디지털 헬스 리터러시 척도의 한계를 드러내고 있다. 기존의 척도들은 개인정보 보호와 같은 일부 윤리적 요소를 다루고 있지만(Van Der Vaart & Drossaert, 2017), 알고리즘 편향의 인지, AI 의사결정 과정의 투명성과 신뢰성 평가 등의 문제를 충분히 포괄하지 못한다. 이러한 한계는 AI 의료기술의 특수성을 반영하여 사용자 관점에서 윤리적 문제를 체계적으로 평가할 수 있는 새로운 척도의 필요성을 시사한다. 따라서 AI 의료기술의 맥락에 적합한 윤리적 평가 틀의 개발은 이 분야의 중요한 연구 과제로 자리 잡고 있다.

본 연구는 이러한 필요성을 충족하기 위해 AI 헬스 윤리 리터러시(AI Health Ethics Literacy)라는 개념을 구체화하고, 이를 측정할 수 있는 척도 개발의 이론적 기반을 제시하는 데 목적이 있다. AI 헬스 윤리 리터러시의 주요 구성 요소를 이론적으로 고찰하고, 이를 통해 주요 윤리적 문제(투명성, 공정성, 책임성, 개인정보 보호 등)를 평가하고, 사용자가 윤리적 의사결정을 내릴 수 있도록 지원하고자 한다. 나아가, 본 연구는 AI 의료기술의 신뢰성과 윤리적 사용을 촉진하며, 사용자들이 건강 관리의 주체로서 필요한 역량을 갖추는 데 기여할 것이다. 이러한 논의는 AI 헬스 윤리 리터러시 척도의 개발과 타당화를 위한 이론적 기틀을 제공하며, 향후 실증 연구의 방향성을 제시할 것으로 기대한다.

2 AI 기반 디지털 의료기술: 혁신과 윤리적 과제

AI 기반 디지털 의료기술은 방대한 의료 데이터를 분석하여 진단과 맞춤형 치료를 지원하고, 예방적 건강 관리를 가능하게 함으로써 의료 서비스의 질을 혁신적으로 향상시키고 있다. IBM Watson Health는 암 환자에게 최적의 치료 옵션을 제공하고, 국내의 루닛(Lunit)은 AI 기반 의료 영상 분석을 통해 질병 조기 진단의 정확성을 높이고 있다. 또한, 갤럭시워치와 애플워치와 같은 웨어러블 기기와 AI 기술의 결합은 개인화된 건강 관리를 실시간으로 지원한다. 그러나 이러한 기술적 진보는 개인정보 보호, 공정성, 책임 소재와 같은 윤리적 과제를 동반하며, 이는 기술 설계뿐만 아니라 사용자 이용 과정에서도 반드시 고려해야 할 중요한 문제로 부각되고 있다.

개인정보 보호와 데이터 투명성

AI 의료기술은 민감한 건강 정보를 수집하고 처리하기 때문에, 데이터 활용의 투명성과 보안을 보장하는 체계적인 접근이 필수적이다(Trocin et al., 2021). Möllmann et al.(2021)은 AI가 내린 결정의 논리와 과정을 사람이 이해하거나 검증하기 어려운 '블랙박스' 문제를 지적하며, 이로 인해 의료 서비스 제공자와 환자 간 신뢰가 저하될 수 있다고 경고한다. 이를 해결하기 위해 Maeckelberghe et al.(2023)은 설명 가능한 AI(Explainable AI, XAI)의 도입을 제안했다. XAI는 AI 시스템의 의사결정 과정을 사용자에게 명확히 설명함으로써, 환자가 데이터 활용 방식과 치료 결정 근거를 이해할 수 있도록 지원한다. 예를 들어, AI 시스템이 환자에게 특정 치료법을 권장하는 이유를 데이터 기반의 근거와 함께 설명함으로써, 의료진과 환자의 신뢰를 구축할 수 있다. 따라서 데이터 투명성과 설명 가능성은 AI 의료기술의 신뢰성과 윤리적 사용을 촉진하는 데 필수적인 요소로 작용한다.

공정성과 편향성

AI 의료기술은 학습 데이터에 내재된 편향을 그대로 반영해 특정 인구 집단(예: 인종, 성별, 사회경제적 지위 등)에 불리한 결과를 초래할 가능성이 있다(Trocin et al., 2021). 이는 의료 서비스의 형평성을 저해하며 공정한 의료 제공의 원칙에 위배될 수 있다. 이러한 문제를 해결하기 위해 Maeckelberghe et al.(2023)은 공정성을 내재화한 알고리즘 설계와 지속적인 검증의 필요성을 강조하며, 국제적 윤리 표준과 가이드라인이 이를 뒷받침할 수 있다고 제안한다. 특히, 데이터 수집 과정에서 다양한 인구 집단을 대표하는 데이터를 포함하고, 알고리즘 검증 단계에서 편향성을 정량적으로 분석하는 절차가 필수적이다. 이는 포용적이고 공정한 AI 의료기술 개발의 핵심으로 평가된다.

책임 소재

AI 의료기술이 신뢰받는 기술로 자리 잡기 위해서는 책임 소재를 명확히 규정하는 것이 필수적이다(Möllmann et al., 2021). 의료 사고 발생 시 책임의 주체가 불분명하다면, 기술 신뢰도는 심각하게 훼손될 수 있다. 이를 방지하기 위해 Trocin et al.(2021)은 AI 설계 단계에서부터 책임 소재를 명확히 하는 법적 프레임워크와 윤리적 가이드라인을 도입할 것을 제안했다. 예를 들어, AI 의사결정 과정을 투명하게 분석할 수 있는 기술적 접근과, 책임 분담 구조를 명확히 규정하는 법적 장치가 필요하다.

AI 의료기술의 성공적인 통합과 신뢰성을 확보하기 위해서는 기술 설계 단계에서부터 사용자 중심의 윤리적 고려를 통합해야 한다. 특히, AI 헬스 윤리 리터러시 척도와 같은 도구는 사용자들이 윤리적 문제를 평가하고 대응할 수 있도록 지원하며, 건강 관리의 주체로서 역량을 강화하는 데 기여할 것이다. 이러한 노력은 AI 의료기술의 사회적 수용성과 장기적 성공을 보장하는 핵심적인 요소가 될 것이다.

3 AI 헬스 윤리 리터러시 척도 개발의 필요성

AI 기술은 진단, 치료 계획 수립, 예후 예측 등 의료 서비스 전반에서 핵심적인 역할을 수행하며, 의료 시스템의 효율성과 정확성을 획기적으로 향상시키고 있다(Topol, 2019; Benke et al., 2022). 그러나 이러한 기술적 혁신은 의료 환경에 복잡한 윤리적 도전 과제를 동반한다. 특히, AI 알고리즘의 결정 과정이 불투명하거나 데이터 처리에서 편향이 존재할 가능성, 그리고 책임 소재의 불명확성은 기술의 신뢰도를 저해하는 주요 요인으로 작용한다(Ghorayshi et al., 2023). 이러한 상황에서 사용자들이 윤리적 문제를 인식하고 이에 대응할 수 있는 능력을 체계적으로 평가하고 강화할 수 있는 척도의 개발은 필수적이다.

AI 의료 서비스의 확산과 복잡성 증가

AI 의료 기술은 의료 서비스의 질적 향상을 도모하지만, 그 기술적 복잡성은 사용자와 의료 제공자 모두에게 새로운 윤리적 도전을 제기하고 있다(Liang et al., 2021). AI 알고리즘의 작동 방식이 불투명하거나 데이터 처리 과정에서 편향이 발생할 경우, 사용자는 기술 결과를 신뢰하기 어려운 상황에 직면한다. 이는 AI 의료 기술의 확산이 사용자들에게 윤리적 문제를 이해하고 평가할 수 있는 능력을 요구한다는 점을 시사한다. AI 헬스 윤리 리터러시 척도는 이러한 사용자 역량을 체계적으로 강화하고, 기술의 수용성과 신뢰도를 높이는 데 기여할 수 있다.

데이터 프라이버시와 보안 문제

AI 의료 기술은 대규모 개인 의료 데이터를 처리하며, 이 과정에서 데이터 유출과 오남용의 위험이 존재한다(Vayena et al., 2018). 의료 데이터의 유출은 환자의 프라이버시를 심각하게 침해하며, 이는 AI 기술 전반에 대한 신뢰를 저해하는 주요 원인으로 작용한다. AI 헬스 윤리 리터러시 척도는 사용자가 데이터 프라이버시 문제의 심각성을 인식하고, 기술 개발자나 의료 제공자에게 구체적인 요구를 제기할 수 있는 능력을 제공한다. 이를 통해 데이터 프라이버시와 보안 문제를 체계적으로 해결할 수 있는 기반을 마련할 것이다.

책임성과 투명성 확보의 필요성

AI 의료 기술의 결정 과정에서 오류나 오판이 발생했을 때 책임 소재가 불분명하거나, 알고리즘의 작동 방식이 투명하지 않을 경우, 사용자는 기술 결과를 신뢰하기 어렵다(Shrestha et al., 2021). 예를 들어, 의료 사고 발생 시 AI 시스템이 내린 결정의 근거를 명확히 분석할 수 없다면, 기술에 대한 신뢰는 급격히 저하될 것이다. 이러한 문제를 해결하기 위해서는 사용자들이 AI 의료 기술의 윤리적 문제를 명확히 인식하고, 책임 소재를 요구하며, 투명성을 촉구할 수 있는 능력을 갖추는 것이 중요하다. AI 헬스 윤리 리터러시 척도는 사용자들에게 이러한 능력을 체계적으로 평가하고 강화하는 도구를 제공함으로써, AI 기술의 신뢰성과 윤리적 수용성을 높이는 중추적인 역할을 할 것이다.

4 AI 윤리와 디지털 윤리: 헬스 중심적 접근의 필요성

AI 윤리와 디지털 윤리는 디지털 기술과 인공지능(AI)의 발전 속에서 등장한 핵심 윤리적 개념으로, 기술적 혁신과 인간 중심적 가치 사이의 균형을 도모하는 데 중요한 역할을 한다. Floridi (2018)는 디지털 윤리(Digital Ethics)를 "디지털 기술이 사회와 개인에 미치는 영향을 관리하고, 공정성과 책임성을 보장하기 위한 규범적 프레임워크"로 정의하며, 이는 기술과 사용자 간의 상호작용에서 발생하는 윤리적 문제를 최소화하고 인간 존엄성을 보호하는 데 중점을 둔다. 디지털 윤리는 특히, 기술적 발전과 윤리적 책임을 통합함으로써 지속 가능한 디지털 환경 구축의 기준을 제공한다.

디지털 윤리는 사용자 관점에서도 중요한 실천적 윤리 개념으로 확장된다. 디지털 윤리 리터러시(Digital Ethics Literacy)는 사용자가 디지털 환경에서 발생할 수 있는 윤리적 문제를 이해하고 해결할 수 있는 능력으로 정의되며, 개인정보 보호, 디지털 콘텐츠 사용의 책임성, 온라인 상호작용에서의 윤리적 행동 등을 포함한다(Floridi, 2018). 이는 단순히 윤리적 문제를 이해하는 것을 넘어, 사용자들이 디지털 환경에서 실질적으로 윤리적 결정을 내릴 수 있는 역량을 강조한다.

AI 윤리는 디지털 윤리의 하위 개념으로, AI 기술의 설계, 구현, 사용 과정 전반에서 공정성(Fairness), 투명성(Transparency), 책임성(Accountability), 신뢰성(Reliability)과 같은 윤리적 원칙을 준수하려는 노력을 포함한다(Siau & Wang, 2020). Kantar와 Bynum(2021)은 AI 윤리가 인간의 판단을 보완하거나 대체하는 과정에서 사회적 신뢰를 구축하기 위해 공정성과 책임성을 반드시 보장해야 한다고 강조했다.

AI 의료 환경에서 윤리적 도전과 통합적 접근의 필요성

AI 기술의 도입은 의료 분야에서 진단 정확도 향상, 맞춤형 치료 제공, 예방적 건강 관리와 같은 혁신적 가능성을 열었으나, 이는 동시에 심각한 윤리적 문제를 야기하고 있다. Keskinbora(2019)는 AI 기술이 의료 데이터 처리와 의사결정 과정에서 중대한 개인정보 보호 문제를 야기한다고 지적하며, 민감한 의료 데이터의 대규모 수집과 분석은 프라이버시 침해와 신뢰 약화로 이어질 위험을 내포한다고 강조했다. Murphy et al.(2021) 또한 AI 시스템이 데이터 보호와 투명성을 확보하지 못할 경우 환자의 신뢰와 기술 수용성을 저하시킬 수 있다고 경고하며, 개인정보 보호는 AI 의료 기술의 신뢰성을 확보하기 위한 필수적인 요소라고 지적했다.

또한, Siau와 Wang(2020)은 AI 시스템이 학습 데이터의 편향을 반영함으로써 특정 인구 집단(예: 인종, 성별, 사회경제적 계층)에 불공정한 결과를 초래할 가능성을 지적했다. 이는 기존의 의료 불평등을 심화시키며, 의료 형평성을 저해할 위험이 있다. Biller-Andorno와 Biller(2021)은 이러한 문제를 해결하기 위해 AI 의료 기술의 해명 가능성(Explainability)을 보장하고, 의료진과 환자가 AI 시스템의 결정 과정을 명확히 이해할 수 있어야 한다고 강조했다.

결론적으로, AI 의료 기술의 신뢰성과 수용성을 확보하기 위해서는 개인정보 보호, 공정성과 형평성, 해명 가능성, 책임 소재와 같은 윤리적 요소를 의료 환경에 체계적으로 통합하는 접근이 필요하다. 이는 의료 서비스의 질적 향상뿐만 아니라, 인간 중심적 의료 환경 구축을 위한 기반을 제공한다.

5 디지털 헬스 리터러시의 한계와 AI 헬스 윤리 리터러시로의 확장

디지털 헬스 리터러시(Digital Health Literacy)는 개인이 디지털 환경에서 의료 정보를 탐색하고 평가하며, 이를 통합하고 활용할 수 있는 능력을 의미하며, 디지털 기술의 발전과 함께 의료 정보 접근 및 관리의 핵심 개념으로 자리 잡았다. Norman과 Skinner(2006)는 전자 건강 리터러시(eHealth Literacy)를 정보 문해력, 건강 문해력, 컴퓨터 문해력 등 여섯 가지 핵심 요소로 구성된 다차원적 개념으로 정의하며, 이를 평가하기 위한 척도로 eHEALS(eHealth Literacy Scale)를 개발하였다. 이 척도는 사용자의 정보 탐색 능력, 신뢰성 평가, 디지털 기술 활용 능력 등 정보 소비 중심적 측면을 측정하는 데 중요한 역할을 해 왔다.

그러나 디지털 기술이 Health 1.0(정보 소비 중심)에서 Health 2.0(상호작용 및 자가 건강 관리 중심)으로 진화하면서, 기존의 eHEALS는 새로운 요구를 충분히 반영하지 못한다는 한계가 드러났다. 이에 따라 Van der Vaart와 Drossaert(2017)은 기존 척도의 한계를 보완하기 위해 DHLI(Digital Health Literacy Instrument)를 개발하였다. DHLI는 탐색 기술, 신뢰성 평가, 개인정보 보호, 사용자 생성 콘텐츠 관리와 같은 기술적 요소를 포함하여, 디지털 환경에서 필요한 복합적인 역량을 평가할 수 있는 확장된 틀을 제공한다.

기존 척도의 한계: 윤리적 차원의 부재

eHEALS와 DHLI는 디지털 헬스 리터러시의 측정 도구로 중요한 역할을 해 왔으나, AI 의료기술 환경에서 새롭게 부각되는 윤리적 문제를 충분히 반영하지 못한다는 한계를 지닌다. Siau와 Wang(2020)은 AI 기술 확산이 알고리즘 편향, 정보 접근 불평등, 프라이버시 침해 등 윤리적 도전을 야기하고 있음을 강조하며, 기존 디지털 헬스 리터러시 척도가 이러한 복잡한 윤리적 차원을 포괄하지 못한다고 지적했다.

예를 들어, DHLI는 신뢰성 평가와 개인정보 보호를 포함하지만, AI 의료기술이 내리는 의사결정 과정에서의 공정성과 책임성, 투명성, 해명 가능성 등의 요소는 충분히 다루지 못한다. 이러한 문제는 AI 의료기술이 의료 형평성을 보장하지 못하거나 신뢰할 수 없는 의사결정을 내리게 될 가능성을 내포한다. 관련하여, Lee et al.(2021)은 COSMIN(Consensus-based Standards for the selection of health Measurement Instruments) 방법론을 활용해 기존 디지털 헬스 리터러시 척도를 평가하며, 정보 소비 중심의 기존 척도가 상호작용적이고 윤리적인 요구를 반영하지 못한다고 결론지었다.

AI 헬스 윤리 리터러시의 필요성과 구성 요소

AI 의료기술 환경에서의 복잡한 윤리적 문제를 해결하기 위해, 기존의 디지털 헬스 리터러시를 AI 의료 환경의 특수성에 맞게 확장하여, AI 헬스 윤리 리터러시라는 새로운 개념을 제안한다. 이 개념은 기존의 정보 활용 능력을 넘어, AI 의료기술의 윤리적 사용을 촉진하기 위한 다음과 같은 핵심 윤리적 요소를 포함한다:

- 공정성(Fairness): AI 알고리즘이 특정 인구 집단에 불리한 편향을 방지하고, 모든 사용자에게 동등한 의료 혜택을 제공하도록 설계되어야 한다.
- 책임성(Accountability): AI 의료기술의 오류나 오작동이 발생했을 때, 책임 소재를 명확히 정의해야 한다.
- 투명성과 해명 가능성(Transparency and Explainability): AI 시스템이 내리는 의사결정의 과정과 근거를 의료진과 환자가 명확히 이해할 수 있어야 한다. 예를 들어, Paige et al.(2019)의 연구는 인터넷 기반 건강 정보의 투명성을 평가하기

위한 다음과 같은 문항을 제시했다: “인터넷에서 제공되는 건강 정보가 신뢰할 수 있는지 구별할 수 있다”, “개인 건강 정보를 안전하게 공유할 수 있는 플랫폼을 식별할 수 있다.” 이러한 항목은 AI 시스템이 의료 서비스의 신뢰성을 구축하는 데 필수적인 요소로 작용한다.

- 개인정보 보호(Data Privacy): 사용자가 자신의 건강 데이터를 안전하게 관리하고 통제할 수 있도록 자율성을 보장한다. 이를 위해 데이터 보안 및 프라이버시 보호 조치를 강화하는 것이 필요하다.

AI 헬스 윤리 리터러시는 사용자들이 AI 의료기술의 윤리적 문제를 이해하고 대응할 수 있는 역량을 강화하며, 기술 수용성과 신뢰성을 높이는 데 중요한 역할을 한다. 예를 들어, 사용자가 의료기술의 결정 근거를 명확히 이해하고, 편향적 결과를 인지하며, 개인정보 보호와 관련된 위험을 파악할 수 있는 능력은 AI 의료기술의 윤리적 사용을 촉진한다. Paige et al.(2019)와 같은 연구는 이러한 역량을 구체화하기 위한 문항들을 제공하며, AI 헬스 윤리 리터러시를 평가하는 데 실질적인 기여를 할 수 있음을 보여 준다.

6 AI 헬스 윤리 리터러시: 개념과 구성요인

AI 의료기술이 의료 환경에서 제공하는 혁신적 가능성을 최대한 활용하기 위해서는 기존의 디지털 헬스 리터러시를 AI 의료기술 환경의 윤리적 요구에 맞게 확장할 필요가 있다. AI 헬스 윤리 리터러시(AI Health Ethics Literacy)는 단순히 정보 탐색과 활용 능력을 넘어, 공정성, 책임성, 투명성, 개인정보 보호 등 윤리적 차원을 체계적으로 통합하여 사용자가 AI 의료기술의 신뢰성과 사회적 수용성을 높이는 데 필요한 역량을 갖추도록 지원하는 것을 목표로 한다. 이는 사용자가 AI 의료기술의 복잡한 윤리적 문제를 비판적으로 이해하고, 이를 해결하기 위한 윤리적 의사결정을 내릴 수 있도록 돕는 실천적 접근법이다.

AI 의료기술은 질병 진단, 치료, 예방적 건강 관리 등에서 혁신을 이루는 동시에, 알고리즘 편향, 데이터 프라이버시 침해, 책임 소재 불명확성 등 복잡한 윤리적 문제를 동반한다(Keskinbora, 2019; Murphy et al., 2021). 기존의 디지털 헬스 리터러시 척도(eHEALS, DHLI)는 정보 탐색과 신뢰성 평가에 초점을 맞추고 있으나, AI 의료기술 환경에서 요구되는 윤리적 차원을 포괄하지 못한다는 한계를 가진다(Van der Vaart & Drossaert, 2017). 이에 따라 AI 헬스 윤리 리터러시는 이러한 한계를 극복하고, 사용자 중심의 윤리적 의사결정 능력을 강조하는 확장된 평가 틀로 작용한다.

AI 헬스 윤리 리터러시: 개념적 정의

AI 헬스 윤리 리터러시는 사용자가 AI 의료기술의 윤리적 문제를 인식하고, 이를 비판적으로 평가하며 해결하기 위한 실천적 역량을 의미한다. 이는 기존의 다음 네 가지 리터러시 개념을 기반으로 통합된 확장적 접근이다:

- 헬스 리터러시(Health Literacy): 건강 정보를 찾고, 이해하며, 평가하여 적절한 의사결정을 내리는 능력(Nutbeam, 2000)
- 디지털 헬스 리터러시(Digital Health Literacy): 디지털 환경에서 정보를 탐색, 분석, 문제를 해결하는 역량(Norman & Skinner, 2006; Van Der Vaart & Drossaert, 2017)
- AI 리터러시(AI Literacy): AI 기술의 작동 원리와 한계를 이해하고 비판적으로 평가하는 역량(Siau & Wang, 2020)
- 윤리 리터러시(Ethics Literacy): 윤리적 문제를 식별하고, 분석하며, 공정하고 책임감 있는 결정을 내릴 수 있는 역량(Murphy et al., 2021)

AI 헬스 윤리 리터러시의 핵심 구성 요소

AI 헬스 윤리 리터러시는 기존 디지털 헬스 리터러시 척도(eHEALS, DHLI)와 차별화되며, AI 의료기술에서 발생하는 윤리적 문제를 다루기 위한 고유한 평가 요소를 포함한다. 아래는 선행연구를 바탕으로 도출된 주요 구성 요소와 그 설명이다:

- 투명성과 해명 가능성(Transparency and Explainability): 사용자가 AI 시스템의 의사결정 과정과 근거를 이해하고, 이를 비판적으로 평가하며 활용할 수 있는 능력을 포함한다. 예를 들어, 사용자가 특정 의사결정의 데이터 근거를 이해하거나, 투명성을 평가할 수 있는 능력이 해당 요소에 포함된다.
- 공정성과 형평성(Fairness and Equity): 사용자가 AI 시스템에서 발생할 수 있는 편향성을 인식하고, 이를 해결하기 위한 대안을 제시하거나 개선 요청을 할 수 있는 역량을 포함한다. 예를 들어, 사용자가 결과의 공정성을 평가하고, 부당한 편향을 식별할 수 있는 능력을 측정할 수 있다.

- 책임성(Accountability): 사용자가 AI 의료기술의 오류나 오작동 시 책임 소재를 명확히 이해하고, 이를 해결하기 위한 적절한 행동을 취할 수 있는 역량을 포함한다. 예를 들어, 의료 사고 시 책임 구조를 파악하고 적절한 보고 체계를 따를 수 있는 능력을 평가할 수 있다.
- 개인정보 보호(Data Privacy): 사용자가 AI 의료기술에서 자신의 개인정보 활용 방식과 보호 조치를 이해하고, 프라이버시 위험을 평가하며, 데이터를 안전하게 관리하기 위한 결정을 내릴 수 있는 능력을 포함한다.
- 위험 예방과 모니터링(Risk Prevention and Monitoring): 사용자가 AI 의료기술과 관련된 잠재적 위험을 인식하고, 이를 예측하며, 필요한 경우 대처 전략을 제안할 수 있는 능력을 포함한다.
- 다양성 존중(Bias Exclusion): 사용자가 AI 의료기술이 특정 집단에 미칠 수 있는 편향적 영향을 평가하고, 이를 개선하기 위한 대안을 제안할 수 있는 역량을 포함한다.
- 자율성(Autonomy): 사용자가 AI 의료기술을 활용하여 자신의 건강 관리와 관련된 결정을 독립적으로 내릴 수 있는 능력을 포함한다. 예를 들어, AI 추천 결과와 자신의 의학적 판단을 비교·분석할 수 있는 역량을 평가할 수 있다.
- 신뢰(Trust): 사용자가 AI 의료기술의 신뢰성을 평가하고, 기술적·윤리적 측면에서 신뢰할 수 있는 요소를 비판적으로 이해하며 활용할 수 있는 능력을 포함한다.
- 정보성(Informativity): 사용자가 AI 시스템이 제공하는 정보의 정확성과 신뢰성을 평가하고, 이를 자신의 건강 관리와 관련된 의사결정에 효과적으로 활용할 수 있는 능력을 포함한다.

7 결론

AI 의료기술은 복잡한 의사결정을 지원하며, 데이터 기반의 맞춤형 의료 서비스를 가능하게 하고, 의료 시스템의 효율성을 극대화하는 등 혁신적 변화를 이끌고 있다. 그러나 기술의 발전은 공정성과 신뢰를 저해할 수 있는 윤리적 과제를 동반하며, 이는 기술 설계, 사용자 경험, 정책 개발 전반에서 필수적으로 고려되어야 한다. 이러한 배경하에, 본 연구는 AI 의료기술 환경에서 필수적으로 고려해야 할 윤리적 요소들을 통합적으로 탐구하며, 이를 해결하기 위한 새로운 개념으로 AI 헬스 윤리 리터러시(AI Health Ethics Literacy)를 제안하였다.

AI 헬스 윤리 리터러시는 기존 헬스 리터러시, 디지털 헬스 리터러시, AI 리터러시, 윤리 리터러시의 주요 요소를 기반으로 확장되었으며, 사용자들이 AI 의료기술에서 발생할 수 있는 윤리적 도전을 비판적으로 이해하고 해결할 수 있도록 돕는 실천적이고 통합적인 틀을 제공한다. AI 헬스 윤리 리터러시는 단순히 정보를 탐색하고 활용하는 능력을 넘어, 사용자로 하여금 기술의 윤리적 차원을 비판적으로 이해하고, 적절한 의사결정을 내리며, 책임 있는 행동을 취할 수 있는 역량을 강화한다. 특히, 개인정보 보호, 공정성, 투명성, 책임성, 자율성, 다양성 존중, 신뢰와 같은 핵심 구성 요소를 통해 기술 활용의 신뢰성을 높이고, 사용자 중심의 윤리적 판단과 행동을 강화하는 데 초점을 맞춘다.

본 연구는 학문적으로 기존 연구에서 분절적으로 다루어진 디지털 윤리, AI 윤리, 의료 윤리의 논의들을 통합하며, 의료 환경에서 AI 기술이 제기하는 복잡한 윤리적 문제를 해결할 수 있는 이론적 틀을 제시하였다. 이러한 틀은 AI 의료기술 설계, 개발, 그리고 실제 활용 단계에서 윤리적 고려를 구조화함으로써 기술의 지속 가능성과 신뢰성을 높이는 데 기여한다. 또한, 윤리적 의사결정을 위한 사용자 역량 강화를 지원함으로써 의료 환경에서 발생할 수 있는 윤리적 갈등을 최소화하는 데 도움을 줄 수 있다.

실무적으로 AI 헬스 윤리 리터러시는 AI 의료기술의 설계와 개발에서 윤리적 기준을 제공할 수 있는 지침이 될 수 있다. 기술 개발 초기 단계에서 윤리적 원칙을 통합함으로써 공정성과 데이터 보호, 투명성과 책임성을 확보할 수 있다. 동시에 사용자들이 AI 기술을 효과적으로 활용할 수 있도록 돕는 교육 프로그램이나 윤리적 가이드라인 개발에도 적용 가능하다. 더불어, AI 의료기술의 규제와 정책 설계에서 신뢰성 있는 기준을 제공하여, 기술이 인간 중심적 가치를 실현하도록 지원할 것이다.

결론적으로, AI 헬스 윤리 리터러시는 AI 의료기술이 의료 서비스의 질적 향상과 사회적 신뢰를 동시에 확보할 수 있도록 하는 핵심적 개념으로, 개인화된 의료 환경과 지속 가능한 의료 시스템 구축에 중요한 역할을 할 것으로 기대된다. 본 연구는 AI 헬스 윤리 리터러시 척도 개발을 위한 기초적인 이론적 틀을 마련하였으며, 향후 연구는 이 척도를 실질적으로 구현하고 검증함으로써 기술적 진보와 윤리적 책임성을 통합하는 방향으로 나아가야 할 것이다.

10장

AI 헬스 윤리 리터러시(AI Health Ethics Literacy) 척도 개발을 위한 델파이 조사 연구

1 서론

AI 의료기술은 질병의 예측·진단·치료 및 예방적 건강관리 등 의료 전반에 걸쳐 혁신적인 변화를 가져오고 있을 뿐만 아니라, 사용자가 일상적으로 접하는 헬스케어 기술에도 새로운 가능성을 열고 있다(Benke et al., 2022; Lee et al., 2021; Topol, 2019). 이러한 AI 기반 헬스케어 애플리케이션, 웨어러블 기기, 디지털 건강 상담 도구 등은 사용자의 건강 상태를 모니터링하고 맞춤형 건강 관리 서비스를 제공하며(Dunn et al., 2018; Liang et al., 2021), 건강 정보에 대한 접근성을 높이고 있다(Lupton, 2015; Zhao et al., 2020). 그러나 이러한 긍정적 변화와 더불어, AI 헬스케어 기술의 확산은 사용자들에게 새로운 윤리적 문제를 제기하고 있다.

예를 들어, AI 시스템의 판단 기준과 의사결정 과정을 사용자들이 온전히 이해하기 어렵고, 알고리즘이 공정하고 책임감 있게 작동하는지에 대한 의문이 제기된다. 이는 AI 헬스케어 기술의 투명성, 공정성, 책임성과 같은 윤리적 원칙이 적절히 구현되고 있는지에 대한 사용자 불신으로 이어질 수 있다(Ghorayshi et al., 2023; Shin et al., 2023). 또한, 사용자들은 자신의 의료 데이터와 일상 건강 정보가 어떻게 수집·저장·활용되는지에 대한 불투명성으로 인해 개인정보 보호와 프라이버시 침해에 대한 우려를 느낄 가능성이 높다(Shrestha et al., 2021; Vayena et al., 2018).

Abdi et al.(2021)의 연구에 따르면, 디지털 의료 챗봇 사용자는 AI 시스템의 통제력 상실, 의사결정 과정의 불투명성, 의료 전문가와의 직접적인 상호작용 부재로 인해 불안감을 느낄 수 있다고 한다. 이처럼 기술적 효용성을 넘어, 사용자 중심의 윤리적 가치에 대한 고려는 AI 헬스케어 기술의 수용성과 신뢰 형성의 핵심 요소로 점차 부각되고 있다. 예컨대, AI 기반 헬스 트래커를 사용하는 과정에서 사용자가 기술적 작동 방식을 이해하지 못하거나 데이터 활용에 대해 불안감을 느낀다면 기술에 대한 신뢰가 저해될 수 있다.

특히, 한국 사회는 개인정보 보호와 의료 정보의 민감성에 대한 높은 인식(Park, 2022; Kim & Park, 2021)으로 인해 AI 헬스케어 기술과 관련된 윤리적 문제에 민감하게 반응하는 경향이 있다. 이러한 특성은 기술 혁신의 수용 과정에서 윤리적 신뢰가 필수적인 요소임을 보여 준다. 한편, 고령화와 만성질환 증가로 인해 헬스케어 서비스 수요가 지속적으로 증가하는 상황에서, AI 기반 헬스케어 기술은 의료 시스템의 부담을 완화할 중요한 대안으로 주목받고 있다(Lee & Shin, 2020). 그러나 기술적 완성도만으로는 충분하지 않으며, 한국 사회에서 AI 헬스케어 기술이 신뢰받기 위해서는 데이터의 투명성, 알고리즘의 공정성, 책임성 등 윤리적 기준이 명확히 마련되어야 한다. 즉, AI 헬스 윤리에 대한 명확한 기준을 마련하고, 사용자가 이를 이해하고 활용할 수 있는 역량을 강화하는 것은 AI 헬스케어 기술의 성공적 확산을 위한 필수 조건이다.

이에 본 연구는 기존 디지털 헬스 리터러시 척도의 한계를 극복하고, 사용자가 AI 헬스케어 시스템의 작동 방식, 데이터 처리 과정, 의사결정 기준을 비판적으로 평가할 수 있는 역량을 강화하는 척도를 개발하고자 한다. 이 새로운 척도는 "한국형 AI 헬스 윤리 리터러시 척도"로 명명되며, 이를 통해 AI 헬스케어 기술의 윤리적 수용성을 높이는 것을 목표로 한다.

AI 헬스 윤리는 기술·의료·윤리·사회 등 다양한 학문 분야가 얽혀 있는 복잡한 주제이기 때문에, 단일 학문 분야의 관점만으로는 척도의 타당성과 신뢰성을 확보하기 어렵다. 이에 본 연구는 전문가 의견 수렴 방식인 델파이 기법(Hsu & Sandford, 2007; Okoli & Pawlowski, 2004)을 활용하여 AI 헬스 윤리 인식 척도를 개발하고자 한다. 인공지능·의료 윤리·헬스 커뮤니케이션 등 다양한 분야의 전문가 패널을 구성하여, 이론적 타당성과 현장 적용성을 모두 갖춘 척도를 개발할 것이다. 특히, 한국의 의료 환경과 문화적 특성을 반영하여, 기술 확산 과정에서 사용자 신뢰와 수용성을 높이는 데 기여할 것이다.

2 연구 설계

AI 의료기술의 발전은 의료 서비스 전반에서 혁신적인 변화를 이끌며, 사용자의 건강 정보 활용과 의사결정 지원에서 중요한 역할을 하고 있다. 그러나 이러한 기술적 진보는 알고리즘 편향, 개인정보 보호, 데이터 투명성 등 다양한 윤리적 쟁점을 동반하며, 이는 사용자 신뢰와 기술 수용에 중대한 영향을 미치고 있다. 이러한 문제를 해결하기 위해 본 연구는 AI 헬스 윤리 리터러시, 즉 AI 헬스케어 기술 사용과 관련된 윤리적 쟁점을 인지하고 비판적으로 평가하며 책임감 있게 행동하는 능력을 측정하는 척도 개발을 목표로 하였다. 이를 위해 본 연구는 먼저 문헌 검토를 통해 AI 헬스 윤리 리터러시를 개념화하였고, 이후 3차에 걸친 델파이 조사를 통해 전문가 합의를 도출하여 이를 측정할 수 있는 도구를 정교화하였다.

2.1 문헌검토를 통한 예비 문항 구성

본 연구는 AI 헬스케어 기술 사용 과정에서 발생할 수 있는 윤리적 문제를 인지하고 비판적으로 평가하며 책임감 있게 행동하는 능력을 "AI 헬스 윤리 리터러시"로 정의하고, 이를 측정할 수 있는 척도 개발을 목표로 하였다. 이를 위해, 본 연구는 디지털 헬스 리터러시(eHealth Literacy Scale, eHEALS), Digital Health Literacy Instrument(DHLI), 윤리 리터러시, AI 리터러시 등 기존 척도의 구성 요인과 측정 항목을 분석하고, AI 윤리와 의료 윤리에 관한 주요 이론적 논의에서 제시된 핵심 원칙과 쟁점을 종합적으로 고찰하였다. 이러한 문헌 검토를 바탕으로, 본 연구는 AI 헬스 윤리 리터러시를 단순히 건강 정보를 탐색하고 활용하는 능력을 넘어, AI 헬스케어 기술 사용 과정에서 발생할 수 있는 윤리적 문제를 비판적으로 평가하고 해결할 수 있는 사용자 중심의 역량으로 개념화하였다.

기존 디지털 헬스 리터러시 척도는 정보 탐색, 이해, 활용 능력을 중점적으로 다루며(Norman & Skinner, 2006; Van der Vaart & Drossaert, 2017), eHEALS는 "정보의 신뢰성과 품질 평가," "디지털 기술 활용 능력" 등 정보 소비 중심의 차원에 초점을 맞추고 있다. DHLI는 eHEALS의 기본 구조를 확장하여 개인정보 보호, 온라인 상호작용 및 보안 문제와 같은 기술적 상호작용 측면도 포함한다. 그러나 이러한 기존 척도들은 공정성, 투명성, 책임성, 데이터 윤리 등 AI 헬스케어 기술의 특수한 윤리적 문제를 충분히 반영하지 못하는 한계를 지니고 있다(Siau & Wang, 2020; Lee et al., 2021).

본 연구는 기존 척도의 한계를 보완하기 위해, AI 헬스케어 기술 사용과 관련된 사용자의 윤리적 인식과 역량을 체계적으로 평가할 수 있는 도구를 제안한다. AI 헬스 윤리 리터러시의 구성 요인과 예비 문항은 이미 선행 연구에서 제시된 바 있다. AI 헬스 윤리 리터러시의 구성 요인과 예비 문항은 이미 선행 연구에서 제시된 바 있으며, 문헌 검토를 통해 도출된 11가지 구성 요인을 바탕으로 개발되었다(〈표 10-1〉 참조). 이러한 예비 문항은 AI 헬스 윤리 리터러시의 특성을 포괄적으로 반영하고자 설계되었으며, 이후 델파이 조사를 통해 정교화될 예정이다.

2.2 델파이 조사 설계

델파이 조사는 특정 주제에 대한 전문가들의 합의를 도출하기 위해 고안된 체계적이고 반복적인 연구 방법으로, 전문가들의 익명성을 보장하고, 특정 개인이나 집단의 의견 편향을 최소화하며, 객관적인 결과를 도출할 수 있다는 장점을 가진다(Hsu & Sandford, 2007; Okoli & Pawlowski, 2004). 특히, AI 헬스 윤리 리터러시는 AI, 의료, 윤리, 사용자 경험 등 다양한 학문 분야가 결합된 복잡한 개념이기 때문에, 다양한 분야의 전문가 참여를 통해 척도의 적합성과 완성도를 높이는 것이 필수적이었다.

본 연구는 세 차례의 델파이 조사를 통해 AI 헬스 윤리 리터러시 척도의 구성 요소와 문항을 정교화하였다. 1차 조사는 AI 헬스 윤리 리터러시의 개념적 틀을 정립하고, 윤리 개념과 리터러시 역량 간의 연결 방식을 논의하는 데 초점을 맞추었다. 2차 조사는 구성 요인 및 문항의 적절성, 명확성, 중요도를 평가하고, 수정·보완 작업을 수행하였다. 3차 조사는 최종 문항과 척도의 구조적 적합성을 검토하고 전문가들의 합의를 도출하는 데 목적을 두었다.

2.3 델파이 조사 참여자와 절차

본 연구는 2023년 11월부터 2024년 6월까지 세 차례의 델파이 조사를 실시하였다. 각 조사 단계는 약 2-3주간 진행되었으며, 전문가들에게 이메일로 참여를 요청한 후 서면 인터뷰를 통해 의견을 수집하고, 추가적인 답변 및 수정 의견은 이메일을 통해 회신받는 방식으로 데이터를 수집하였다.

조사에는 인공지능(AI) 윤리, 의료 윤리, 의료 정보학, 헬스 커뮤니케이션, 의료 법학, 뉴미디어 법 등 관련 분야에서 최소 5년 이상의 경력을 보유한 학계 및 실무 전문가들이 참여하였다. 총 15명의 전문가가 조사에 섭외되었으며, 단계별 참여 인원은 1차 조사에서 5명, 2차 조사에서 15명, 3차 조사에서 12명이었다.

1차 조사는 2023년 11월에 5명의 전문가를 대상으로 진행되었다. 이 단계는 AI 윤리 개념을 리터러시라는 사용자 주관적 역량으로 구체화하고, 윤리 인식을 평가 가능하도록 정의하는 데 초점을 맞추었다. 전문가 의견을 통해 지식 차원이 윤리적 인식 평가에 적합하지 않다는 결론이 도출되어, 지식 차원을 척도에서 제외하였다.

2차 조사는 2024년 4월에 15명의 전문가가 참여하여 진행되었다. 1차 조사에서 도출된 결과를 기반으로 재구성된 문항과 구성 요인을 평가하였다. 전문가들은 문항의 적절성, 명확성, 중요성을 검토하였으며, 각 구성 요인이 AI 헬스 윤리 리터러시의 핵심 요소로 적합한지를 중점적으로 논의하였다. 의견 수렴 과정은 이메일을 통해 진행되었으며, 이를 통해 문항의 수정 및 보완 작업이 이루어졌다.

3차 조사는 2024년 6월에 12명의 전문가가 참여하여 최종 문항과 구성 요인의 적합성을 평가하였다. 전문가들은 척도의 구조, 문항 수, 응답 형식 등 세부 사항을 검토하고 최종 합의를 도출하였다. 최종 단계에서도 서면 인터뷰와 이메일 교환 방식을 활용하여 전문가들의 의견을 심층적으로 반영하였다.

이와 같은 체계적인 과정을 통해, 본 연구는 다양한 분야 전문가들의 의견을 종합하여 AI 헬스 윤리 리터러시 척도의 구성 요소와 문항을 확정하였다. 구체적인 구성 요인 및 수정 과정은 결과 섹션에서 자세히 논의될 것이다.

3 델파이 조사 결과

3.1 1차 델파이 조사 결과

1차 델파이 조사는 AI 헬스 윤리 리터러시 척도 개발을 위한 기초 단계로, 5명의 전문가를 대상으로 수행되었다. 본 조사에서는 AI 헬스 윤리 리터러시의 개념을 정립하고, 윤리 개념과 이를 리터러시라는 사용자의 주관적 역량과 연결하는 방식을 중점적으로 논의하였다.

윤리 개념에 대한 논의 및 측정 가능성 탐색

윤리의 본질과 측정 가능성에 대한 논의에서는 윤리가 도덕적 행동, 도덕적 판단, 도덕적 동기, 도덕적 인식 등 다차원적인 요소로 구성된다는 점을 재확인하였다(Rest, 1983; Walker & Pitts, 1998). 전문가들은 이 중 "윤리적 인식"을 측정 가능하며, AI 헬스 윤리 리터러시의 핵심 구성 요소로 정의할 것을 제안하였다. "윤리적 판단은 민감성과 추론 능력을 통해 실천적으로 드러나야 한다(전문가A)"라는 의견에 따라, AI 헬스케어 기술 사용과 관련된 다양한 윤리적 쟁점에 대한 사용자의 민감성을 "윤리 인식"으로 개념화하고, 이를 측정 가능한 형태로 구체화하고자 하였다.

또한, 전문가들은 윤리적 인식을 측정 가능한 형태로 구체화하는 과정에서, 이를 단순히 지식 차원으로 환원해서는 안 된다는 점을 강조하였다. "윤리는 주관적 사고와 실천적 역량을 포함하는 개념으로 접근해야 한다(전문가B)"라는 지적처럼, 윤리적 인식은 단순한 지식 습득을 넘어, 책임감 있게 행동할 수 있는 역량을 포괄하는 개념으로 이해되어야 한다는 것이다.

인공지능 윤리 기준과 사용자 중심 평가

전문가들은 인간성을 중심으로, 인간 존엄성, 기술의 합목적성, 사회의 공공선 원칙에 따라 AI 헬스케어 기술을 평가해야 한다는 데 의견을 같이했다. 이를 위해 투명성, 안전성, 책임성, 인권 보장, 프라이버시 보호, 다양성 존중, 침해 금지, 공공성, 연대성, 데이터 관리, 공정성 등 인공지능 윤리 기준(공정성 등 인공지능 윤리 기준(European Commission, 2019; IEEE, 2019)을 척도 개발에 반영해야 함을 강조하였다. 특히, 이러한 기준들을 사용자 관점에서 평가하기 위해, 사용자가 AI 헬스케어 기술 사용 과정에서 경험할 수 있는 구체적인 윤리적 상황과 이에 대한 인식과 태도를 측정하는 방안이 논의되었다. 한 전문가는 "윤리적 판단은 도덕적 민감성과 행동을 이끌어 낼 수 있는 의사결정 역량으로 평가되어야 한다(전문가C)"라고 언급하며, 윤리적 인식이 구체적인 행동 및 의사결정으로 이어질 수 있는 실천적 역량 평가의 중요성을 강조하였다.

지식 차원의 포함 여부에 대한 논의

당초 연구진은 AI 헬스 윤리 리터러시 척도를 인식, 태도, 지식의 세 가지 차원으로 구성하고자 하였다. 여기서 지식은 "디지털 인공지능 의료 서비스를 주체적이고 합리적으로 이용하기 위해 사용자 입장에서 알 필요가 있는 사실"로 정의되었다. 이는 디지털 콘텐츠 소비 능숙도와 건강 정보를 구별할 수 있는 사고 능력 등을 포함하는 개념으로 제안되었다.

그러나 전문가들은 지식을 윤리적 인식 척도에 포함하는 것의 타당성과 현실적 가능성에 대해 다양한 의견을 제시하였다. 일부 전문가들은 지식의 포함이 사용자들이 AI 의료 서비스의 윤리적 측면을 얼마나 정확히 이해하고 있는지를 평가할 수 있다는 점에서 유용할 것이라고 평가하였다. 한 전문가는 "지식을 측정함으로써 사용자의 인식이 실제 지식에 기반한 것인지, 아니면 잘못된 정보에 기반한 것인지를 구분할 수 있다"라고 언급하였다. 그러나 다른 전문가들은 지식의 정의가 모호하며, AI 의료 서비스와 관련된 지식 수준은 개인의 배경에 따라 편차가 크기 때문에 평가의 객관성을 보장하기 어렵다는 점을 지적하였다. 한 전문가는 "지식은 사실에 대한 객관적이고 과학적인 판단을 할 수 있는 기본 요소이지만, 개인마다 편차가 크게 나타날 수 있다"라며, 지식을 척도에 포함하는 것의 한계를 지적하였다.

결론적으로, 전문가 다수는 윤리가 "단순히 알거나 배우는 개념이 아니라, 문제를 해결하고 책임 있는 선택을 내릴 수 있는 역량"이라는 점을 강조하며, 지식 차원을 척도에서 제외할 것을 제안하였다. 이에 본 연구는 기존의 디지털 리터러시(Gilster, 1997), 헬스 리터러시(Sørensen et al., 2012), 디지털 헬스 리터러시(Norman & Skinner, 2006; Van der Vaart & Drossaert, 2017) 척도와 유사하게, AI 헬스 윤리 리터러시 척도를 주관적 신념과 실천적 역량 중심으로 구성하기로 결정하였다.

AI 헬스 윤리 리터러시 척도의 개념 정립

본 조사에서는 척도의 명칭과 관련하여 "AI 헬스 윤리 인식"과 "AI 헬스 윤리 리터러시" 두 가지 개념에 대한 심층적인 논의가 이루어졌다. 전문가들은 "인식"이 개인의 주관적인 신념체계와 가치관을 포괄하는 더 넓은 개념이며, "리터러시"는 특정 영역에 대한 지식·기술·태도를 종합적으로 평가하는 실천적 역량에 가깝다는 점에 주목하였다. 논의 결과, 본 연구는 AI 헬스케어 기술 사용과 관련된 윤리적 쟁점을 비판적으로 성찰하고, 책임감 있게 행동하는 실천적 역량 함양을 목표로 한다는 점에서 "AI 헬스 윤리 리터러시"를 척도의 명칭으로 최종 확정하였다.

3.2 2차 델파이 조사 결과

2차 델파이 조사는 1차 조사 결과를 바탕으로 재구성된 AI 헬스 윤리 리터러시 척도의 구성 요소에 대해 전문가들의 평가와 추가 의견을 수렴하기 위해 15명의 전문가를 대상으로 실시되었다. 이번 조사의 주요 목적은 각 구성 요소의 중요도를 평가하고, 개념적 정의를 검토하기 위한 질적 의견을 수집하는 데 있었다. 전문가들은 각 항목의 중요도를 5점 척도로 평가하였으며, 개념적 정의와 추가적인 수정 방향에 대한 의견을 서면으로 제시하였다.

중요도 평가 결과

전문가들은 AI 헬스 윤리 리터러시의 11개 구성 요소(투명성, 의사소통, 공정성, 위험 예방 및 모니터링, 다양성 존중, 안전성, 책임성, 개인정보 보호, 자율성, 신뢰, 정보성)에 대해 평균적으로 높은 중요도를 부여하였다(〈그림 10-1〉 참조).

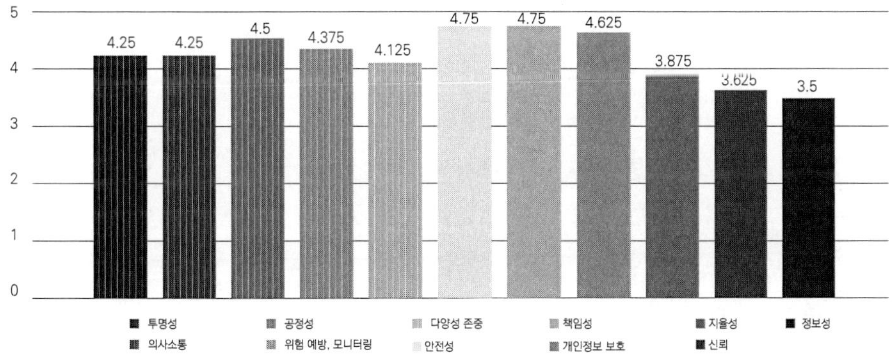

그림 10-1 • AI 헬스 윤리 리터러시 구성 요소별 중요도 평가

분석 결과, 안전성(M=4.75, SD=0.71)과 책임성(M=4.75, SD=0.46)은 가장 높은 중요도를 기록하여 전문가들이 해당 항목을 AI 헬스 윤리 리터러시에서 가장 핵심적인 요소로 인식하고 있음을 보여 주었다. 개인정보 보호(M=4.63, SD=0.74), 공정성(M=4.5, SD=0.76), 위험 예방 및 모니터링(M=4.38, SD=0.74) 항목 역시 높은 중요도를 나타냈다. 반면, 정보성(M=3.5, SD=1.20)은 가장 낮은 평균 점수를 기록했으며, 전문가 간 의견 차이가 비교적 컸음을 확인할 수 있었다.

구성 항목별 전문가 의견과 수정 방향

- 투명성(Transparency): 기존 정의는 "정보 공개에 관한 투명성"과 "의사결정 과정의 대등한 참여"로 구성되어 있었다. 전문가들은 "대등한 참여"라는 속성이 투명성보다 공정성 항목과 더 적합하다는 의견을 제시하였다. 대신, 투명성은 AI 헬스케어 서비스의 데이터 처리 및 알고리즘 활용, 의사결정 절차의 설명 가능성에 초점을 맞추어야 한다고 평가하였다. 한 전문가는 "투명성은 데이터 처리와 알고리즘이 어떤 방식으로 결과를 도출했는지 사용자에게 명확히 전달할 수 있어야 합니다"라고 언급하며 투명성의 구체적 방향성을 제시하였다.
- 의사소통 (Communication): 전문가들은 AI 의료 서비스가 사용자 특성(국적, 연령, 장애 여부 등)에 맞춰 정보를 명확히 전달해야 하며, 인간-컴퓨터 상호작용(HCI)에서 인권 존중이 중요한 요소로 포함되어야 한다고 강조하였다. 특히, "AI 시스템은 사용자의 문화적, 물리적 특성을 고려한 명확하고 친근한 정보 제공 방식을 갖춰야 한다"라는 의견이 제시되었다.
- 공정성(Fairness): 전문가들은 공정성을 더욱 명확히 정의하기 위해, 불합리한 차별을 지양하고 개인 및 집단의 특성을 합리적으로 반영하는 내용을 추가할 필요가 있다고 평가하였다. 또한, 다양성 존중 항목에서 정의된 일부 내용이 공정성 항목과 통합될 가능성을 지적하였다.
- 위험 예방 및 모니터링(Risk Prevention, Monitoring): 전문가들은 위험 예방과 모니터링이 단순한 고지와 피드백 제공에 국한되지 않고, AI 의료 서비스 사용으로 인한 발생 가능한 위험을 예측하고 관리하는 포괄적인 개념으로 확장되어야 한다고 제안하였다.
- 다양성 존중(Bias Exclusion): 전문가들은 다양성 존중 항목이 공정성 항목과 일부 중복될 가능성을 지적하며, 다양성 존중은 "개인의 존엄성과 다양성을 존중하고, 차별 없는 접근과 이용을 보장하는 것"으로 구체화할 필요가 있다고 언급하였다.
- 안전성(Safety): 전문가들은 안전성을 단순한 안정성을 넘어, 기술적 오류와 보안 위협에 대응할 수 있는 회복탄력성 보장으로 확대 정의할 것을 제안하였다.
- 책임성(Responsibility): 전문가들은 책임성을 사전적 책임(데이터 관리 및 안전성 보장)과 사후적 책임(피해 구제 및 문제 해결)으로 구분하고, 정의를 보다 세분화할 필요성을 강조하였다.

• 개인정보 보호(Privacy): 전문가들은 개인정보 보호가 정보 수집, 저장, 관리, 폐기 과정에서 엄격한 법적 준수를 포함해야 하며, 사용자에게 개인정보 처리 방침을 명확히 고지하고 이를 스스로 통제할 권리를 보장해야 한다고 제안하였다.
• 자율성(Autonomy): 전문가들은 자율성이 의사소통 항목과 중복될 가능성을 지적하며, AI 시스템 사용 여부 및 결과 수용 여부에 대한 이용자의 자율적인 선택권 보장으로 정의를 수정할 필요가 있음을 강조하였다.
• 신뢰(Trust): 전문가들은 신뢰가 다른 윤리 항목들의 결과로 작용할 수 있다는 점을 언급하며, 신뢰를 AI 시스템과 사용자의 상호 신뢰 관계로 구체화할 것을 제안하였다.
• 정보성(Informativity): 전문가들은 정보성 항목이 사용자의 의사결정에 실질적으로 기여할 수 있도록 최신성, 정확성, 우수성을 평가하는 구체적 기준을 포함해야 한다고 제안하였다.

2차 델파이 조사를 통해, AI 헬스 윤리 리터러시 척도의 구성 요소를 구체화하고, 전문가들의 질적 의견을 반영하여 각 항목에 대한 정의를 체계적으로 수정하였다(〈표 10-1〉 참조). 특히, 전문가들의 의견은 기존 구성 요소 간 중복성을 줄이고, 각 항목의 타당성과 실효성을 높이는 방향으로 정의를 구체화하는 데 기여하였다. 이러한 결과는 3차 델파이 조사에서 척도를 정교화하고 최종 문항을 확정하는 데 중요한 근거로 활용되었다.

표 10-1 • AI 헬스 윤리 리터러시 구성 요소

항목	기존 정의	수정 방향
투명성	• 사용자가 AI 의료 서비스의 결정 기준과 과정을 얼마나 이해하고, 그 정보의 공개 정도를 얼마나 적절하다고 인식하는지 정도	• AI 시스템의 데이터 처리, 알고리즘, 의사결정 과정 및 결과를 명확히 공개하고 설명하는 것
의사소통	• 사용자가 AI 의료 서비스와의 의사소통의 명확성과 효율성을 어떻게 평가하는지, 그리고 의사소통 과정에서 정보의 이해도를 얼마나 높게 인식하는지 정도	• 사용자의 다양한 특성을 고려하여 명확하고 정확한 정보를 제공하며, 상호 존중적인 의사소통을 보장하는 것

공정성	• 사용자가 AI 의료 서비스가 모든 환자에게 공정하게 서비스를 제공한다고 인식하는 정도와 편견 없이 결정을 내린다고 느끼는 정도	• 개인 특성에 따른 차별을 방지하고, 과학적 데이터에 기반하여 공정한 결과를 제공하는 것
위험 예방, 모니터링	• 사용자가 AI 의료 서비스의 잠재적 위험 예방 및 모니터링 능력을 어떻게 인식하는지, 그리고 이러한 위험 관리 절차의 존재를 얼마나 중요하게 생각하는지 정도	• AI 서비스 사용 중 발생 가능한 위험을 예측·고지하고, 예방·관리하며 피드백을 제공하는 것
다양성 존중	• 사용자가 AI 의료 서비스가 환자의 다양성을 어떻게 존중하고, 개인별 맞춤형 치료를 어떻게 제공한다고 인식하는지 정도	• 서비스 제공 과정에서 개인과 집단의 특성을 존중하고, 차별 없는 접근성을 보장하는 것
안전성	• 사용자가 AI 의료 서비스의 안전성을 어떻게 인식하며, 이러한 시스템을 이용함으로써 자신의 안전이 보장된다고 느끼는 정도	• 오류와 침해를 방지하고, 사용자에게 안전한 서비스 환경을 보장하며 문제 발생 시 대응 가능한 시스템을 갖추는 것
책임성	• 사용자가 AI 의료 서비스 제공자의 책임감을 어느 정도 인식하며, 문제 발생 시 대응에 대한 기대치를 얼마나 가졌는지 정도	• 서비스 설계·운영 과정에서의 책임을 명확히 하고, 문제 발생 시 적절히 대응하여 피해를 구제하는 것
개인정보 보호	• 사용자가 자신의 개인정보가 AI 의료 서비스에서 얼마나 잘 보호되고 있다고 인식하는지, 그리고 이러한 정보 보호에 대한 신뢰 수준	• 개인정보의 수집, 처리, 저장, 폐기 전 과정에서 안전과 법적 준수를 보장하며, 사용자의 통제권을 보장하는 것
자율성	• 사용자가 AI 의료 서비스 이용 과정에서 자신의 의견을 자유롭게 제시하고, 최종 의료 결정에 대한 자신의 결정권을 얼마나 인식하는지 정도	• 서비스 이용 여부 및 결과 수용 여부를 사용자가 스스로 결정할 수 있도록 보장하는 것
신뢰	• 사용자가 AI 의료 서비스와 그 제공자에 대해 어느 정도 신뢰하는지, 이 신뢰가 사용자 경험에 어떤 영향을 미치는지 정도	• AI 서비스의 신뢰성을 바탕으로 사용자와 제공자 간 상호 신뢰를 형성하는 것

정보성	사용자가 AI 의료 서비스로부터 제공받는 정보의 우수성 및 최신성을 인식하는지, 이 정보가 자신의 건강 관리 및 의사결정에 얼마나 도움이 된다고 생각하는지 정도	AI 서비스가 유용한 정보를 적시에 제공하며, 정보의 정확성, 최신성, 우수성을 유지하는 것

3.3 3차 델파이 조사 결과

3차 델파이 조사는 AI 헬스 윤리 리터러시 척도의 문항 적절성을 평가하고, 문항의 신뢰도를 분석하여 최종 척도를 정교화하기 위해 진행되었다. 12명의 전문가가 참여하였으며, 11개의 구성 요소와 이에 해당하는 총 33개 문항을 대상으로 평가가 이루어졌다. 전문가들은 각 문항의 적절성을 5점 척도로 평가하였고, 추가적으로 문항 수정 방향에 대한 의견을 주관식으로 제시하였다.

구성 요소별 신뢰도 분석: 척도의 일관성 검증

크롬바흐 알파(Cronbach's Alpha) 계수를 통해 각 구성 요소의 내부 신뢰도를 검토한 결과, 신뢰도 계수는 .670에서 .857 사이로 나타났다. 의사소통 항목은 알파값 .857로 가장 높은 신뢰도를 기록하며, 문항들이 구성 요소를 일관되게 설명하고 있음을 확인하였다. 반면, 안전성 항목은 .670으로 비교적 낮은 신뢰도를 보여, 문항 재구성 또는 세부 문항의 보완이 필요하다는 시사점을 제공하였다. 책임성(.777), 개인정보 보호(.755), 공정성(.740) 등은 신뢰도가 안정적으로 나타나, 해당 구성 요소가 문항 간 높은 일관성을 유지하고 있음을 보여 준다.

문항별 적절성 평가: 측정 문항의 타당성 검토

문항 적절성 평가의 평균 점수는 2.88에서 4.88 사이로 나타났으며, 이를 통해 각 구성 요소와 문항의 상관성을 보다 구체적으로 검토할 수 있었다.

가장 높은 점수를 기록한 문항은 위험 예방 및 모니터링 항목의 "AI 의료 시스템 사용 중 발생할 수 있는 위험에 대해 사전에 안내를 받았다고 생각하십니까?"로, 평균 4.88을 기록하며 전문가들로부터 높은 적절성을 보였다. 반면, 신뢰 항목의 "디지털 의료 서비스의 신뢰성을 높이기 위해 가장 중요하다고 생각하는 요소는 무엇입니까?" 문항은 평균 2.88로 가장 낮은 점수를 보였으며, 구체성이 부족하다는 의견과 함께 수정의 필요성이 제기되었다.

전문가들은 각 문항의 적절성과 관련하여 문항의 명확성, 이해 용이성, 측정 대상과의 연관성을 강화할 것을 제안하였다. 투명성 항목에서는 데이터 처리와 의사결정 과정의 투명성을 강조하면서 접근성 관련 문항을 추가할 필요가 제기되었다. 공정성과 다양성 존중은 정의와 문항 간 중복을 최소화하고, 소비자가 실제로 판단할 수 있는 질문으로 수정할 것을 권고하였다. 위험 예방 및 모니터링 문항은 소비자가 위험 관리 절차를 직접 평가하기 어렵다는 점을 반영해 대처 방안과 사전 안내에 중점을 둔 질문으로 변경해야 한다는 의견이 있었다. 의사소통과 자율성은 문항 간 내용의 경계가 불분명하다는 지적을 바탕으로, 권고 사항에 대한 추가 설명과 의견 제시 문항을 자율성으로 이동하도록 조정해야 했다. 안전성은 단순한 안정성을 넘어 보안성과 회복탄력성을 강조하는 방향으로 문항을 수정해야 한다는 제안이 있었으며, 책임성 항목은 사전적 책임과 사후적 책임을 명확히 구분하여 문항을 재구성할 필요가 있다고 평가되었다. 신뢰와 정보성 항목에서는 중복된 질문을 제거하고, 신뢰성과 최신성이 사용자 경험에 미치는 영향을 명확히 평가할 수 있는 문항으로 재구성해야 한다는 의견이 제시되었다. 이러한 의견은 최종 척도의 수정과 재구성에 중요한 근거로 작용하였다.

표 10-2 • AI 헬스 윤리 리터러시 구성 문항

요인		문항	평균	α
1	투명성 (Trans parency)	• AI 의료 서비스가 결정 과정을 얼마나 명확하게 공유하고 있다고 생각하십니까?	3.75	.709
		• AI 의료 시스템의 작동 원리를 이해하는 데 필요한 정보를 충분히 제공받고 있다고 느끼십니까?	3.5	
		• AI 의료 시스템에 의한 진단 또는 치료 권고가 어떻게 이루어지는지에 대한 설명이 만족스러우십니까?	3.75	
2	의사소통 (communi cation)	• AI 의료 서비스 제공자와의 의사소통이 명확하고 이해하기 쉽다고 생각하십니까?	4.75	.857
		• AI 의료 서비스의 권고 사항에 대한 추가 설명을 요청할 수 있다고 느끼십니까?	3.13	
		• AI 의료 서비스 결정에 대해 의문이 있을 때, 충분한 정보를 얻기 위한 경로가 있다고 느끼십니까?	4	

3	공정성 (fairness)	• AI 의료 서비스가 모든 환자를 공평하게 대우한다고 생각하십니까?	4.75	.750
		• AI 기반 진단이 특정 집단에 편향되지 않고 공정하다고 느끼십니까?	4.38	
		• AI 의료 서비스에서 사용하는 데이터가 다양한 환자 그룹을 적절히 반영한다고 생각하십니까?	3.13	
4	위험 예방, 모니터링 (risk prevention, monitoring)	• AI 의료 서비스가 잠재적 위험을 식별하고 대응하기 위한 충분한 조치를 취하고 있다고 느끼십니까?	4	.825
		• AI 의료 시스템 사용 중 발생할 수 있는 위험에 대해 사전에 안내를 받았다고 생각하십니까?	4.88	
		• AI 의료 서비스에서 위험 관리와 모니터링 절차가 효과적이라고 생각하십니까?	3.75	
5	다양성 존중 (bias exclusion)	• AI 의료 서비스가 개인의 문화적, 사회적 배경을 고려한다고 느끼십니까?	4.25	.800
		• AI 기반 의료 서비스가 개인별 차이를 인식하고 적절히 반영한다고 생각하십니까?	4.5	
		• AI 의료 시스템이 다양한 환자의 필요와 상황을 충분히 고려한다고 느끼십니까?	4.13	
6	안전성 (safe)	• AI 의료 서비스를 사용함으로써 환자의 안전이 보장된다고 느끼십니까?	3.75	.670
		• AI 의료 서비스에서 안전성 관련 문제가 발생했을 경우, 이를 적절히 해결할 수 있다고 생각하십니까?	4.13	
		• AI 기반 의료 서비스의 안전성에 대해 어떻게 생각하십니까?	3.13	
7	책임성 (responsibility; accountability)	• AI 의료 서비스에서 발생할 수 있는 문제에 대해 누가 책임을 지는지 명확하다고 생각하십니까?	4.38	.740
		• AI 의료 시스템의 오류 발생 시, 이를 해결하기 위한 절차가 충분히 마련되어 있다고 생각하십니까?	4.63	
		• AI 의료 서비스 제공자의 책임을 명확히 하는 것이 서비스의 질을 향상시킨다고 느끼십니까?	3.25	

8	개인정보 보호 (privacy)	• AI 의료 서비스에서 제공하는 개인 정보의 보호 수준에 만족하십니까?	3.88	.777
		• 개인정보 보호 정책이 명확하게 공개되고 이해하기 쉽다고 생각하십니까?	4.38	
		• 개인정보가 부적절하게 사용되는 것에 대한 우려가 있으십니까?	3.63	
9	자율성 (autonomy)	• AI 의료 서비스를 이용하면서 자신의 건강 관련 결정을 내릴 수 있는 자유를 느끼십니까?	4.13	.755
		• AI 의료 서비스의 권고 사항에 동의하지 않을 경우, 자신의 의견을 제시하기 쉽다고 생각하십니까?	3.88	
		• 의료 결정 과정에서 AI의 권고보다 개인의 선택이 우선시되어야 한다고 생각하십니까?	3.63	
10	신뢰 (trust)	• AI 의료 서비스를 신뢰하고, 그 권고를 따르는 데에 편안함을 느끼십니까?	4.25	.685
		• AI 의료 서비스 제공자의 전문성과 신뢰성에 대해 어떻게 생각하십니까?	3.38	
		• 디지털 의료 서비스의 신뢰성을 높이기 위해 가장 중요하다고 생각하는 요소는 무엇입니까?	2.88	
11	정보성 (informativity)	• AI 의료 서비스로부터 받는 정보가 충분히 유용하고 신뢰할 수 있다고 느끼십니까?	4	.800
		• 제공되는 의료 정보의 정확성과 최신성에 만족하십니까?	3.75	
		• AI 의료 서비스로부터 받는 정보가 건강 관리 및 의사결정에 도움이 된다고 생각하십니까?	4	

수정된 AI 헬스 윤리 리터러시 척도

수정된 AI 헬스 윤리 리터러시 척도는 기존 11개 항목에서 12개 항목으로 확장되었으며, 전문가들의 질적 의견을 반영하여 각 항목의 조작적 정의와 측정 문항이 체계적으로 재구성되었다. 주요 변경 사항은 전문가들이 제안한 항목 간 중복 해소, 정의의 명확화, 측정 문항의 구체성을 강화하는 데 중점을 두었다. 특히, 새로운 요인인 효능감(Self-Efficacy)이 추가되었으며, 이는 사용자가 AI 의료 서비스를 사용할 때 자신의 의료 결정 능력과 건강 관리 능력이 향상되었다고 느끼는지를 측정하도록 설계되었다. 이는 사용자의 심리적 경험과 결과적 효능을 평가하기 위한 항목으로, 기존 척도의 내용적 범위를 확장하였다.

전문가 의견을 반영한 주요 수정 내용은 다음과 같다. 투명성(Transparency) 항목은 기존의 "결정 과정의 대등한 참여"를 공정성(Fairness)으로 이동시키고, 대신 "정보 접근 용이성"을 추가하여 정의를 보완하였다. 의사소통(Communication)은 주로 정보 전달의 이해 용이성과 상호작용의 명확성을 강조하며, 일부 문항은 자율성(Autonomy) 항목으로 이동되었다. 공정성(Fairness)은 기존 다양성 존중(Bias Exclusion)과 중복된 요소를 통합하고, 객관적 데이터에 기반한 공정성을 강조하였다. 또한, 위험 관리 및 대응(Risk Management and Response) 항목은 "위험 예방"과 "위험 대응"을 모두 포함하여 정의를 확대하고, 사용자 체감 경험을 중심으로 문항을 재구성하였다. 전문가들은 일부 문항이 복합적인 질문(A&B 형식)을 포함하거나 사용자에게 응답하기 어려운 내용을 포함하고 있다는 점을 지적하였으며, 이에 따라 문항의 표현을 단순화하고, 응답 가능성을 높이도록 수정하였다. 이와 같은 수정은 AI 의료 서비스의 윤리적 측면을 사용자 관점에서 더욱 정교하게 평가할 수 있도록 하며, 척도의 타당성과 신뢰성을 높이는 중요한 조치로 작용하였다. 최종 문항은 〈표 10-3〉에 제시하였다.

표 10-3 • 최종 AI 헬스 윤리 리터러시 척도 문항

<table>
<tr><th colspan="2">요인</th><th>조작적 정의</th><th>문항</th></tr>
<tr><td rowspan="3">1</td><td rowspan="3">결정 과정의 투명성
(Transparency in Decision-Making)</td><td rowspan="3">• 사용자가 AI 의료기술의 데이터 처리 및 의사결정 과정에 대한 투명성을 인지하고, 정보 접근성과 설명 가능성을 평가할 수 있는 능력</td><td>• AI 의료서비스의 결정 과정이 명확히 설명되고 있다고 느끼십니까?</td></tr>
<tr><td>• AI 의료서비스에서 의사결정에 사용된 데이터와 기준이 투명하게 공개되고 있다고 생각하십니까?</td></tr>
<tr><td>• AI 의료서비스와 관련된 정보를 쉽게 접근할 수 있다고 느끼십니까?</td></tr>
</table>

2	의료 제공자와의 의사소통 (Communication with Healthcare Providers)	• 사용자가 AI 의료기술 제공자와 명확하고 효과적으로 의사소통하며, 필요한 정보를 이해하고 활용할 수 있는 능력	• AI 의료서비스 제공자가 제공하는 정보가 명확하고 이해하기 쉽다고 생각하십니까?
			• AI 의료서비스와 관련하여 질문하거나 피드백을 제공할 수 있는 소통 창구가 있다고 느끼십니까?
			• 의료 제공자와의 의사소통이 효과적이고 원활하다고 생각하십니까?
3	의사결정의 공정성 (Fairness in Decision-Making)	• 사용자가 AI 의료기술이 모든 사용자에게 공정하게 적용되고, 편향 없이 객관적으로 작동하는지 평가할 수 있는 능력	• AI 의료서비스가 특정 집단에 불리한 편향 없이 공정하게 작동한다고 생각하십니까?
			• AI 의료서비스의 결과가 모든 사용자에게 동등하게 적용되고 있다고 느끼십니까?
			• AI 의료서비스가 다양한 사용자들의 요구와 필요를 반영하고 있다고 생각하십니까?
4	위험 관리 및 대응 (Risk Management and Response)	• 사용자가 AI 의료기술 사용 중 발생할 수 있는 위험을 인지하고, 이를 예방 및 대응하는 체계를 이해하는 능력	• AI 의료서비스가 사용 중 발생할 수 있는 위험을 사전에 인지하고 예방 조치를 제공한다고 생각하십니까?
			• AI 의료서비스에서 발생한 문제에 대해 명확한 대응 절차를 제공받았다고 느끼십니까?
			• 위험 상황에서 AI 의료서비스가 적절히 대처하고 있다고 생각하십니까?
5	다양성 존중 (Respect for Patient Diversity)	• 사용자가 AI 의료기술이 다양한 환자의 문화적, 사회적, 개인적 배경을 존중하며 포괄적인 서비스를 제공하는지 평가하는 능력	• AI 의료서비스가 사용자의 문화적, 사회적 배경을 존중한다고 느끼십니까?
			• AI 의료서비스가 개인별 요구를 적절히 반영하고 있다고 생각하십니까?
			• AI 의료서비스가 다양한 사용자의 상황을 충분히 고려하고 있다고 느끼십니까?

6	시스템 안전성 (System Safety)	• 사용자가 AI 의료기술의 안정성과 보안성을 평가하며, 문제 발생 시 이를 효과적으로 해결할 수 있는지 이해하는 능력	• AI 의료서비스가 사용자의 안전을 보장한다고 느끼십니까?
			• AI 의료서비스의 보안성과 안전성에 대해 신뢰하고 있습니까?
			• 시스템의 오류 발생 시 이를 해결할 수 있는 절차가 충분히 마련되어 있다고 느끼십니까?
7	책임 소재 (Accountability and Responsibility)	• 사용자가 AI 의료기술로 인한 문제 발생 시 책임 소재를 명확히 이해하고, 문제 해결 과정을 평가하는 능력	• AI 의료서비스에서 문제가 발생했을 때 누가 책임을 지는지 명확히 이해하고 있습니까?
			• AI 의료서비스의 오류 발생 시 이를 해결하기 위한 절차가 명확히 마련되어 있다고 생각하십니까?
			• 책임 소재가 명확히 규정되고 있다고 느끼십니까?
8	자율성 (Autonomy)	• 사용자가 AI 의료기술을 이용하면서 자신의 건강 관리에 대한 결정을 자유롭게 내릴 수 있는 권리를 이해하고 활용하는 능력	• AI 의료서비스를 이용하면서 자신의 건강 관련 결정을 스스로 내릴 수 있다고 느끼십니까?
			• AI 의료서비스의 권고사항에 동의하지 않을 경우, 이를 거부할 자유를 느끼십니까?
			• AI 의료서비스가 사용자의 자율성을 충분히 보장하고 있다고 생각하십니까?
9	AI 의료 서비스에 대한 신뢰 (Trust in AI Healthcare Services)	• 사용자가 AI 의료기술과 관련된 정보 및 권고 사항을 신뢰하며, 이를 기반으로 의사결정을 내릴 수 있는 능력	• AI 의료서비스가 제공하는 권고사항을 신뢰하고 있습니까?
			• AI 의료서비스 제공자가 신뢰할 수 있는 정보를 제공한다고 생각하십니까?
			• AI 의료서비스가 전반적으로 신뢰할 만하다고 느끼십니까?

<table>
<tr><td rowspan="3">10</td><td rowspan="3">제공 정보의 질 (Quality of Information Provided)</td><td rowspan="3">• 사용자가 AI 의료기술이 제공하는 정보의 유용성, 다양성, 정확성을 평가하는 능력</td><td>• AI 의료서비스로부터 제공된 정보가 충분히 유용하다고 느끼십니까?</td></tr>
<tr><td>• AI 의료서비스로부터 제공된 정보가 충분히 유용하다고 느끼십니까?</td></tr>
<tr><td>• AI 의료서비스로부터 제공된 정보가 충분히 유용하다고 느끼십니까?</td></tr>
<tr><td rowspan="3">11</td><td rowspan="3">효능감 (Self-Efficacy)</td><td rowspan="3">• 사용자가 AI 의료기술을 효과적으로 활용하여 자신의 건강 관리를 수행할 수 있다고 믿는 능력</td><td>• AI 의료서비스를 사용함으로써 건강 관리를 더 잘할 수 있다고 느끼십니까?</td></tr>
<tr><td>• AI 의료서비스를 통해 의료 관련 의사결정 능력이 향상된다고 느끼십니까?</td></tr>
<tr><td>• AI 의료서비스가 제공하는 정보를 활용하여 건강 문제를 효과적으로 해결할 수 있다고 생각하십니까?</td></tr>
<tr><td rowspan="3">12</td><td rowspan="3">개인정보 보호 (Privacy Protection)</td><td rowspan="3">• 사용자가 AI 의료기술이 개인정보를 적절히 보호하며, 개인정보 관리에 대한 통제권을 보장받는지 평가하는 능력</td><td>• AI 의료서비스가 개인정보를 안전하게 보호하고 있다고 생각하십니까?</td></tr>
<tr><td>• 개인정보 보호 정책이 명확히 공개되고 있다고 느끼십니까?</td></tr>
<tr><td>• 개인정보가 부적절하게 사용될 가능성에 대해 우려하지 않습니까?</td></tr>
</table>

4 논의 및 결론

본 연구는 한국 사회의 의료 환경과 윤리적 요구를 반영하여 AI 의료 윤리 인식 척도를 개발하고자 하였다. 이를 위해 델파이 기법을 활용하여 다양한 학문 분야의 전문가 집단으로부터 의견을 수렴하고, AI 헬스 윤리 리터러시의 구성 요인과 측정 문항을 체계적으로 정교화하였다. 연구결과, 기존 디지털 헬스 리터러시 척도의 한계를 보완하고, AI 의료기술의 윤리적 수용성을 평가할 수 있는 12개의 구성 요소와 관련 문항들이 도출되었다. 특히, 본 연구는 사용자 중심의 윤리적 인식과 실천적 역량을 강조하며, 윤리적 민감성과 책임성 같은 핵심 개념을 구체화함으로써 척도의 학문적 타당성과 실용성을 확보하였다.

AI 의료 윤리 인식 척도의 학문적 의의

본 연구에서 개발된 척도는 다음과 같은 학문적 기여를 제공한다. 첫째, 기존 디지털 리터러시와 헬스 리터러시 척도가 정보 탐색과 활용에 주로 초점을 맞추었던 것과 달리, 본 연구는 AI 의료기술과 관련된 윤리적 쟁점들을 통합적으로 평가할 수 있는 틀을 제시하였다. 둘째, 공정성, 투명성, 책임성과 같은 윤리적 원칙을 구조화하고, 사용자 관점에서 이를 측정할 수 있는 도구를 개발함으로써 AI 의료기술의 수용성과 신뢰 형성을 평가하는 데 중요한 학술적 토대를 마련하였다. 셋째, 새로운 요인으로 포함된 효능감(Self-Efficacy)은 사용자가 AI 의료기술을 사용할 때 느끼는 심리적 자율성과 효능을 평가할 수 있는 차원으로, 기존 연구에서 간과된 측면을 보완한다.

AI 의료 윤리 인식 척도의 실용적 기대 효과

본 척도는 AI 의료기술의 윤리적 기반을 강화하고, 기술 설계와 운영에서 윤리적 기준을 실질적으로 반영할 수 있도록 돕는 도구로 활용될 수 있다. 특히, 다음과 같은 측면에서 실용적 효과를 기대할 수 있다.

첫째, 본 척도를 통해 한국 사용자들의 AI 의료 윤리 인식 수준을 진단하고, 윤리적 취약성을 파악함으로써 의료 기술 도입 과정에서 발생할 수 있는 문제를 선제적으로 대응할 수 있다. 둘째, AI 의료 윤리 교육 및 가이드라인 개발에 있어 실질적인 기초 자료를 제공하여, 사용자 중심의 윤리 교육과 정책을 설계하는 데 활용될 수 있다. 셋째, 의료 서비스 제공자는 척도 결과를 통해 알고리즘의 투명성, 데이터 처리 절차, 사용자 의견 반영 등 윤리적 기준을 강화함으로써 서비스 품질을 개선할 수 있다. 넷째, 본 연구는 한국 사회에 특화된 AI 의료 윤리 담론을 형성하고, 건강한 AI 의료 생태계를 조성하는 데 기여할 것이다.

제한점 및 후속연구 제안

본 연구는 델파이 기법을 활용하여 전문가들의 합의를 도출하였으나, 사용자 집단에 대한 정량적 검증이 이루어지지 않았다는 점에서 제한이 있다. 척도의 타당성과 신뢰성을 더욱 강화하기 위해 일반 사용자와 의료인, 정책 입안자 등 다양한 이해관계자를 대상으로 설문조사와 심층 인터뷰를 통한 후속 연구가 필요하다. 또한, 본 연구는 한국의 의료 환경을 중심으로 진행되었기 때문에, 다른 국가 및 문화적 맥락에서의 척도 적용 가능성을 평가하는 국제적 연구가 요구된다. 마지막으로, AI 의료기술의 지속적인 발전과 함께 새로운 윤리적 쟁점이 등장할 가능성이 있는 만큼, 본 척도는 정기적으로 재검토 및 보완될 필요가 있다.

AI 의료기술의 혁신적 도입은 의료 시스템에 새로운 가능성을 열었으나, 동시에 윤리적 논란과 신뢰의 문제를 야기하고 있다. 본 연구는 한국형 AI 의료 윤리 인식 척도를 개발함으로써, 이러한 기술이 윤리적 기반 위에서 수용되고 활용될 수 있는 환경을 조성하고자 하였다. 이 척도는 사용자의 윤리적 민감성을 진단하고, 의료 현장에서의 윤리적 가이드라인 수립과 교육 프로그램 개발에 활용될 수 있는 실질적인 도구로서 기여할 것이다. 궁극적으로, 본 연구는 AI 의료기술이 기술적 효용성을 넘어 사회적 공정성과 윤리적 책임을 실현하는 데 기여할 것으로 기대된다.

참고문헌

스마트폰으로 아래의 QR코드를 인식하면 참고문헌을 확인하실 수 있습니다.

색인

저자소개

• 김수진

이화여자대학교 커뮤니케이션·미디어연구소 연구교수. 이화여자대학교를 졸업하고, 동대학원에서 언론학 석사, 언론학 박사학위를 받았다. 소더비즈, 미국육류수출협회에서 근무했고 ㈜레인보우커뮤니케이션 수석연구원을 지냈다. 주요 논문으로 "Building a Strategic Public Typology based on Health Social Capital for Effective Risk and Crisis Communication in South Korea", "Evaluating a shared decision-making intervention regarding dialysis modality: development and validation of self-assessment items for patients with chronic kidney disease" 등이 있다. 저서로는 『PR커뮤니케이션과 명성: 학제 간 이론과 전략』(공저), 『디지털 PR 이론과 실제』(공저)가 있다.

• 남성일

동국대학교·아주대학교 강사. 동국대 대학원에서 철학 박사학위를 취득했다. 옮긴 책으로 『탈형이상학적 사고 1』, 『탈형이상학적 사고 2』(공역)가 있으며, 주요 논문으로 「하버마스의 절차주의적 법에서 본 사법부의 존립근거」, 「하버머스의 민주주의적 법치국가론에서 절차적 정당성 개념 연구」 등이 있다.

• 박성민

고려대 법학석사, 서울대 정책학 박사를 취득했다. 지방회계통계센터 제도연구팀 팀장으로 근무했고, 서울대, 이화여대, 건국대에서 자문위원, 연구원을 지내면서 경제 정책과 사회과학적 연구와 관련하여 자문·컨설팅을 수행하였다. 스마트치료의 법·사회·윤리 프로젝트를 자문하여 공동 논문을 발간하였고, 저서로 『스마트 치료의 공법학』(공저) 등이 있다.

• 양재혁

호주 로펌 Charitas Law 대표변호사. 호주 퀸즈랜드 대학교 석사, Queensland University of Technology (QUT)에서 LLB를 마치고 비영리 부문 전문 로펌인 Prolegis의 파트너 변호사로 활동했고, 2020~2025년 연속으로 〈Chambers and Partners〉에서 호주 비영리 부문에서 최고의 법률전문가로 선정된 바 있다. 호주 자선단체, 비영리기관 및 정부기관들이 주도하는 치료의 법·사회·윤리 프로젝트를 자문하면서 공동 논문을 발간하였다.

• 엄주희 (대표저자/편저자)　juheelight@gmail.com

건국대학교 공법학 교수. 연세대학교에서 헌법 전공 박사학위를 받았다. 한국헌법학회 부회장, 미래의료인문사회과학회 부회장 및 편집위원장, 한국의료법학회 학술이사, 한국공법학회 상임이사 등을 맡고 있다. 한국헌법학회 산하 〈헌법과 융합법 연구회〉를 창설하고 연구회를 이끌면서, 헌법학에 인문 사회과학적 개념과 방법론을 도입하여 헌법학의 외연을 확장하고 융합 법학의 영역을 개척하고 있다. 저서로 『헌법과 생명』, 『뇌 신경법학』(2024 세종도서 학술부문 선정) 등이 있다.

• 이일호

연세대학교 법학연구원 연구교수. 연세대학교에서 학사와 석사학위를, 독일 뮌헨대학교에서 박사학위를 취득했고, 막스플랑크 혁신과 경쟁 연구소 연구원을 역임했다. 저서로는 『국제저작권과 통상문제』(공저), 『장애인의 권리에 관한 연구』(공저), 『Copyright Throughout the World』(공저) 등이 있고, 옮긴 책으로는 『국제기후변화법제』(공역)가 있다. 주요 논문으로 「생성형 인공지능 시대, 저작권의 패러다임은 바뀌어야 하나?」, 「우리 저작권법상 공정이용의 운영 현황과 과제」, 「파리기후협정 전후 시장 메커니즘의 발전과 전망」이 있다.

• 이하나

이화여자대학교 연령통합고령사회연구소 연구교수로, 이화여자대학교 대학원에서 언론학 박사학위를 취득했다. 디지털 미디어와 헬스커뮤니케이션을 기반으로, 모바일 기기를 활용한 기분 관리, 디지털 웰빙, 인공지능 리터러시의 윤리적 함의 등을 주제로 연구를 수행하고 있다. 주요 논문으로는 「디지털 헬스케어를 위한 AI 윤리 리터러시 척도 개발 연구」, 「AI 추천 시스템과 감정 조절의 자기결정성 간 관계 탐색」 등이 있다.

• 이한주

고려대학교 법학연구원 책임연구원. 고려대학교에서 헌법학으로 석사와 박사학위를 취득했고, 현재 (사)한국의료법학연구소에 재직하고 있다. 주요 관심 분야는 원격의료 등 보건의료 문제에 대한 기본권 보장이다. 저서로 『스마트 치료의 공법학』(공저) 등이 있다.

* 정수진

연세대학교에서 법학을 전공하고 독일 베를린 훔볼트대학교에서 공법학 박사학위를 취득했다. 주요 논문으로 「헌법적 관점에서 본 고령화와 세대 간 정의: 우리나라와 독일의 공적 연금 비교를 중심으로」, 「사회 연대의식에 대한 소고 — 독일 헌법학계 논의를 중심으로」 등이 있다.

• **정영석**

가톨릭대 · 광운대 · 서울시립대 · 연세대 강사. 연세대 대학원에서 법학 박사학위를 취득했다. 주요 논문으로 「정치발전과 헌법재판소의 역할」, 「지역구 국회의원의 선출과정과 역할에 관한 연구」 등이 있다. 2024년에 연세법학학술상을 수상하였다.

스마트 치료의 법과 사회

초판발행 2025년 7월 20일

지은이 엄주희·김수진·남성일·박성민·양재혁·이일호·이하나·이한주·정수진·정영석
펴낸이 안종만·안상준

편 집 박세연
기획/마케팅 장규식
표지디자인 BEN STORY
제 작 고철민·김원표

펴낸곳 (주) 박영사
서울특별시 금천구 가산디지털2로 53, 210호(가산동, 한라시그마밸리)
등록 1959.3.11. 제300-1959-1호(倫)
전 화 02)733-6771
f a x 02)736-4818
e-mail pys@pybook.co.kr
homepage www.pybook.co.kr
ISBN 979-11-303-2438-8 93360

정 가 22,000원

이 저서는 2022년 대한민국 교육부와 한국연구재단의 일반공동연구지원사업의 지원을 받아 수행된 연구임(NRF-2022S1A5A2A03055583)